Matthias Bauer (Hg.)

Der Stadt- und Modernitätsdiskurs in Europa

Moderne und Antimoderne II

Schriften der Georg Brandes-Gesellschaft
Band 3

LITERATURWISSENSCHAFT

Matthias Bauer (Hg.)
Der Stadt- und Modernitätsdiskurs in Europa
Moderne und Antimoderne II
Schriften der Georg Brandes Gesellschaft, Band 3

1. Auflage 2019 | ISBN: 978-3-86815-574-7
© Igel Verlag *Literatur & Wissenschaft*, Hamburg 2019
Alle Rechte vorbehalten.
www.igelverlag.de
Covergestaltung: Annelie Lamers
Covermotiv: © grandfailure / Fotolia

Igel Verlag *Literatur & Wissenschaft* ist ein Imprint der Bedey Media GmbH
Hermannstal 119 k, 22119 Hamburg

Die Deutsche Bibliothek verzeichnet diesen Titel in der Deutschen Nationalbibliografie.
Bibliografische Daten sind unter http://dnb.d-nb.de verfügbar.

Matthias Bauer (Hg.)

Der Stadt- und Modernitätsdiskurs in Europa

Moderne und Antimoderne II

IGEL VERLAG

HAMBURG

Schriften der Georg Brandes-Gesellschaft
Band 3

Inhalt

Vorwort

In seiner *Geschichte der Urbanisierung in Deutschland* (1985) – einer Geschichte, die „durchaus dramatische Züge"[1] aufweise – hat Jürgen Reulecke das komplexe Geschehen in fünf Akte gegliedert: Während der langen, bereits Mitte des 18. Jahrhunderts einsetzenden Exposition werden die rechtlich-politischen und sozioökonomischen Weichenstellungen vorgenommen, welche die Entwicklung ab dem zweiten Akt bestimmen, der in etwa den Zeitraum von 1850 bis 1875 überspannt. In dieser wesentlich kürzeren Phase gehen die allgemeine Modernisierung, die Industrialisierung, die Verstädterung und die einsetzende Urbanisierung der Wahrnehmungs- und Verhaltensweisen ein folgenreiches Wechselspiel ein, so dass fortan schwer zu entscheiden ist, was jeweils als Ursache und was jeweils als Folgeerscheinung zu betrachten ist. Im dritten Akt führt dieses Wechselspiel während der drei bis vier Jahrzehnte vor dem Ersten Weltkrieg zu einer völligen Umformung der Städte sowie dazu, dass Deutschland den Status eines Industriestaats erlangt, bevor im Gefolge der Weltkriege, in der Zwischen- und Nachkriegszeit, eine ‚fallende Handlung', einsetzt: ein allgemeiner Rückgang der Stadt-Entwicklung. Erst in den sechziger Jahren des 20. Jahrhunderts, zu Beginn des fünften Aktes, heben neue, widersprüchliche Entwicklungen an, zu deren Erfassung Begriffe wie ‚Sub-', ‚De-' oder gar ‚Counter-Urbanisierung' gebildet werden;[2] auch von der ‚Unwirtlichkeit'[3] und der ‚Unwirklichkeit'[4] der Städte ist nunmehr die Rede.

Die in diesem Band versammelten Aufsätze beschäftigen sich in exemplarischer Weise mit Vorgängen während des zweiten, dritten und vierten Aktes des von Reulecke beschriebenen Dramas. Sie greifen dabei einerseits über die deutschsprachigen Gebiete auf Paris und London aus, beziehen sich andererseits jedoch auf die drei Entwicklungstypen der Stadt, die Reulecke voneinander absetzt: Da ist erstens die bereits existierende, vormals durch befestigte Mauern gegen das Umland abgegrenzte (Residenz- und Garnisions-) Stadt, die sich – insbesondere durch den Anschluss an das stetig wachsende Schienennetz der Eisenbahn und den Rückbau der Verteidigungsanlagen – für weitreichende Handelbeziehungen wie für neue Industrieansiedlungen öffnet und

---

[1] Reulecke, Jürgen: *Geschichte der Urbanisierung in Deutschland.* Frankfurt am Main: Suhrkamp 1985, S. 9.
[2] Vgl. Reulecke, *Urbanisierung*, S. 9-10.
[3] Vgl. Mitscherlich, Alexander: *Die Unwirtlichkeit unserer Städte.* Frankfurt am Main: Suhrkamp 1996.
[4] Vgl. Scherpe, Klaus, R. (Hrsg.): *Die Unwirklichkeit der Städte. Großstadtdarstellungen zwischen Moderne und Postmoderne.* Reinbek bei Hamburg: Rowohlt 1988.

das einsetzende Wachstum durch den Aufbau einer entsprechenden Infrastruktur, einschließlich kommunaler Verwaltung und Dienstleistung, befördert.[5] Da ist zweitens die von Unternehmern eigens zu Produktionszwecken an dafür geeigneten Verkehrswegen und -kreuzungen neu gegründete Siedlung, deren Kern ein älteres Dorf sein kann, die aber neben der massenweise angezogenen Arbeiterschaft nicht über die wesentlich aus Handwerkern, Kaufleuten und Beamten zusammengesetzte Mittelschicht der ‚gewachsenen Stadt' verfügt.[6] Und da ist schließlich drittens die von der Mobilisierung und Industrialisierung, Modernisierung und Urbanisierung zunächst nicht berührte Klein- und Mittelstadt, die folgerichtig weder einen bemerkenswerten Bevölkerungszuwachs noch einen wirtschaftlichen Aufschwung verzeichnen kann und eine schleichende Provinzialisierung erfährt, wenn sie den Anschluss an die Entwicklung nicht doch noch schafft.[7] Wien wäre ein Beispiel für den ersten Typus der Stadtentwicklung; Lübeck für den dritten, während man beim zweiten Typus noch einmal Zonen wie das Ruhrgebiet, in denen es zur ‚Kon-Urbation' von Orten wie Essen, Duisburg und Bochum kommt, von Städten wie Elberfeld unterscheiden kann, die ‚auf der grünen Wiese' gleichsam ‚aus dem Boden gestampft' werden, was in Deutschland selten, in den USA aber häufiger geschehen ist. Dass sich diese drei bzw. vier Idealtypen realhistorisch nicht ausschlossen, sondern miteinander verschränkt waren, zeigt sich an Berlin, das hinsichtlich seiner kulturellen Bedeutung zwar erst im 20. Jahrhundert zu den anderen europäischen *Welt*städten aufschließen konnte, im Verlauf des 19. Jahrhunderts aber, bedingt durch ökonomische und technologische wie politische und demographische Entwicklungen, vom ersten zum zweiten Typus überging und sogar Soziotope wie ‚Dahlem Dorf' im Westen einschloss, in denen es für eine geraume Weile vergleichsweise idyllisch – um nicht zu sagen: anti-modern – zuging und die insofern dem dritten Entwicklungstyp entsprechen, dabei aber nicht in der Provinz, sondern inmitten der urbanen Zone einer Metropole lagen.

Versteht man Urbanisierung wie Reulecke als einen quantitativen *und* qualitativen Prozess, der den Gegensatz von Stadt und Land erst verschärft, auf lange Sicht jedoch einen Ausgleich dieses Spannungsverhältnisses herbeiführt[8] – sei es durch Eingemeindungen, sei es durch die Übernahme urbaner Lebensformen in den Peripherien der Ballungszentren –, ist es unzureichend, nur den materiellen Fortschritt ins Auge zu fassen. Vielmehr muss der Pro-

---

[5] Vgl. Reulecke, *Urbanisierung*, S. 43.
[6] Vgl. Reulecke, *Urbanisierung*, S. 44-45.
[7] Vgl. Reulecke, *Urbanisierung*, S. 46-47.
[8] Vgl. Reulecke, *Urbanisierung*, S. 11.

zess der Urbanisierung als ein Vorgang begriffen werden, der dialektisch auf den Zivilisationsprozess bezogen ist und, beinahe gleichwahrscheinlich, zu einem humanen und kulturellen Fortschritt wie zum Gegenteil führen kann. Obwohl Phänomene wie der Antisemitismus keine ausschließlich städtischen Phänomene darstellen, haben sie doch zunächst und vor allem in den Städten, in denen geistige Brandstifter wie Lueger (Wien) oder Hitler (München) eine ‚kritische Masse' an sich binden und fanatisieren konnten, die historische Wirkmächtigkeit – sprich: Gefährlichkeit – entwickelt, die im 20. Jahrhundert katastrophale Folgen zeitigen sollte. Georg Brandes hat bereits bei seinem Berlin-Aufenthalt in den Jahren 1877 bis 1883 erschreckende Anzeichen für diese Kehrseite der Entwicklung, also für die ideologische Radikalisierung städtischer Kreise, registriert.[9] Rückblickend lässt sich geradezu von einem geistigen Bermuda-Dreieck sprechen – gebildet aus Militarismus, Nationalismus und Antisemitismus –, in dem das eigentlich Urbane, Humane erst in die Krise geraten und dann, am Ende der Weimarer Republik, untergehen sollte.

Vor diesem Hintergrund gilt es daran zu erinnern, was bereits die antike Rhetorik unter ‚urbanitas' verstand. Für Quintilian, der entsprechende Auffassungen seiner Vorläufer bündig zusammenfasst, ist ‚urbanitas' Ausdruck einer sittlichen Verfeinerung, einer durch Bildung und Umgang erworbenen Fähigkeit, stilsicher das Treffende und Angemessene (aptum) zu sagen und sich in Wortwahl, Ton und Umgangsformen von der rustikalen Rede abzusetzen, die auf dem ‚platten Land' vorherrscht.[10] Eine solche, auf Reflexion und Distinktion bedachte Ausdrucksweise bildet sich nur im Gesellschaftsgefüge der Stadt, da soziokulturelle Unterschiede dort deutlich markiert und im sprachlichen Handeln ratifiziert werden.

Aus der rhetorischen Bestimmung der ‚urbanitas' als jener Tugend, die den Mann von Welt auszeichnet, lassen sich zwei Schlussfolgerungen ableiten: Erstens, dass die Stadt sowohl ein durch bestimmte materielle, gleichwohl aber dynamische bzw. historisch variable Eigenschaften gekennzeichneter Raum als auch ein kommunikatives Geschehen ist, in dem die öffentlichen

---

[9] Vgl. Bauer, Matthias: „Unter Nachbarn, im Feindesland. Fontanes Reiseeindrücke aus Dänemark und Georg Brandes' Darstellung der deutschen Reichshauptstadt Berlin", in: *Fontane-Blätter* 98 (2014), S. 72-93, insb. S. 86-88.

[10] Vgl. Marcus Fabius Quintilianus: *Ausbildung des Redners*. Zwölf Bücher. Lateinisch und deutsch. Hrsg. u. übersetzt von Helmut Rahn. Darmstadt: Wissenschaftliche Buchgesellschaft 6. Auflage 2015, Erster Teil, 6. Buch, S. 757-759. Für Quintilian „handelt es sich da um Urbanitas, wo nichts Mißtönendes, nichts Bäurisches, nichts Unordentliches, nichts Fremdklingendes sich im Sinn, in den Worten oder in Aussprache oder Gebärde fassen läßt, so daß sie nicht so sehr in einzelnen Bemerkungen liegt als vielmehr in der ganzen Färbung der Rede [...]", obwohl Urbanitas „auch einzelnen Äußerungen zugebilligt werden" kann.

Belange der Einwohner (res publica) verhandelt werden. Zweitens folgt, dass man dieses Geschehen anhand der Ereignisse interpunktieren kann, die einen Umschlag in der Art zu empfinden und zu denken, zu reden und zu handeln bewirken und unter Umständen sogar dazu führen, dass die Urbanisierung – verstanden als eine sich im Zuge der Verstädterung durch Interaktion und Kommunikation herausbildende Verfeinerung der Umgangsformen – in ihr Gegenteil umschlägt und womöglich, wie in Deutschland tatsächlich geschehen, dem Zivilisationsbruch vorarbeitet.

Literarische Texte reflektieren die Entwicklung dieses kommunikativen Geschehens und damit den Zusammenhang von Modernisierungsdiskurs, Urbanitätsprozess und Zivilisation. Sie verzeichnen insbesondere die Umbrüche im Umgang der Menschen miteinander, die durch Erneuerungsschübe oder durch den Widerstand gegen dieselben hervorgerufen werden. Eine Betrachtung der *Hauptströmungen*, die von der Literatur des 19. zu der des 20. Jahrhunderts führen, lässt daher immer wieder – in den von Georg Brandes vorgezeichneten Bahnen – gegenläufige Bewegungen erkennen, Versuche ihrer Vermittlung und die solcher Vermittlung gesetzten Grenzen. In diesem Sinne schlagen die folgenden Beiträge einen weiten, elliptischen Bogen von der liberalen Emanzipation im 19. Jahrhundert zu der sich im vierten Akt des Dramas anbahnenden Katastrophe:

Am Beispiel von Lübeck schildert **Christian Volkmann**, welche Impulse von (werdenden) Schriftstellern für die – nicht nur kulturelle – Erneuerung der alten Hanse-Stadt ausgingen, warum einige Impulse aufgenommen und andere zurückgewiesen wurden. Während die Bürgerschaft Emanuel Geibel trotz oder gerade wegen seines letztlich konservativen Kunst- und Selbstverständnisses in hohen Ehren hielt und nach seiner Zeit am Bayerischen Hofe gerne wieder eingemeinden wollte, begegnete sie ‚Unruhestiftern' wie Erich Mühsam oder Fanny von Reventlow reserviert bis ablehnend, so dass es seitens dieser beiden aufstrebenden Talente alsbald zum endgültigen Bruch mit der vorherrschenden Gesellschaft, ihrer Denkart und Lebensweise kam.

Wie langsam die Uhren an Orten wie Lübeck noch im letzten Drittel des 19. Jahrhunderts tickten, wird auch durch den Vergleich zu der Beschleunigung deutlich, die man seinerzeit in Metropolen wie Paris oder London erleben konnte. Mit dem Eiffelturm als zentralem Bezugspunkt geht **Jan Gerstner** der Entwicklung der modernen Lyrik an der Seine nach. Sie führt von der Ablehnung des Wahrzeichens durch eine Vielzahl zeitgenössischer Künstler und dem romantisierenden Rückblick auf das mittelalterliche, schon von Victor Hugo nur noch nostalgisch beschworene Paris bis zu den Figurengedichten der Avantgarde, die in ihrem Druckbild die ästhetische Neuorientierung der Poesie anschaulich werden lassen. Besonders deutlich zeichnet sich diese Entwicklung im Schaffen von Guillaume Apollinaire ab.

Eine paradoxe Haltung zu den Bewegungs- und Beschleunigungsmomenten in der modernen Stadt nehmen die Fotobücher aus der Weimarer Republik ein – zum einen, weil sie die Dynamik in Momentaufnahmen stillstellen; zum anderen weil sie dennoch das Zugleich von ‚Noch nicht'- und ‚Schon-Modernem' dokumentieren und dergestalt, wie **Todd Heidt** an zwei ausgewählten Publikationen zeigt, durchaus gegensätzliche Bilder von Berlin erzeugen. Offensichtlich wird dabei auch, wie voraussetzungsreich das ‚Lesen' von Fotografien ist – zumal dann, wenn man in ihnen die Physiognomie der Zeit, also das ‚Gesicht' der Stadt, (wieder) entdecken möchte. Deutlich wird auch, wie sehr das Moderne eine Frage von Blickwinkel und Einstellung, Motivauswahl und Bildabfolge ist.

Ebenfalls in Berlin, aber nicht in der Metropole der (vermeintlich) Goldenen Zwanziger, sondern in der Reichshauptstadt Preußens nach der Kaiserproklamation setzt **Flemming Finn Hansen** in seinem Aufsatz zu Georg Brandes Auseinandersetzung mit dem aufkommenden Nationalismus ein. Diese Auseinandersetzung sollte den dänischen Publizisten noch lange beschäftigen – weit über den Ersten Weltkrieg hinaus, in dem er wegen seiner pazifistischen Haltung heftig attackiert wurde. Eingängig und zumal für Leserinnen und Leser aufschlussreich, die keinen Zugang zu den bislang nur auf Dänisch publizierten Reden und Aufsätzen haben, wird Brandes' Bemühen um einen ‚rationalen' Nationalismus ebenso erkennbar wie seine Wende von einem ‚demokratischen' zu einem ‚aristokratischen' Kulturverständnis. Der Idee der ‚urbanitas' entsprechen diese Reden und Aufsätze gleichwohl gerade in ihrem kosmopolitischen Zuschnitt, in ihrem steten Bemühen, den Blick zu weiten und alles Engstirnige geflissentlich zu vermeiden.

Brandes starb 1927 und musste daher nicht mehr erleben, wie die unheilvolle Triangulation von Nationalismus, Militarismus und Antisemitismus seinen Freund Stefan Zweig ins Exil und in die Verzweiflung trieb. In den Rückblicken auf das Wien ihrer Großeltern- und Elterngeneration haben Zweig, Herman Broch und Hilde Spiel mit wachsender Distanz die Verwerfungen in der k. u. k. Monarchie nachgezeichnet, die im Zivilisationsbruch kulminieren sollten. **Matthias Bauer** kommt anhand dieser Rückblicke auf das seismografische Potential der Literatur zu sprechen, nachdem er einleitend beschrieben hat, wie Theodor Fontane in London von einer diskursiven Stadtbeschreibung zu einer Erkundungsbewegung gelangt, die – angetrieben durch die Beschleunigungsmomente im zeitgenössischen Straßen- und Zeichenverkehr – streckenweise kinematografische Züge annimmt.

Literatur

Bauer, Matthias: „Unter Nachbarn, im Feindesland. Fontanes Reiseeindrücke aus Dänemark und Georg Brandes' Darstellung der deutschen Reichshauptstadt Berlin", in: *Fontane-Blätter* 98 (2014), S. 72-93.

Mitscherlich, Alexander: *Die Unwirtlichkeit unserer Städte.* Frankfurt am Main: Suhrkamp 1996.

Marcus Fabius Quintilianus: *Ausbildung des Redners.* Zwölf Bücher. Lateinisch und deutsch. Hrsg. u. übersetzt von Helmut Rahn. Darmstadt: Wissenschaftliche Buchgesellschaft 6. Auflage 2015.

Reulecke, Jürgen: *Geschichte der Urbanisierung in Deutschland.* Frankfurt am Main: Suhrkamp 1985.

Scherpe, Klaus, R. (Hrsg.): *Die Unwirklichkeit der Städte. Großstadtdarstellungen zwischen Moderne und Postmoderne.* Reinbek bei Hamburg: Rowohlt 1988.

Matthias Bauer

Stadt-Parcours und Stadt-Diskurs oder:
Mit Fontane durch London

Unter der polemischen Überschrift ‚Voyeure oder Fußgänger' hat Michel de
Certeau den distanzierten Blick von einem Hochhaus herab auf eine Großstadt
jener Art der praktischen Aneignung des urbanen Raumes gegenübergestellt,
die auf dem Boden, zwischen den Häuserreihen, auf den Straßen und Plätzen
stattfindet. Wenn der Körper dieser Praxis enthoben wird, stelle sich ein ‚the-
oretisches' Trugbild ein, „also ein Bild, das nur durch ein Vergessen und Ver-
kennen der praktischen Vorgänge zustandekommt."[1] Indem er dieses Trugbild
in den Projektionen der Stadtplaner und Kartographen ausmacht und gegen
die Erfahrung der Fußgänger ausspielt, „deren Körper dem mehr oder weniger deutlichen Schriftbild eines städtischen ‚Textes' folgen, den sie schreiben,
ohne ihn zu lesen",[2] steckt de Certeau ein Spannungsfeld zwischen zwei Polen ab, die man auch als Diskurs und Parcours beschreiben kann, wobei der
Diskurs eine strukturelle Nähe zum kartographischen Verfahren, der Parcours
hingegen zu einer kinematographischen Wahrnehmung aufweist:

Dem kartographischen Verfahren der abstrakten Vermessung von Städten
und Landschaften, dem eine ikarische Sicht auf die Welt entspricht,[3] steht, so
gesehen, eine umsichtige Erkundungsbewegung gegenüber, die sich an den
hodologischen Raum der begehbaren Wege[4] sowie an die Sichtachsen und
Blickwinkel hält, die diese Wege ebenso eröffnen wie Begegnungen, die weit
über das Visuelle hinausgehen und die gesamte Sinnesfülle der leibhaftigen
Erfahrung umfassen können. Das kartographische Verfahren ist, performativ
wie effektiv betrachtet, diskursiv. Es erfordert ein beständiges, wenn auch rein
intellektuelles Hin- und Herlaufen zwischen dem buchstäblich zu ver-zeich-
nendem Territorium, und dem zu erstellenden Tafelbild und erzeugt mittels
ausgeklügelter Techniken wie der Triangulation schematische Vorstellungen,
die nicht auf konkrete Einzelheiten, sondern, wie alle symbolischen Medien,
auf allgemein-typische Züge fokussieren. Der kartographische Blick auf die

---

[1] de Certeau, Michel: *Kunst des Handelns*. Aus dem Französischen übersetzt von Roland Voul-
    lié. Berlin: Merve 1988, S. 181.
[2] Ebd., S. 182.
[3] Vgl. hierzu Buci-Glucksmann, Christine: *Der kartographische Blick der Kunst*. Aus dem
    Französischen von Andreas Hiepko. Berlin: Merve 1997, S. 22-25.
[4] Vgl. hierzu Bollnow, Otto Friedrich: *Mensch und Raum*. Stuttgart: W. Kohlhammer 2004,
    S. 191-202.

Welt ist somit Ausdruck einer theoretischen Einstellung, der es um eine allgemeine Übersicht, nicht aber um das Ortsspezifische geht.

Demgegenüber nimmt die Erkundungsbewegung eines Menschen, der durch ein Gelände läuft, dabei den Kopf nach allen Seiten dreht und die Schwerkraft ebenso spürt wie die umgebende, jeweils besondere Atmosphäre, statt der Verlaufsform eines von allen Spezifika abstrahierenden Diskurses die Verlaufsform eines Parcours an, der sich auf das Konkrete kapriziert, das fragmentarisch oder elliptisch erfahren wird. Nicht alles an der Umgebung erheischt Aufmerksamkeit oder tritt gar mit einem ‚Aufforderungscharakter'[5] auf – dafür aber realisiert der Wahrnehmende ausschnitthaft zugleich die Eigenart bestimmter Details und die ihrer räumlichen Verdichtung. Tendenziell hält sich der Parcours daher an die ästhetische Maxime von Albert Camus: „Die Auslegung ist vergänglich, aber der sinnliche Eindruck bleibt und mit ihm die unaufhörlichen Anrufe eines quantitativ unerschöpflichen Universums. Hier, begreift man, liegt der Ort des Kunstwerks."[6] Der letzte Satz markiert einen Zielpunkt, den gewiss nicht jeder Parcours erreicht, ja nicht einmal anstrebt. Aber das ändert nichts daran, dass ein jeglicher Parcours prinzipiell das Potential besitzt, im Sinne Michel de Certeaus wahrhaftig zu einer ‚Kunst' des Handelns zu werden. Insofern die Kunst vom Begehen und Betrachten, Erkunden und Erfahren zum Beschreiben und Verdichten, Umgestalten und Überformen voranschreitet, aktualisiert sie dieses Potenzial, nimmt der Handlungsvollzug eine artistische Wende, die zugleich politische Relevanz beanspruchen kann.[7]

Unter dieser Voraussetzung soll im Folgenden erkundet werden, wie Theodor Fontane einen Diskurs *über* London führt und wie sich dieser Diskurs streckenweise in einen Parcours *durch* London verwandelt, wie eine von Vergleichen und Urteilen durchsetzte Beschreibung dieser Stadt zu einem Kunstwerk potenziert wird. Fontane überführt das Unterwegssein in eine literarische Erfahrung, die selbst jenen Leserinnen und Lesern, die noch nicht vor Ort waren, einen sinnlichen Eindruck von dem verschafft, was für diesen Ort spezifisch ist. Diskurs und Parcours stehen einander dabei nicht in einer starren Entweder Oder-Relation gegenüber; vielmehr involviert die literarische Stadterkundung beide Modi der Darstellung: das erklärende Besprechen, dass

---

[5] Vgl. Gibson, J. J.: *Wahrnehmung und Umwelt. Der ökologische Ansatz der visuellen Wahrnehmung.* München / Wien / Baltimore: Urban & Schwarzenberg 1982.

[6] Camus, Albert: *Der Mythos von Sisyphos. Ein Versuch über das Absurde.* Mit einem kommentierenden Essay von Liselotte Richter. Übertragen von Hans Georg Brenner und Wolfdietrich Rasch. Hamburg: Rowohlt 1959 [1942]. S. 80.

[7] Jedenfalls ist das die Pointe bei de Certeau. Vgl. de Certeau, *Kunst des Handelns,* S. 13 und 59.

zwischen Benennung und Erörterung hin und her läuft – und die Re-Aktualisierung einer Bewegungsform, die dynamische Vorstellungen erzeugt, deren Akzent auf der Vergegenwärtigung lokalspezifischer (Bewegungs-)Momente liegt.

Fontane hielt sich dreimal in London auf. 1844 besuchte er die Stadt an der Themse zum ersten Mal für wenige Tage als Tourist. Diesen kurzen Aufenthalt schildert er aus großer zeitlicher Distanz in *Von Zwanzig bis Dreißig*, nach *Meine Kinderjahre* dem zweiten, 1896 publizierten Teil seiner Memoiren. Bevor Fontane von 1855 bis 1859 in der Metropole des britischen Empire lebte, verbrachte er dort auch den Sommer 1952. Sowohl bei diesem zweiten, längeren als auch beim dritten, ausgedehnten Aufenthalt versuchte er sich unter schwierigen Bedingungen – letztlich erfolglos – als Korrespondent zu etablieren. Literarische Ausbeute seines zweiten London-Aufenthaltes bilden das Buch *Ein Sommer in London* (Erstausgabe 1857) und die Artikelserie *Von der Weltstadt Straßen*. Beide Texte können als Überlagerung von Stadtdiskurs und -parcours gelesen werden: sie setzen mit realistischen Beschreibungen und Erklärungen ein, enthalten Vergleiche und Urteile, nehmen aber auch mittels öffentlicher Verkehrsmittel Fahrt auf und verleihen der Ortserkundung auf diese Weise eine Verlaufsform, die man – avant la lettre – als ,kinematographisch' bezeichnen kann, weil sie einen Prospekt von Bewegungsbildern ergeben. Veranschaulicht werden Bewegungen, die sich vor den Augen des Erzählers abspielen, und Bewegungen, die er als ,shifting view point' zu Fuß, mittels Pferde-Omnibus oder Schiff vollzieht.

Ein Sommer in London

In diesem Text nähert sich Fontane der Hauptstadt des britischen Empire von der Ostküste Englands aus, von der Themsemündung her. Sein erstes Urteil lautet: „Der Zauber Londons ist – seine *Massenhaftigkeit*."[8] Wie Fontanes Briefe belegen, hat er vor Ort oft die negative Seite dieser Massenhaftigkeit, nämlich die Vereinsamung des Einzelnen erfahren, der in der Menge verloren zu gehen droht, und damit antizipiert, was später zu einem Topos der literarischen Kritik an Moderne und Metropole werden sollte. Diese Seite der Großstadt-Erfahrung mag auf Anhieb verwundern. Kam Fontane nicht selbst aus

---

[8] Fontane, Theodor: *Ein Sommer in London*, in: Theodor Fontane: *Werke, Schriften und Briefe*. Abteilung III, Bd. 3.1 Reiseberichte und Tagebücher. Erster Teilband. Reiseberichte, hrsg. v. Walter Keitel und Helmuth Nürnberger unter Mitwirkung von Heide Streiter-Buscher. München: Hanser 1975, S. 7-178, hier S. 9. Im Folgenden jeweils unter Angabe der Seitenzahl zitiert mit der Sigle SL.

einer Großstadt, aus Berlin? Tatsächlich waren die Unterschiede jedoch, allein mit Blick auf die Entwicklung der Bevölkerung, beträchtlich. In Berlin, Charlottenburg und Rixdorf – dem späteren Neukölln – lebten um 1850 zusammen ca. 424.000 Menschen; um 1870 waren es allerdings schon mehr als doppelt so viele, nämlich 854.000.[9] Trotz dieses rasanten, enormen Zuwachses nahm sich Spree-Athen zu beiden Zeitpunkten London gegenüber immer noch recht beschaulich aus. Am Haupthafen des englischen Kolonialhandels hatten sich bereits um 1700 etwa 550.000 Einwohner angesiedelt.

> Um 1800 hatte sich die Bevölkerungszahl verdoppelt; allein 128.000 Menschen lebten in der City. Im 19. Jahrhundert versechsfachte sich die Wohnbevölkerung von Greater London und erreichte nun 6,6 Mio Einwohner. Der weitaus überwiegende Teil dieses Wachstums spielte sich im inneren Ring um die City ab, während die City selbst seit 1840 rasch an Bevölkerung verlor und 1900 nur noch etwa 30.000 Einwohner zählte. Diese Zahlen deuten auf den gründerzeitlichen Ausbau der (damals) suburbanen Zone hin.[10]

Fontane kam also an einen Ort, der auch ihn – den Einwohner der größten kontinental-europäischen Stadt zwischen Moskau und Paris – durch seine schiere Ausdehnung überwältigen und durch seine Geschäftigkeit in den Bann schlagen musste, obwohl er mit dieser Ausdehnung und Geschäftigkeit nicht zum ersten Mal konfrontiert war. In einem Brief an seine Mutter vom 28. April 1852 räumt er ein:

> Ich hätte nicht gedacht, daß die Stadt – deren rein äußerliches Leben und Treiben ich wenigstens kannte – mich wiederum so mächtig bewegen würde und noch in diesem Augenblick brauch' ich nur nach den Verbindungslinien zwischen City und Westend (hier herrscht das regste Leben) zu eilen, um urplötzlich meine Sorgen von mir genommen zu sehn. Die Großartigkeit dieses Schauspiels hat etwas unendlich erhebendes; weil man sich überhaupt vergißt, vergißt man auch sein Elend und seine Noth und fühlt sich nur gehoben durch das Gefühl ein Theil jener Gesammtheit, ein Glied jener großen Menschheitsfamilie zu sein, die so lebt und solches schafft. In Bewunderung der Gattung verliert man die einzelne Species und sich mit, ganz aus dem Auge.[11]

Deutlich klingen hier die Sorgen Fontanes an. Doch mit dem Schlüsselbegriff des ‚Schauspiels' bezieht der Autor seine London-Erfahrung bereits in diesem Brief auf den Verständnisrahmen, der ihm in seinen literarischen Texten

---

[9] Vgl. Reulecke, Jürgen: *Geschichte der Urbanisierung in Deutschland*. Frankfurt am Main: Suhrkamp 1985, S. 203.
[10] Hamm, Bernd: *Einführung in die Siedlungssoziologie*. München: C. H. Beck 1982, S. 57.
[11] Brief an Mutter Emilie vom 28.4.1852, in: Fontane, Theodor: *Werke, Schriften und Briefe*. Abteilung IV. Bd.1 Briefe 1833-1866, hrsg. v. Otto Drude und Helmut Nürnberger. München: Hanser 1976, S. 229-230.

den Übergang vom Stadtdiskurs zum -parcours erleichtern wird. Allerdings enthält der Brief noch eine weitere, wichtige Bemerkung. Fontane konstatiert nämlich,

> [...] daß mein diesmaliges Urtheil über London anders ausfallen wird als vor 8 Jahren. Ich war damals unerfahren, guthmütig und wenn ich so sagen darf schwärmerisch genug, alles was ich anders fand auch besser zu finden; dieser Standpunkt indeß ist überwunden und ich kritisire jetzt mit feiner gebildetem Sinn.[12]

Liest man diese Bemerkung im Sinne von Philip Fisher, erweist sich der Bezug der London-Erfahrung auf den Verständnisrahmen des Schauspiels als Ergebnis einer ‚reperception'. In einem instruktiven Aufsatz über *Die Poetik der Großstadt in der modernen Literatur* hat Fisher 1988 den Gedanken der ‚doppelten Wahrnehmung' entwickelt, die sich zur einfachen sinnlichen Wahrnehmung wie das Wiedererkennen zum Erkennen und die Repräsentation zur Präsentation verhält:

> Doppelte Wahrnehmung meint einen sekundären Akt des Begreifens, der nicht wie Metapher und kontrastiver Vergleich eine Verdoppelung des Materials aufzeichnet, sondern ein Entgleiten des Vertrauens in die Zuverlässigkeit des Sehens selbst. In der vom Großstadtbewußtsein geprägten Literatur tauchen immer wieder dreierlei Formen der doppelten Wahrnehmung auf.[13]

Die erste Form lebt von der Differenz zwischen Vorher und Nachher. Fisher erläutert sie an Dickens und Joyce, aber Fontanes Wiederbegegnung mit London scheint dieser Form ebenfalls zu entsprechen. Er sieht London 1952 wieder, aber anders als acht Jahre zuvor; seine Erinnerung an den ersten Aufenthalt grundiert die Wahrnehmung der Stadt beim zweiten Aufenthalt trotz aller Begeisterung mit Skepsis. Während die ‚reperception' bei Dickens dazu führt, dass sich ein Netz von geheimnisvollen Beziehungen über die Romane spannt, in das der Einzelne verstrickt wird, und Joyce in seinen Epiphanien Gegenstände der gewöhnlichen Wahrnehmung in eine ungewohnte Betrachtungsweise rückt, die nicht zuletzt als Vorbehalt gegenüber einer naiv-realistischen Sicht der Dinge verstanden werden kann, nimmt die doppelte Wahrnehmung bei Fontane – deutlich profaner – den Charakter einer Kritik an, die reflexiv verfährt: Einerseits schaut er nicht mehr unerfahren,

---

[12] Ebd., S. 130.
[13] Fisher, Philip: „City Matters: City Minds. Die Poetik der Großstadt in der modernen Literatur", in: Scherpe, Klaus, R. (Hrsg.): *Die Unwirklichkeit der Städte. Großstadtdarstellungen zwischen Moderne und Postmoderne*. Reinbek bei Hamburg: Rowohlt 1988, S. 106-128, hier S. 109-110.

schwärmerisch auf das Treiben rund um die Themse; andererseits ist er sich des Grundes dieser Unterscheidung, nämlich der feineren Ausbildung seines eigenen Sinns, nur zu bewusst. Man kann daher sagen: diskursiv verfasst sind *Ein Sommer in London* und *Von der Weltstadt Straßen* gerade deshalb, weil Fontane in diesen Texten – stillschweigend oder ausdrücklich – beständig hin- und herläuft zwischen Erinnerung und aktueller Wahrnehmung, erstmaliger und wiederholter, unkritischer und kritischer Betrachtung.

Ungeachtet dieser Disposition setzt bereits im zweiten Kapitel von *Ein Sommer in London*, auf dem Weg zum Glaspalast, eine Akzentverschiebung in Richtung Parcours ein, die zwar nicht unmittelbar fortgeführt, später aber wieder aufgegriffen wird, denn der Text rekapituliert, wie sich der Autor 1852 gleich nach seiner Ankunft ins Getümmel gestürzt hat und der Anziehungs- kraft Londons erlegen ist:

> Kaum zwei Stunden in London – und schon saß ich wieder auf mei- nem alten Lieblingsplatz, hochoben neben dem Omnibuskutscher und das vor mir ausgebreitete Füllhorn englischen Lebens wie einen langentbehrten Freund nach rechts und links hin grüßend, rollt' ich Regent-Street und Piccadilly hinab bis zu seinem Schlußstein, Aps- ley-House. (SL 11-12)

Der Text beschleunigt hier die Vorstellung der Leser und führt in medias res. Inszeniert wird wie Jahrzehnte später im Kino der Attraktionen ein ‚phan- tom ride‘, der auf die Immersion der Leser in den Stadt-Raum abzielt. An der Schnittstelle von Narration und Imagination wird die Dynamik eines Zei- chen-Verkehrs entfesselt, der sowohl auf Momente der Akzeleration als auch komplementär – wie schon im nächsten Satz – auf Momente der Entschleu- nigung setzt:

> Ich trat in den Hyde-Park; die Sonne stand in Mittag und unter ihrem Straßenstrom glühte die noch ferne Kuppel des Kristallhauses auf wie ein ‚Berg des Lichts‘, wie der echte und einzige Kohinur. (SL 12)

Das ist nun, um im Bild zu bleiben, ein Point-of-View Shot, der nicht das Tempo der Großstadt und ihren Prospekt, sondern nach Art eines ‚still‘ oder einer die Wirklichkeit verklärenden Ansichtskarte eines ihrer Wahrzeichen in optimaler Beleuchtung vergegenwärtigt. Blickfang und Standpunkt, Perspek- tive und Zeitpunkt, Motivwahl und Metapher sind optimal aufeinander abge- stimmt. Selbst dann, wenn man den vermittelten Eindruck für ein Produkt des Zufalls hält, erweist sich die literarische Darstellung als eine Transfiguration, die mit Assonanzen (‚Kuppel‘, ‚Kristall-‘‚Kohinur‘), mit erhabenen Assoziationen (‚Berg des Lichts') und – bedenkt man den Ko-Text – mit dem Kontrast von Bewegung und Stillstand, Dynamik und Statik bewerkstelligt wird.

In dieser Hinsicht kommt Fontanes Stadt-Diskurs der zweiten Form der doppelten Wahrnehmung nahe, bei der „in den Akt des Betrachtens eine bewußte Darstellung der Anstrengung eingebaut" wird.[14] Äußert sich dieser Einbau laut Fisher bei Henry James' Strether und Rilkes Malte Laurids Brigge – also auf der Figurenebene – in der Offenlegung des mitunter mühsamen Sehvorgangs, weist er bei Fontane – auf der diegetischen Ebene der Deskription und Narration – die poetische Funktion der Sprache auf, wie sie Umberto Eco bestimmt hat.[15] Jedenfalls lenkt die Formulierung die Aufmerksamkeit der Leser anhand erlesener Metaphern und Vergleiche auf sich selbst und ist, da sie der Fremdreferenz die Selbstreferenz der Sprache hinzufügt, zweideutig.

Die dritte Form der ‚reperception', die Fisher in der modernen Großstadt-Literatur ausgemacht hat, geht noch einen entscheidenden, wenn auch bei Rilke bereits im Ansatz vorhandenen Schritt weiter, indem sie auf den „Blickwinkel von Halluzinierenden, Wahnsinnigen oder Besessenen" rekurriert,[16] also eine ver-rückte Sicht auf die urbane Welt etabliert. Eine genaue Entsprechung dazu findet sich bei Fontane weder in *Ein Sommer in London* noch in *Von der Weltstadt Straßen* – zum einen, weil die Wahrnehmung in diesen beiden Texten nicht an literarische Figuren delegiert wird; zum anderen, weil Fontane im Sujet statt des Zwielichtigen eine andere Doppeldeutigkeit entdeckt. Seine Aufmerksamkeit kapriziert sich nämlich, wo immer dies möglich ist, auf die in der Gegenwart aufgehobene Vergangenheit der ‚location':

> Ich liebe Westminster und das Zauberblau seiner prächtigen Mittelfenster, ich lieb' es auch, mich in einen Chorstuhl der Kapelle Heinrich VII. zu setzen und die Wappenbanner der Ritter des Bathordens über mir hin und her schwanken zu sehen, aber es ist die *Geschichte* dieses Platzes und nicht die *Schönheit*, die mich an ihn fesselt [...]. (SL 32)

Es ist also Fontanes „Vorliebe für die Historie", die er sich selbst am 14. Februar 1854 in einem Brief an Theodor Storm bescheinig hatte,[17] welche seinen Blick mit einem spezifischen, gleichsam ‚inokulierten' Filter versieht. Fontane beschäftigt weniger das Schöne und Beschauliche als vielmehr das ge-

---

[14] Fisher, „City Matters", S. 110.
[15] Vgl. Eco, Umberto: *Einführung in die Semiotik*. Autorisierte deutsche Ausgabe von Jürgen Trabant. München: Wilhelm Fink 1972, S.145-146.
[16] Fisher, „City Matters", S. 110.
[17] Vgl. *Theodor Storm – Theodor Fontane. Briefwechsel*. Kritische Ausgabe. Hrsg. v. Gabriele Radecke. Berlin: Erich Schmidt Verlag 2011, S. 56.

schichtlich Bedeutsame. Im Fall des Towers nimmt diese Form der doppelten Wahrnehmung, der historischen Belichtung des aktuell Wahrgenommenen, sogar Konnotationen des Morbiden in sich auf, heißt es über diesen Festungsbau doch: „Gespenstisch grau steht er da: ein Grabmonument über einer gestorbenen Zeit und – die englische Geschichte seine Inschrift." (SL 87)

Tatsächlich hatte Fontane bereits am 15. Dezember 1844, also nach seinem ersten London-Aufenthalt, in der literarischen Sozietät des ,Tunnels über der Spree' mit einer Schauerballade Anerkennung gefunden, die derselben Konnotationssemantik verpflichtet war. Die erste Strophe von *Der Tower-Brand* lautet:

> Wenn's im Tower Nacht geworden, wenn die Höfe leer und stumm,
>
> Gehn die Geister der Erschlagnen in den Korridoren um,
>
> Durch die Lüfte hebt Geflüster klagend dann, wie Herbsteswehn,
>
> Mancher hat im Mondenschein schon die Schatten schreiten sehn.[18]

Die Affinität zum Historisch-Morbiden, die nicht nur an der Themse Fontanes Wahrnehmung grundiert, findet sich in *Ein Sommer in London* auch, als es um Smithfield geht:

> Unter allen Plätzen Londons ist keiner mit der Geschichte des Landes inniger verwebt als Smithfield. Hier war es, wo der Fanatismus Maria Tudors in kurzer aber blutiger Regierung 277 Protestanten den Scheiterhaufen besteigen ließ und um vieles früher schon, zu den Zeiten des schwarzen Prinzen und während der Kämpfe der beiden Rosen, turnierte hier die englische Ritterschaft unter den Augen des Hofes. / Seitdem hat Smithfield viel von seinem Glanz verloren. (SL 99)

Fontanes Stadtdiskurs ist, wie diese Stelle belegt, ein gelehrter Diskurs, der auf angelesenes Wissen rekurriert und dabei insbesondere auf die Facetten der Geschichte fokussiert, die Anlass zum Gruseln geben, wofür neben dem Morbiden auch das Groteske ausschlaggebend sein kann, wie der Fortgang der Stelle beweist:

> Aus jener Zeit her hat es nur noch das Privilegium mit herübergenommen, der Markt- und Verkaufsplatz für ungetreue, des Ehebruchs überführte Frauen zu sein. Sie wurden hier – noch im vorigen Jahrhundert – von ihren beleidigten Männern, mit einem Strick um den Hals, öffentlich feil geboten, und wenn ich recht berichtet bin, ist das betreffende Gesetz so wenig aufgehoben, daß sich vor wenig Jahren

---

[18]　Fontane, Theodor: „Der Tower-Brand", in: Theodor Fontane: *Gedichte 1*. Gedichte (Sammlung 1998). Aus den Sammlungen ausgeschiedene Gedichte, hrsg. v. Joachim Krüger und Anita Golz. Berlin: Aufbau-Verlag 2. durchgesehene und erweiterte Auflage 1995 [Grosse Brandenburger Ausgabe GBA], S. 149.

noch derartige Szene dem Auge des Smithfield-Publikums darstellen durfte. (SL 99)

Die evozierte Szene prägt sich – abgesehen davon, dass sie geeignet ist, nicht nur weibliche Leser zu empören und schon deshalb im Gedächtnis hängen bleibt – vor allem ein, weil sie durch Fontanes Schilderung gleich in zweifacher Hinsicht aktualisiert wird. Erstens könnte sich die Szene, da ‚das betreffende Gesetz‘ in Kraft geblieben ist, jederzeit wiederholen; das ‚set design‘ jedenfalls ist noch vorhanden. Zweitens aber spekuliert Fontane bei seiner Beschreibung von Smithfield offenkundig auf die Mitarbeit seiner Leser, die seine Schilderung in die Position des Publikums vor Ort versetzt. So werden die Leser angeregt, sich die vorgestellte Szene – sei es aus Sensationslust, sei es aus Empörung – mit Behagen oder Unbehagen auszumalen. Der doppelten Wahrnehmung korrespondiert somit in Fontanes Stadtdiskurs eine zweifache Aktualisierung – erst auf der produktions-, dann auf der rezeptionsästhetischen Seite der Bedeutungskonstitution.

Damit nicht genug antizipiert die an vielen Stellen von *Ein Sommer in London* manifeste Tendenz, Information und Imagination zu dynamisieren, den physiognomischen Zuschnitt der Dinge, Sachverhalte und Weltausschnitte, in dem Béla Balázs einige Dekaden später ein Hauptcharakteristikum des Stummfilms gesehen hat.[19] So heißt es über eine andere Lokalität:

> Long Acre an und für sich ist eine der rußigsten Straßen in London, und Long Acre Numero *siebenundzwanzig* vermeidet es durch unzeitige Schönheit und Sauberkeit die Schornsteinfegerphysiognomie der ganzen Straße zu unterbrechen. (SL 15)

Der Eindruck ist in sich stimmig, ebenso wie das auf Kontrastwirkungen angelegte Gesamttableau, das der Stadtdiskurs mithilfe von Vergleichen zwischen London und Berlin oder Paris entwirft – Vergleiche, die stets an die Form der doppelten Wahrnehmung gebunden sind, in der sich Fontanes kritische Einstellung zu seinem Gegenstand bekundet. Zum Beispiel stellt er, seiner heimischen Leserschaft schmeichelnd, fest:

> Jeder Fremde, der Berlin besucht und überhaupt ein Auge mitbringt für die Werke der Skulptur, wird auf einem einzigen raschen Gange durch die Stadt, vom ‚Kurfürsten‘ ab bis zur Quadriga des Brandenburger Tores hin, mehr Anregungen und Eindrücke mit nach Hause nehmen, als nach *der* Seite hin ganz London ihm zu bieten vermag. (SL 19)

---

[19] Vgl. Balázs, Béla: *Der sichtbare Mensch oder die Kultur des Films*. Mit einem Nachwort von Helmut H. Diederichs und zeitgenössischen Rezensionen von Robert Musil, Andor Kraszna-Krausz, Siegfried Kracauer und Erich Kästner. Frankfurt am Main: Suhrkamp 2001 [1924], S. 37-71.

In London fehlt es nicht nur an Denkmälern, sondern auch an Aufstellungsorten, ja London ist für Fontane überhaupt nicht das,

> [...] was man eine ‚schöne Stadt' nennt. Es hat nichts aufzuweisen, was sich unserm Opernplatz oder gar dem place de la concorde in Paris vergleichen ließe. Die Zahl seiner durch Schönheit ausgezeichneten Gebäude steht in keinem Verhältnis zu der Zahl seiner Häuser überhaupt. (SL 28)

Der Kontrastbildung innerhalb der City korrespondiert somit die Funktion des Städtevergleichs, der London, Paris und Berlin unter dem Gesichtspunkt der Schönheit ins Verhältnis setzt und damit wiederum auf etwas Spezifisches abhebt. Dieses London-Spezifische geht einerseits mit einer bestimmten Gleichförmigkeit einher – „Ganze Stadtteile bestehen aus Häusern, die sich so ähnlich sehn, wie ein Ei dem andern" (SL 29), – ermöglicht andererseits aber einen Komfort, der insofern die Kehrseite der Gleichförmigkeit darstellt, als die Standardisierung der Bauweise die Partizipation weiter Kreise an den technologischen Errungenschaften der Moderne erlaubt:

> Jedes Londoner Haus hat bis in seine zweite und dritte Etage hinauf den unschätzbaren Vorteil eines nie mangelnden Wasserstroms, der ihm, nach Gefallen, aus Dutzenden von Röhren entgegenströmt. Alles schmutzige Wasser fließt sofort wieder ab und ergießt sich in eine tief unter jedem Straßendamm gelegene Kloake, deren Hauptkanäle mit der Themse in Verbindung stehen. Die Straßen selbst zeigen eine Reinlichkeit, die nur von der der niederländischen übertroffen wird. (SL 30)

Angesichts des kulturellen Vorsprung Londons in punkto Be- und Entwässerung, Kanalisation und Wohnkultur – in der Berliner Innenstadt wurde die entsprechende Infrastruktur erst in den 1870er Jahren geschaffen – kann der Einheimische die relativ geringe Anzahl der Gebäude, die in ästhetischer Hinsicht aus dem Häusermeer hervorragen, leicht verschmerzen. Nur der Gast, der Tourist stellt mit einem gewissen Bedauern fest:

> Großartige Bauten von mindestens relativer Makellosigkeit hat London nur zwei: St. Paul und das Britische Museum. [...] *St. James* ist nur noch die Karikatur eines Königsschlosses. [...] *Buckingham-Palace*, die gegenwärtige Residenz der Königin ist minder häßlich als St. James, aber doch nicht um so viel schöner, daß es die Langeweile tilgte, die ihm auf der Stirne steht. (SL 31-32)

Das Nicht-Langweilige entdeckt Fontane denn auch nicht im Hoch-, sondern im Tiefbau, nicht in der Architektur über der Erde, sondern in der Unterwelt, in den Docks of London. Seine Erkundung dieser Örtlichkeit nimmt zu Beginn die Form einer kinematografischen ‚reperception' respektive ‚remediation' an, so dass man an eine ‚Kamerafahrt' durch einen abwärts führenden Tunnel denken kann, die mit dem Ausblick auf einen weitläufigen Hetero-topos[20] abgerundet wird: „Wir fahren ein, wie in den Schacht eines Berges. Zwei rußige Burschen mit kleinen blakenden Lichtern schreiten uns vorauf. [...] Wir sind unten: vor unsern erstaunten Blicken liegt eine Stadt." (SL 40)

Diese andere, unterirdische Stadt ist nicht etwa die Kehrseite der City, sondern das Basislager ihrer Versorgung mit Gütern aus aller Welt, der Sta-pelplatz des globalen Handels. Hier werden die Waren buchstäblich von oben nach unten und wieder von unten nach oben umgeschlagen, hier wird dem Besucher klar, was London eigentlich ausmacht und zu seiner überragenden ökonomischen wie politischen Bedeutung verhilft. Insofern ein Stadtdiskurs nicht nur beschreiben, sondern auch erklären oder Ansichten und Einsichten vermitteln soll, ermöglicht erst die Besichtigung und Schilderung der Docks, der zweiten Stadt, ein tieferes Verständnis für die entscheidenden Zusammen-hänge.

Zugleich markiert die Schilderung, wie schon der Ritt auf dem Omni-bus-Beifahrersitz, die Schnittstelle von Stadtdiskurs und Parcours. Während der Diskurs mit den drei Formen der doppelten Wahrnehmung, die sich bei Fontane finden – (1) der kritische, zweite Blick auf die Stadt, (2) die Of-fenlegung des kunstvollen, mitunter bemüht wirkenden Arrangements von Blickfang und Blickwinkel, Betrachtungsweise und Ausdrucksart, dem eine poetische Funktion zukommt, und (3) die historische Perspektivierung ge-eigneter Sehenswürdigkeiten, die den Diskurs zu einem gelehrten Diskurs macht – während also dieser Diskurs trotz der eingestreuten Vergleiche und Urteile auf der Seite der Sachverhaltsdarstellung, der Faktenvermittlung und -erklärung verbleibt, geht die kinematographische Inszenierung der Stadter-kundung zu einer anders gelagerten Vermittlungsform über. Ihr Akzent liegt auf einer Vorstellungsbildung, die nicht mehr im Zeichen der Repräsentati-on respektive der statisch-faktualen Konfiguration der Gegenstände, sondern im Zeichen ihrer Transfiguration durch Bewegungsmomente, Blickwechsel und Verkehrsmittel steht. Mit anderen Worten: Wird das Objekt der Wahrneh-mung gemäß der Diskursformation, die sich an die drei Formen der doppelten Wahrnehmung hält, in einen literarischen Text überführt, der den Ansprü-chen des gehobenen Feuilletons entspricht, mutiert er im Parcours zum Prä-text für ein Schauspiel, das sich für das Spezifische des Gegenstandes, des

---

[20] Vgl. zu diesem Begriff: Foucault, Michel: „Von anderen Räumen" [1967], in: Dünne, Jörg / Günzel, Stephan (Hrsg.): *Raumtheorie. Grundlagentexte aus Philosophie und Kulturwissen-schaften*. Frankfurt am Main: Suhrkamp 2006, S. 317-329.

Stadt-Materials, im Extremfall nur noch aus dramaturgischen Gründen, unter dem Gesichtspunkt seiner Schauwerte, interessiert. Die Stadt wird gemäß der zweifachen Aktualisierung nicht nur vor Ort wahrgenommen, sondern im Kopftheater der Leser als Spektakel erneut zur Aufführung gebracht (wobei der Autor, der seine Wahrnehmung post festum zu Papier bringt, als ‚erster‘ Leser fungiert).

Der Ausgangspunkt von Stadtdiskurs und Parcours bleibt dabei in *Ein Sommer in London* derselbe, die Fahrt mit dem Pferde-Omnibus, der Phantom-Ride vom Kutschbock herab ins Zentrum der Stadt hinein. Im Kapitel ‚Von Hydepark-Corner bis London-Bridge‘ gelangt Fontane dank dieser Erzähler-Position am deutlichsten über den Stadtdiskurs hinaus. Er beschreibt entlang der Linie Royal Blue einen Parcours de force, der zunächst den großen Verkehrsadern der Stadt, also Piccadilly, Regent Street und Pall Mall, folgt:

> Die erste Hälfte Piccadilly gleicht einem Quai: zur Linken nur erheben sich Paläste und Häuser, rechts aber dehnt sich, einer Wasserfläche gleich, der Green-Park aus und labt das Auge durch seinen Rasen und die freie Aussicht zwischen den Bäumen hindurch. (SL 134)

Die Passage lebt vom Blickwechsel, insbesondere vom Seitenblick nach rechts und links, ist aber, ohne dass dies eigens erwähnt werden müsste, durchgängig auf die Sehachse der Fahrtrichtung bezogen. Denn das Subjekt der Wahrnehmung gleitet an den Palästen und Häusern ebenso vorbei wie an den Bäumen und Rasenflächen, an denen es sich dank des mäßigen Tempos eines Pferde-Omnibusses zwar ‚laben‘, bei denen es jedoch keinesfalls lange verweilen kann. Alles ‚bleibt‘ in Bewegung. Genau dieses Moment vergegenwärtigt der Text iterativ, wie in den nächsten Auszügen, durch Anschlussformeln wie ‚Weiter geht es‘ und ‚Immer weiter‘ oder einfach ‚Weiter‘:

> Weiter geht es, der Quai verengt sich zur Straße und verliert an Vornehmheit, schon aber biegt der coachman rechts in Regent-Street hinein, und die Zügel nachlassend geht es jetzt bergab und rascher denn bisher dem schönen Waterloo-Platze zu. Vor uns steigt die York-Säule auf; Carlton-House, der Sitz der preußischen Gesandtschaft, zeigt uns seine hohen Eckfenster; Palast neben Palast lagert sich vor unsern Blick, aber eh' wir noch die Minerva-Statue auf einem derselben mit Sicherheit erkannt haben, wendet sich der Omnibus, links einbiegend, dem östlichen Ausläufer der Pall-Mall-Straße zu, und an Hôtels, Kunstläden und Clubhäusern vorbei geht es dem eigentlichen Mittelpunkte Londons, dem Trafalgar-Square entgegen. (SL 134)

Mit intermittierenden Adverbien wie ‚eh'‘, das trotz seiner Kürze mit einer Abbreviatur-Apostrophe versehen wird, wird das Erzähl-Tempo angezogen, wird die Verdichtung der Schauplätze und Sehenswürdigkeiten vorangetrieben. In seiner Eigenschaft als ‚remediation' nutzt der Text die relative Geschwindigkeit des Verkehrsmittels, um den ‚raschen Wechsel' der Einstellungen und Eindrücke noch einmal zu forcieren, um das Nebeneinander der Stadt-Ansichten in ein ‚Kaum gesehen – schon vorbei' zu überführen und die stets transitorische Aufmerksamkeit auf für London typische Sensationen zu lenken:

> Immer weiter! Der Square liegt dicht hinter uns; das ist der ‚Strand', der sein buntes Leben jetzt vor uns entfaltet. Er ist die Verbindungslinie zwischen Westend und der City, und der Charakter beider findet sich hier in raschem Wechsel nebeneinander. Neben den immer zahlreicher werdenden Läden und den Theatern zweiten Ranges erheben sich Paläste wie Kings-College und Somerset-House, und neben der Lady, die eben die Requiem-Probe oder das Oratorium in Exeter Hall verläßt, an dessen Aufführung sie sich mit gutem Willen und schwacher Stimme beteiligte, schreitet der Affichenträger, diese originale Erfindung englischer Marktschreierei, wie ein wandelndes Schilderhäuschen einher, dessen papierne Wände nach allen vier Seiten hin ausschreien: ‚Feuerwerk in Cremorne-Gardens', oder ‚Rasiermesser, scharf und billig, Ecke von Strand und Cecil-Street.' (SL 134-135)

Der Effekt ist zunächst der eines Kaleidoskops: „Häßliches und Blendendes, Alltägliches und Niegeschautes drängen sich mit Blitzesschnelle an uns vorüber." (SL 135) Doch dabei bleibt es nicht, weil das Kaleidoskop, um seine Wirkung zu entfalten, keine Unterbrechung der Bewegung duldet. Eben auf diese Unterbrechungen aber kommt es Fontane an. In der folgenden Textstrecke wird die Bewegung erst fortgesetzt, dann angehalten und schließlich wieder aufgenommen, was den Parcours nicht nur abwechslungsreich, sondern welthaltig macht und den Radius der Imagination beträchtlich – nämlich um 50 Meilen – erweitert:

> Weiter: der ‚Strand' erweitert sich zu einem Kirchenplatz, aber nur um sich plötzlich wieder zu verengen, – und durch Temple Bar, das alte City-Tor hindurch, rollt jetzt unser Omnibus in Fleet-Street hinein. Was ist das? Tausende sperren an jener Ecke den Weg. […] In Chester ist heut Wettrennen, das ist alles. Unablässig spielt der Telegraph von dort herüber und jede neue Meldung wird zu Nutz und Frommen des teilnahmevollen Publikums in großen Buchstaben sofort ans Fenster geklebt. Unerklärliche Begeisterung! Armes Volk ist's, was sich da drängt, Tagelöhner, die keine Geis geschweige ein Pferd im Stalle haben, und doch will jeder wissen, was 50 Meilen nördlich in Chester geschieht und ob der ‚Lalla Rookh' oder der ‚Wilberforce' gewonnen hat. / Endlich sind wir hindurch; der Menschenknäuel schließt sich wieder, während wir Farringdon-Street durchschneiden und das ansteigende Ludgate-Hill in kürzerem Trab hinauffahren. Jetzt sind wir oben, unmittelbar vor uns steigt der Massenbau St. Pauls in die Luft.

Seine Glocken beginnen eben zu tönen, um den Sonntag einzuläuten. (SL 135)

Das Wechselspiel zwischen dem zentrifugalen Ausgreifen auf Chester und der zentripetalen Rückwendung in die City läuft auf den Mittelpunkt des sternförmigen Straßennetzes zu, das Londons Weichbild strukturiert, ohne dass der Text dafür vom kinematographischen Vermittlungsmodus auf den kartographischen umschalten müsste, der eine vertikale Blickrichtung (‚Top-Shot') erfordert. Dank der Bewegung des Beobachters kann alles aus der dynamischen Horizontalen erfasst bzw. vorgestellt werden. Dieser Modus der Wahrnehmung respektive Darstellung kann sogar eine gewisse Sprunghaftigkeit verkraften:

> Und nun Poultry, und nun die Börse und die Bank! Von allen Seiten münden hier die Straßen ein, schon wird die Masse unentwirrbar und noch immer hat die City nicht ihr Letztes getan. Südlich geht's, in King William-Street hinein und der Londonbrücke unter verdoppelten Peitschenschlägen zu. (SL 136)

Mit London-Bridge erreicht der Parcours in *Ein Sommer in London* den Ort, an dem es aus mehreren Gründen nicht wie bisher ‚weiter' gehen kann. Die Topographie der Stadt ist der offenkundigste, da der Fluss das Gelände durchschneidet. Der Parcours könnte durch die Schilderung seiner Überquerung fortgesetzt werden, um am gegenüberliegenden Ufer der Themse wieder anderes, Neues zu entdecken. Reizvoll wäre die Fluss-Überquerung auch deshalb, weil sie einen Rückblick auf den Prospekt der diesseitigen Uferbebauung erlauben würde. Fontane beschränkt sich jedoch auf eine Momentaufnahme der Rush Hour: „Tausende von Fuhrwerken bilden einen Heerwurm; die lange Linie von King-William-Street bis hinüber nach Southwark ist eine einzige Wagenburg und minutenlanger Stillstand tritt ein." (SL 136) Anstatt den Verkehrsstau näher zu beschreiben und die beiden Metaphern des ‚Heerwurms' und der ‚Wagenburg' auszuspinnen, bricht Fontane den Parcours an dieser Stelle mit dem Umstieg auf ein anderes Fortbewegungsmittel ab:

> Ich springe ab, ich dränge mich durch; treppab komm ich an den Landungsplatz der Dampfschiffe, ich besteige das erste beste und wieder stromab fahrend, schau ich von der Mitte des Flusses her dem Drängen und Treiben zu, das auf der Brücke immer noch kein Ende nimmt. (SL 136)

Von der Weltstadt Straßen

Fontane-Leser, die nicht nur das Buch *Ein Sommer in London*, sondern auch die Artikelserie *Von der Weltstadt Straßen* kennen, wissen, dass sich der Autor das Chaos auf der London-Bridge für einen anderen Text aufgespart hat. In diesem Text beginnt die Schiffspassage jedoch nicht an der Brücke, sondern endet, aus der entgegensetzten Richtung kommend, wie schon die Omnibusfahrt genau dort, wo man den besten Blick auf die Brücke hat. Anders als in *Ein Sommer in London* liegt der Akzent in der Artikelserie allerdings nicht auf dem Fahrerlebnis, dem ein kinematographischer Blick entspricht, sondern auf den Schauplätzen, die der Tourist passiert. Die Schiffspassage tritt daher weitestgehend in den Hintergrund zugunsten der Beschreibung einzelner Stadtteile, Lokalitäten und Szenen. Der erste Artikel, ‚Frühling in St. Giles‘ enthält nicht einen Verweis auf die Bewegung „an der Themse entlang",[21] auf die der zweite Artikel, in dem es um ‚Wapping‘ geht, gleich eingangs rekurriert. Vorherrschend ist somit wiederum der diskursive Modus der Stadtbeschreibung:

> Wer kennte wohl nicht *St. Giles*? Die alten Ruhmestage dieser Gassen und Spelunken, die Tage romantischen Glanzes sind dahin; aber die fensterlosen, rauchgeschwärzten Wohnungen, die hier und da ihren Platz behauptet haben und von den Wänden der Nachbarhäuser notdürftig gehalten werden, erinnern wenigstens an die ‚Höhlen‘ vergangener Jahrzehnte, und beweisen immer noch in Einzelfällen, daß auch das *Verbrechen* seine Anhänglichkeit an die Scholle hat und lieber den erschwerten und immer ungleicher gewordenen Kampf gegen die Gesellschaft und ihre Hüter weiterficht, als die Plätze aufgibt, woran sich *seine* Geschichte und *seine* liebgewonnene Erinnerung knüpft. (WS 537)

Erneut stellen sich die drei Formen der doppelten Wahrnehmung ein: die historische Perspektivierung und, damit organisch verbunden, die an die Differenz von Vorher und Nachher gebundene kritische Einstellung auf den Gegenstand der Beschreibung. Die dritte Form, die das Augenmerk auf das optische (und zuweilen auch akustische) Arrangement der Szene respektive den Prozess der Wahrnehmung und die poetische Funktion der Darstellung lenkt, bestimmt vor allem den Abschluss der St. Giles gewidmeten Schilderung und nähert sich daher wieder dem kinematographischen, auf Bewegungsmomente angewiesenen Vermittlungsmodus:

---

[21] Fontane, Theodor: *Von der Weltstadt Straßen*, in: Theodor Fontane: *Werke, Schriften und Briefe*. Abteilung III. Dritter Band. Reiseberichte und Tagebücher. Erster Teilband. Reiseberichte, hrsg. v. Walter Keitel und Helmuth Nürnberger unter Mitwirkung von Heide Streiter-Buscher. München: Hanser 1975, S. 546-533, hier S. 538. Im Folgenden jeweils unter Angabe der Seitenzahl zitiert mit der Sigle WS.

Aus den schmutzigen Häusern und Spelunken, drin winterlang die Kinder gehockt und gefroren haben, ist heute alles ausgeflogen, um sich angesichts der Sonne mal wieder zu wärmen und zu freuen. Ihr einzig ärmlich Spielzeug, einen *selbstgemachten Federball*, haben die Kleinen mit auf die Gasse genommen, und während es überall, wohin wir blicken, von Hunderten dieser blassen, frühreifen Kinder mit ihren lebhaft dunklen Augen wimmelt, fliegen ihre Federbälle, fallend und steigend durch die Luft und leuchten wie Taubenschwärme, auf deren weiße Flügel das Licht der Sonne fällt. Lautes Lachen, so herzlich und sorglos wie Kinder lachen, begleitet das fröhliche Spiel, und du gehst an all der Heiterkeit mit dem neu gestärkten Glauben vorüber, daß Gott den Samen seiner Freude überall hinstreut und daß jedes Wasser seinen Frühling hat und seine Rose – auch die Spelunken von St. Giles. (WS 537)

Hier geht der Diskurs, Bild- und Tonspur umfassend, in eine Genreszene über, die vom Kontrast zwischen dem Morbiden und dem Pittoresken lebt. Inmitten des düsteren St. Giles wird eine heitere Episode aufgezeichnet, die den Kontrapunkt der vorausgehenden Aufnahmen bildet. Die Szene ähnelt einem impressionistischen Gemälde, bei dem es auf die Wechselwirkung zwischen den hellen Farbtupfern auf dem dunklen Hintergrund sowie auf die Leichtigkeit des Ballspiels im Unterschied zu der bedrückend wirkenden Höhlenlandschaft ankommt, als die St. Giles einleitend vorgestellt wurde.

Obwohl die Genreszene Autor wie Leser im Zuge der zweifachen Aktualisierung ,vor Augen steht' und unzweideutig davon die Rede ist, dass der Beobachter als Fußgänger unterwegs ist, hat Fontane keine Mühe, sich, wie bereits erwähnt, im nächsten Artikel die Fortbewegungsart eines Schiffes zu Nutze zu machen:

Vom Tower bis zum Tunnel, unmittelbar an der Themse entlang, erstreckt sich der *Wapping* von London, eine Art Schiffervorstadt, ausschließlich von Bootsvolk und Zimmerleuten, von Seilern und Segelmachern, von Wirtschaftshaltern und Schiffszwieback-Bäckern seiner ganzen Länge nach bewohnt. (WS 538)

Der diskursive Charakter dieser Zeilen ist evident – gleichzeitig rekurrieren sie auf das Bewegungsmoment einer Schiffspassage, wird Wapping doch vom Fluss aus in den Blick genommen. Das Diskursive drückt sich im Gestus der Erklärung wie im Anspruch aus, Wissen zu vermitteln. Seine Rückkopplung an den Modus der doppelten Wahrnehmung geht, soweit es jene Form betrifft, die an die Differenz von Vorher und Nachher gebunden ist, wenige Zeilen später, aus der folgenden Anmerkung hervor:

Aber Old-Wapping existiert nicht mehr, und nur die Hinter-Fronten jener Speicher und Warenhäuser, die nach der Themse hinaus liegen, erinnern noch lebhaft mit ihrem geteerten, unten von der Flut halb weggespülten Pfahl- und Plankenwerk an die alte Schiffervorstadt, die einstens hier stand. (WS 538)

Und auch die historische Perspektivierung, die bei Fontane so häufig mit der sinnlichen Vergegenwärtigung morbider Details einhergeht, fehlt nicht:

> In alten Tagen stand hier der Galgen von Wapping; Seeräuber wurden ohne langes Prozessiren daran aufgeknüpft und hingen an dem weg-weiserartigen Balken, bis die drei Mal wiederkehrende Flut ihre Füße bespült hatte. Das war ganz im Old-Wapping-Stil! – / Aber die ,Poesie‘ des Ortes beschränkte sich nicht auf Piraten-Exekutionen [...]. (WS 538)

Ausdrücklich wird hier im letzten Satz die dritte Form der doppelten Wahrneh-mung ins Spiel gebracht. Old-Wapping war nämlich auch der Ort, an dem die Liebesbedürfnisse der Matrosen befriedigt wurden. In den Gastschänken, in denen sie allabendlich ihre ,Bräute‘ trafen, entstanden romantische Volkslie-der über Liebe und Treue. Eines davon baut Fontane, ins Deutsche übersetzt, in seine Darstellung ein (vgl. WS 539) und motiviert damit die ausführliche Vergegenwärtigung einer weiteren Genreszene, angesiedelt in einem der bes-seren Lokale, „in das wir soeben drei breitschultrige Gentlemen, augenschein-lich Schiffskapitäne, fröhlich und guter Dinge eintreten sehn.“ (WS 539) Die Detailliertheit, mit der Fontane diese Szene ausmalt, bestätigt den Eindruck, dass bei ihm das Pittoreske und das Historische nahtlos ineinander überge-hen, zumal es vor Ort „vier Kupferstiche aus dem Anfang des Jahrhunderts, die vier Hauptmomente der Nilschlacht darstellend“ (WS 540), gibt. Fontane gewinnt diesen Stichen eine Pointe ab, die seine Position dem vorgestellten Geschehen gegenüber trefflich umreißt:

> [...] auf dem vierten und letzten [Kupferstich] fliegt der ,L’Orient‘ in die Luft. Die Schiffs-Kapitäne, schwatzend und lachend, haben kein Auge dafür; der Dampf ihrer Pfeifen ringelt sich in die Luft; jovial, breitschultrig sitzen sie da, wie die echten unverfälschten Söhne der Sieger von Abukir. Was kümmert sie das Bild des Sieges! Aus dem Tanzsaal aber klingt immer lauter das Juchhe der Matrosen und un-seren verwöhnten Sinnen, die sich abwenden wollen von dem wach-senden Lärm, raunen wir beschwichtigend die Worte Nelsons zu: ,was sprecht ihr vom Gesindel? mit diesem Gesindel hab‘ ich die Schlach-ten Englands gewonnen.‘ (WS 540)

Vermittelt werden so erneut Orts- und Geschichtssinn gemäß den Formen ei-ner doppelten Wahrnehmung, die eine nicht mehr präsente Atmosphäre und zugleich die Erinnerung an ein bedeutendes historisches Ereignis beschwört.

Mit dem Eintritt in das von Fontane imaginierte Lokal hat sich auch die Bewegungsart des Beobachters verändert. Wurde das aktuelle Wapping, so wie es der Autor tatsächlich sah, noch vom Schiff aus avisiert, ist der Erzähler respektive Leser den Kapitänen offenbar zu Fuß in die Schankstube neben dem Tanzsaal gefolgt. Diese Bewegungsart unterlegt Fontane auch dem folgenden Artikel, wenn er sich auf seinen Parcours durch die Straßen der Weltstadt dem General Post Office nähert: „An St. Paul vorbei biegen wir in die breite Straße St. Martin le Grand ein und haben das staatliche Postgebäude mit seinem säulenartigen Portikus unmittelbar zur Rechten vor uns." (WS 541)

In der Tat verlangt die Inszenierung des Schauspiels, das sich dem Passanten bietet, der sich zur rechten Zeit an diesem Ort einfindet, ein Wahrnehmungssubjekt, das stillsteht und staunend innehält. Fontane macht in der Fassade des Gebäudes nämlich das Theater-Dispositiv des Guckkastens aus und formuliert:

> Die Bühne, auf der die ganze Szene binnen wenigen Minuten aufgeführt werden soll, liegt in voller Breite vor uns. Ein wesentliches Element derselben ist die solide Wand-Kulisse, die den Bühnenraum nach hinten zu abschließt. Fünf mächtige Säulen erheben sich im Hintergrunde und teilen die Kulissenwand in vier Riesen-Rahmen, von denen die zwei mittleren um diese Stunde dunkel und geschlossen sind, während sich das ganze bunte Treiben der immer näher rückenden Szene vor dem ersten und dem vierten Rahmen abspielt. Nr. I ist das Zeitungsfenster, Nr. IV der Briefkasten; das Zeitungsfenster aber hat die Dimensionen eines Torwegs, und der Briefkasten ist wie eine Hochzeitslade aus der guten alten Zeit. Vor dem einen wie vor dem andern steht ein alter Herr in langem roten Rock und dirigiert die Aufführung mit seinem spanischen Rohr, das er wie einen Taktstock handhabt. (WS 541-542)

Überdeutlich stellt der Text das Postgebäude als Bühnenbild und das Geschehen als ‚Aufführung' aus. Freilich hat diese Aufführung, der Architektur und dem Dirigat der beiden Spielleiter entsprechend, etwas Statuarisches an sich – ganz anders als die Genreszene der Federball spielenden Kinder in St.Giles. Sieht man die eigentlich nur mechanisch bewegte Kulisse des Portikus als erste Stufe der Dramatisierung und die Genreszene als deren Steigerung oder gar als organisches Gegenstück an, ist es nur konsequent, dass Fontanes Artikelserie *Von der Weltstadt Straßen* in einem Spektakel kulminiert, in dem das Theatermodell mit dem Szenario des Krieges verschränkt wird und der Parcours an den Ort zurückkehrt, an dem er in *Ein Sommer in London* abgebrochen wurde. Im Blick auf die London-Bridge entwirft Fontane, die Metaphern des ‚Heerwurms' und der ‚Wagenburg' wieder aufgreifend, nach allen

Regeln der literarischen, von der Malerei inspirierten ‚Schilderungskunst',[22] ein wahres Schlachtengemälde:

> Hier hast du einen Überblick über die Szene, in der du eben mitspieltest. Soweit dein Auge reicht, alles eine Wagenburg, ein verfahrenes Defilée. Jenseits der Brücke verschwimmt das Ganze zu einem Schatten- und Nebelbild; nur von Zeit zu Zeit glaubst du das Blitzen von Metallbeschlägen und großen Goldbuchstaben wahrnehmen zu können. Auf der Brücke selbst, näher zu dir heran, gestalten sich die Umrisse klarer und bestimmter; die Außenpassagiere der Omnibusse, in Dunst und staubiger Atmosphäre, bilden zwar immer noch bloße Linien und dunkle Knäuel, aber du erkennst bereits, alle überragend, den breitschultrigen Kutscher, dessen Peitschenbewegungen die schlechte Laune ausdrücken, in der er sich befindet, während das rote, dir zugewandte Gesicht des Kondukteurs und das Hin- und Herfechten seiner Arme unverkennbar auf Zwiegespräche deutet, die du froh sein darfst, nicht hören zu können. Endlich diesseits der Brücke bis zu deinem eignen gesicherten Stand hinan hast du das Bild in voller Bestimmtheit vor dir. Zwischen die Omnibusse aller Namen und Farben sind die Cabs geraten, wie Leichte Kavallerie, die ihr Terrain nicht kennend plötzlich feststeckt und ein allzurasches Vordrängen mit völligem Abgeschnittensein bezahlen muß. Ihr einziger Trost ist der, den verhaßten Gegner, den siegreichen Omnibus, um kein Haar breit besser situiert und den vermeintlichen Sieger wiederum besiegt zu sehen. Der große Frachtwagen mit den zwei handbreiten Rädern, der Bierwagen von Barclay und Perkins, der Kohlenwagen der Nordbahn-Kompagnie – *diese* beherrschen die Situation, *diese* sind die große Redoute, daran der Ausgang der Schlacht hängt; ihr friedliches Abfahren oder ihr rücksichtsloses Vordringen gibt die Entscheidung. (WS 552-553)

Diese Schilderung liest sich wie eine Filmsequenz, in der die Aufnahmen zunächst unscharf wirken, so dass sich nur einzelne Konturen, Linien und farbige Felder erkennen lassen, bevor sich das eigentliche Geschehen aus diesem amorphen Komplex herausschält. Man könnte diesen Eindruck auch unter Rückgriff auf kubistische Gemälde profilieren, die ihr Sujet aus verschiedenen Perspektiven anvisieren und daher zunächst verfremdend wirken. Sobald Fontane jedoch Klartext ‚redet', geht die Schilderung mittels militärischer Vergleiche in eine anthropomorphe Belebung der Verkehrsmittel über, in ein modernes Drama, in das Menschen und Maschinen gleichermaßen verwickelt sind. Dieses Drama lebt offensichtlich vom Gefallen am Absurden, Bizarren, Chaotisch-Grotesken. So ‚gerahmt' werden kann das Treiben freilich nur, weil der Beobachter nicht mehr auf dem Kutschbock, inmitten der antagonistischen Handlung sitzt,[23] sondern das Geschehen von außen, aus der Sicht

---

[22] So die ursprüngliche Bezeichnung der Niederländer für die Genre- und Historienmalerei.

[23] Dass Fontane von einer „Szene" spricht, „in der du eben mitspieltest", verdeutlicht, dass genau in dieser Szene die Nahtstelle der beiden Texte *Ein Sommer in London* und *Von der Weltstadt Straßen* liegt, hebt der zweite Text doch im Unterschied zum ersten kaum auf den Phantom-Ride der Omnibusfahrt ab, auf den der Autor hier gleichwohl, scheinbar selbstver-

eines (im doppelten Sinn des Wortes) unbewegten, distanzierten Zuschauers registriert. Allein unter dieser Voraussetzung hat das Spektakel etwas Amüsantes, gelingt die Transfiguration der Stadtrealität in ein Unterhaltungsstück.

Als Kulminationspunkt der Erkundungsbewegung, die einen Parcours ergibt und den diskursiven Charakter der faktualen Stadtbeschreibung hinter sich lässt, ist in dieser Szene sowohl die doppelte Wahrnehmung aufgehoben als auch die Schnittstelle von Kartographie und Kinematographie. Man muss sich das Verhältnis von Karte/Diskurs und Szene/Parcours, zumindest im Medium der Literatur, mithin – schon wegen der zweifachen Aktualisierung – als ein Kontinuum denken. Der Relation zwischen dem Blick vom Ufer auf den Wagen-Stau ist die Differenz zwischen Vorher und Nachher, zwischen dem Passagier, der eben noch auf dem Kutschbock des nun lahmgelegten Omnibus saß und jetzt als Passant den rasenden Stillstand goutieren kann, ebenso eingeschrieben wie der Wille, das Anschauungsmaterial, das die Verkehrsverdichtung in der Weltstadt bietet, gemäß poetischer Ausdrucksmittel in ein Spektakel, in einen dramatischen und ästhetischen Artefakt zu überführen.

Dass sich bei diesem poetischen Arrangement ein hybrides Format, halb Bühnenbild, halb Schlachtgemälde, ergibt, ist ein Effekt der Remediation, der – anders als in Fishers Legende – nicht die Verwirrung des Subjekts, sondern die objektive Verwirrung der Bewegungsabläufe zu Grunde liegt. Zentral für die Verschränkung von Modernitäts- und Urbanitätsdiskurs dürfte somit das Andere der Inszenierung sein – das, was eben dadurch bewahrt wird, dass es im Kunstwerk aufgehoben ist: das reale Chaos der Stadt. In dieser Hinsicht kann man die geschilderte Szene auch als Menetekel deuten: Sieh' auf die Brücke, die auf das andere Ufer der Metropole führt – im übertragenen Sinne: in die Zukunft der modernen Welt, so wie sie sich am Schauplatz des größten Fortschritts, in London, zeigt! Augenblicklich erkennst Du die Gefahren, die der Urbanisierungsprozess mit sich führt: die Inversion der Mobilität, auf die dieser Prozess unweigerlich zuläuft, die Blockade, die Paralyse der Zivilisation.

Die Stadt als Faszinosum und Tremendum

Auf diesen Umschlagpunkt vom Faszinosum in das Tremendum der Großstadt stößt man immer wieder im modernen Urbanitätsdiskurs wie in der modernen Lyrik und Epik, in den Gedichten des Expressionismus wie in der Geschichte des Franz Biberkopf von Alfred Döblin, in Berlin, am Alexanderplatz, wie am

---

ständlich, rekurriert.

Trafalgar Square oder in Downtown Manhatten. Eine plausible Erklärung für diese Dialektik bietet Heinz Brüggemann an:

> Insofern die neuzeitliche Großstadt, die kapitalistische Handels- und Industriestadt das Konzentrat der alltäglichen Lebenswelt bürgerlicher Vergesellschaftung abgibt, ist in dieser Konstellation zugleich ein Krisenprozeß der tradierten, subjektzentrierten Formen des Erzählens, der bildhaften Aneignung, der literarischen Wahrnehmungsweise beschlossen. Umstrukturierungen in der gesellschaftlichen Merkwelt lösen Krisen der ästhetischen Wahrnehmung aus, die in formalen Brüchen zutage treten oder in formalen Innovationen produktiv werden können.[24]

Die von Fisher diagnostizierten Formen der doppelten Wahrnehmung lassen sich wie die Befunde, die Brüggemann – London betreffend – bereits an Texten von Georg Christoph Lichtenberg oder Heinrich Heine festmacht, auf diese Krise der subjektzentrierten, bildhaften Aneignung des urbanen Chronotopos[25] zurückführen, dessen Komplexität und Dynamik die Wahrnehmung des Einzelnen beständig überfordert. Diese nicht nur latente, sondern im Lebensalltag permanent manifeste Überforderung, die ebenso zu einer übersteigerten Nervosität wie zur ästhetischen Abstumpfung der Großstädter führen kann,[26] birgt das Risiko, anti-moderne Empfindungen zu wecken. Fontane war da keine Ausnahme. Er hatte die Vorreiter-Rolle Londons klar erfasst und folgerte aus seiner Erkenntnis darüber, was die prosperierende Weltstadt, die scheinbar in voller Blüte stand, eigentlich an- und umtreibt, schon in *Ein Sommer in London*:

> [...] es ist das gelbe Fieber des Goldes, es ist das Verkauftsein aller Seelen an den Mammonsteufel, was nach meinem innigsten Dafürhalten die Axt an diesen stolzen Baum gelegt hat. Die Krankheit ist da und wühlt zerstörend wie ein Gift im Körper, aber unberechenbar ist es, *wann* die Verfaultheit sichtbarlich an die Oberfläche treten wird. (SL 158)

Es ist überaus bezeichnend, dass Fontane am Kulminationspunkt seiner Kritik auf vegetative Metaphern verfällt und das Diskursformat der medizinischen Diagnose bemüht. Er reiht sich damit in den vielstimmigen Chor der Moder-

---

[24] Brüggemann, Heinz: „*Aber schickt mir keinen Poeten nach London!' Großstadt und literarische Wahrnehmung im 18. und 19. Jahrhundert.* Texte und Interpretationen. Reinbek bei Hamburg: Rowohlt 1985, S. 19.

[25] Vgl. Bachtin, Michail M.: *Formen der Zeit im Roman. Untersuchungen zur historischen Poetik.* Hrsg. v. Edward Kowaldski und Michael Wagner. Aus dem Russischen von Michael Dewey. Frankfurt am Main: S. Fischer 1989, S. 7-8 und S. 200.

[26] Vgl. Simmel, Georg: „Die Großstädte und das Geistesleben", in: Simmel, Georg: *Aufsätze und Abhandlungen 1901-1908.* Band I, hrsg. v. Rüdiger Krumme, Angela Rammstedt und Otthein Rammstedt. Frankfurt am Main: Suhrkamp 1995, S. 116-131.

ne-Skeptiker ein, die in der zweiten Hälfte des 19. Jahrhunderts das Klagelied der Décadence intonierten. Vergiftung und ‚Verfaultheit' werden in diesem Zusammenhang zu Chiffren des ‚Verkauftseins' an den Materialismus und an den Kapitalismus. Anders als die marxistische Kritik der Entfremdung, die auf die Ursachen zielt und politische Handlungen intendiert, verleiten die medizinischen Metaphern des Fiebers und der Vergiftung, der Krankheit und des Verfaulens allerdings ebenso wie die Metaphysik des Seelenverkaufs dazu, den Modernisierungs- und Urbanisierungsprozess als ein Schicksal zu betrachten, das nur zwei Optionen eröffnet: Ergebenheit oder Verweigerung. In diese ‚Bewusstseinsfalle' sind vor und nach Fontane viele Kritiker der Verstädterung getappt.

Immerhin war die Pathologisierung der Verhältnisse nicht das letzte Wort Fontanes im zeitgenössischen Modernitäts- und Urbanitätsdiskurs. Vor allem in seinen fiktionalen Werken, insbesondere in *Die Poggenpuhls* (Erstauflage 1897), wird eher das Faszinosum als das Tremendum der Großstadt hervorgehoben. Gleichwohl: Fontanes London-Bild weist, zumal dann, wenn man die Briefe aus der Zeit seiner Aufenthalte 1852 und 1855 bis 1859 liest, zahlreiche Risse auf. In diesen Briefen agiert der Autor anders als in den Parcours-artigen Abschnitten von *Ein Sommer in London* und *Von der Weltstadt Straßen* nicht kinematographisch, sondern seismographisch: Er zeichnet gemäß seiner eigenen Befindlichkeit sowohl die Erschütterung seiner persönlichen Zuversicht als auch die Verwerfungen in der modernen, urbanen Gesellschaft auf. So teilt er schon zu Beginn seines dritten Aufenthalts an der Themse, im September 1855, Ludwig Metzel, seinem Vorgesetzten in Berlin, reichlich ernüchtert mit:

> Ich bin gestern und heut tüchtig umher gewesen und habe von der Omnibushöhe herab die übliche Parade über London abgenommen. Mit einer Art Schrecken hab' ich dabei wahrgenommen, wie kalt und gleichgültig mich dies Riesentreiben läßt. Es ist fast, als hätt ich vor 3 Jahren das Capital meiner Bewunderung bis auf den letzten Pfennig ausgezahlt. Ich habe nun wohl schon zehnmal die geraden Verbindungs Adern zwischen City und Westend passirt, und meine Empfindung bleibt stets dieselbe – Langeweile und Unbequemlichkeit. [...] Sollt' ich London symbolisch darstellen, so würd' ich einen Windhund malen, dem die rothe, lechzende Zunge handbreit zum Maule heraushängt. Man lernt hier begreifen, daß dem Londoner eine stille, ländliche Sommerwohnung über alles geht.[27]

Just die Sensationen, die in *Ein Sommer in London* die Attraktivität Londons ausmachen, frustrieren Fontane zu Beginn seines dritten Aufenthalts an der

---

27 Brief an Ludwig Metzel, 12.9.1855, in: Fontane: *Werke, Schriften und Briefe*, Abt. IV. Bd. 1, S. 410-411.

Themse. Nun reagiert er mit Fluchtimpulsen auf das Riesentreiben um ihn herum, zumal sein eigens Dasein nicht erlebnisreich beschleunigt wird, sondern stagniert. Fontane kann weder seine beruflichen Ambitionen verwirklichen noch hat er das Gefühl, für sich selbst – das heißt für seine schriftstellerische Entwicklung – etwas in England gewinnen zu können. Wiederum an Metzel schreibt er einige Monate später, im Februar 1856:

> Mein Leben ist hier die absolute Langeweile, kein Freund, kein Umgang, kein Theater, keine erquickliche Lektüre, alles fehlt mir, weil es entweder nicht da ist, oder weil es unerschwinglich teuer ist. Ich hatte wenigstens etwas zu lernen gedacht und mich oft damit getröstet, daß eine Erweitrung meiner Kenntnisse mich für jede andre Entbehrung schadlos halten werde, aber ich werde jeden Tag dümmer in diesem Uebermaß von Arbeit [...].[28]

Ende 1858 ist der Traum, in London Fuß zu fassen, die Familie dauerhaft nachzuholen und sich am Nabel der Welt anzusiedeln, endgültig ausgeträumt. Fontane kehrt nach Berlin zurück, arbeitet dort für die erzkonservative *Kreutz-Zeitung*, die er schon von der Themse aus mit Artikeln versorgt hatte, und verlegt sich erst einmal auf das Metier eines Kriegs-Schriftstellers, der in Friedenszeiten die Mark Brandenburg – in mehr als einer Hinsicht das Pendant zu jeder Metropole – erkundet und dabei seiner Vorliebe für das Historische frönt. Vom Faszinosum der Großstadt künden in den *Wanderungen* gleichwohl die Zitate aus älteren Briefen und Reiseberichten anderer Autoren, die sich auf London beziehen.[29] Sie bezeugen, dass Fontanes Blick auf diese Metropole zunehmend nostalgisch wird. Unter dieser Voraussetzung erscheinen Texte wie *Ein Sommer in London* und *Von der Weltstadt Straßen*, von heute aus betrachtet, in einer merkwürdigen Doppelbelichtung: als literarische Vorwegnahme der kinematographischen Stadtdarstellung des 20. Jahrhunderts und als seismografische Aufzeichnung der Verwerfungen, die sich aus der urbanen Beschleunigung und Verwirrung der Wahrnehmung im 19. Jahrhundert ergeben hatten.

---

[28] Brief an Ludwig Metzel, 20.2.1856, in: Fontane: *Werke, Schriften und Briefe*, Abt. IV. Bd. 1, S. 480.
[29] Vgl. Fontane, Theodor: *Wanderungen durch die Mark Brandenburg*. Berlin: Aufbau Verlag 1997. Bd. 4, S. 200: Freiherr von Canitz; Bd. 5, S. 291-295: Karl von Hertefeld und Bd. 6, S. 490: Gebhard Leberecht von Blücher.

Literatur

Bachtin, Michail M.: *Formen der Zeit im Roman. Untersuchungen zur histori-schen Poetik.* Hrsg. v. Edward Kowalski und Michael Wagner. Aus dem Russischen von Michael Dewey. Frankfurt am Main: S. Fischer 1989.

Balázs, Béla: *Der sichtbare Mensch oder die Kultur des Films.* Mit einem Nachwort von Helmut H. Diederichs und zeitgenössischen Rezensionen von Robert Musil, Andor Kraszna-Krausz, Siegfried Kracauer und Erich Kästner. Frankfurt am Main: Suhrkamp 2001 [1924].

Bollnow, Otto Friedrich: *Mensch und Raum.* Stuttgart: W. Kohlhammer 2004.

Brüggemann, Heinz: ‚*Aber schickt mir keinen Poeten nach London!' Groß-stadt und literarische Wahrnehmung im 18. und 19. Jahrhundert.* Texte und Interpretationen. Reinbek bei Hamburg: Rowohlt 1985.

Buci-Glucksmann, Christine: *Der kartographische Blick der Kunst.* Aus dem Französischen von Andreas Hiepko. Berlin: Merve 1997.

Camus, Albert: *Der Mythos von Sisyphos. Ein Versuch über das Absurde.* Mit einem kommentierenden Essay von Liselotte Richter. Übertragen von Hans Georg Brenner und Wolfdietrich Rasch. Hamburg: Rowohlt 1959 [1942].

de Certeau, Michel: *Kunst des Handelns.* Aus dem Französischen übersetzt von Roland Voullié. Berlin: Merve 1988.

Eco, Umberto: *Einführung in die Semiotik.* Autorisierte deutsche Ausgabe von Jürgen Trabant. München: Wilhelm Fink 1972.

Fisher, Philip: „City Matters: City Minds. Die Poetik der Großstadt in der modernen Literatur", in: Scherpe, Klaus, R. (Hrsg.): *Die Unwirklichkeit der Städte. Großstadtdarstellungen zwischen Moderne und Postmoder-ne.* Reinbek bei Hamburg: Rowohlt 1988, S. 106-128.

Fontane, Theodor: *Ein Sommer in London,* in: Theodor Fontane: *Werke, Schriften und Briefe.* Abteilung III. Bd. 3.1. Reiseberichte und Tagebü-cher. Erster Teilband. Reiseberichte, hrsg. v. Walter Keitel und Helmuth Nürnberger unter Mitwirkung von Heide Streiter-Buscher. München: Hanser 1975, S. 7-178.

Fontane, Theodor: *Von der Weltstadt Straßen,* in: Theodor Fontane: *Werke, Schriften und Briefe.* Abteilung III. Bd. 3.1 Reiseberichte und Tagebü-cher. Erster Teilband. Reiseberichte, hrsg. v. Walter Keitel und Helmuth Nürnberger unter Mitwirkung von Heide Streiter-Buscher. München: Hanser 1975, S. 546-533.

Fontane, Theodor: *Werke, Schriften und Briefe*. Abteilung IV. Bd.1 *Briefe 1833-1866*, hrsg. v. Otto Drude und Helmut Nürnberger. München: Hanser 1976.

Fontane, Theodor: *Wanderungen durch die Mark Brandenburg*. 8 Bde. Berlin: Aufbau Verlag 1997.

Fontane, Theodor: „Der Tower-Brand", in: Theodor Fontane: *Gedichte 1*. Gedichte (Sammlung 1998). Aus den Sammlungen ausgeschiedene Gedichte, hrsg. v. Joachim Krüger und Anita Golz. Berlin: Aufbau-Verlag 2. durchgesehene und erweiterte Auflage 1995 [Grosse Brandenburger Ausgabe GBA].

Foucault, Michel: „Von anderen Räumen" [1967], in: Dünne, Jörg / Günzel, Stephan (Hrsg.): *Raumtheorie. Grundlagentexte aus Philosophie und Kulturwissenschaften*. Frankfurt am Main: Suhrkamp 2006, S. 317-329.

Gibson, J. J.: *Wahrnehmung und Umwelt. Der ökologische Ansatz der visuellen Wahrnehmung*. München / Wien / Baltimore: Urban & Schwarzenberg 1982.

Hamm, Bernd: *Einführung in die Siedlungssoziologie*. München: C. H. Beck 1982.

Reulecke, Jürgen: *Geschichte der Urbanisierung in Deutschland*. Frankfurt am Main: Suhrkamp 1985.

Simmel, Georg: „Die Großstädte und das Geistesleben", in: Simmel, Georg: *Aufsätze und Abhandlungen 1901-1908*. Band I, hrsg. v. Rüdiger Krumme, Angela Rammstedt und Otthein Rammstedt. Frankfurt am Main: Suhrkamp 1995, S. 116-131.

Theodor Storm – Theodor Fontane. Briefwechsel. Kritische Ausgabe. Hrsg. v. Gabriele Radecke. Berlin: Erich Schmidt Verlag 2011.

Christian Volkmann

„Wer eine Feder ansetzte […] ward in den Bann gethan, als Demagoge"[1]: Lübecks (vor-)moderne Autoren als Erneuerer zwischen Partizipation und Subversion

Einleitung

Lübecks Beitrag zu einer Literatur von Weltrang ist unbestritten, und auch als literarischer Ort braucht sich die Stadt keinesfalls zu verstecken: Dass es sich in ihr „auf den Spuren der literarischen und politischen Kultur des 20. Jahrhunderts"[2] und gleich zweier Literatur-Nobelpreis-Träger wandeln lässt, kann wohl kaum eine andere Stadt vergleichbarer Größe von sich behaupten. Im Bewusstsein dieser Tatsache ehrt Lübeck seine berühmtesten Schriftsteller heute mit Literaturhäusern und -museen. Allem Anschein nach ist das Verhältnis Lübecks und seiner Einwohner gegenüber aus Lübeck stammenden oder anderweitig mit der Stadt verbundenen Schriftstellern also von aufrichtigem Respekt und von großer Wertschätzung getragen. Tatsächlich ist dies aber keine Selbstverständlichkeit und auch in Lübeck durchaus nicht immer der Fall gewesen. In der Vergangenheit haben nicht wenige Autoren deutliche Abkühlungen des Verhältnisses, Irritationen bis hin zu zeitweiliger Entfremdung erfahren. Das wohl anschaulichste Beispiel dafür dürfte die Lübecker Reaktion auf die *Buddenbrooks* sein: Bekanntlich hat Thomas Mann, wenn namentlich auch kein einziges Mal im Text unter diesem Namen erwähnt, für Lübecker aber unschwer zu erkennen, seine Geburtsstadt zum Ort der Handlung erwählt. Dies allein hat ihm offenbar aber nicht genügt, denn beim Erscheinen glaubten sich zudem auch noch einige gerade der alteingesessenen Einwohner in den zahlreichen Protagonisten der *Buddenbrooks* wieder zu erkennen. Für den Lübecker Geschmack vielleicht doch eine Spur zu exemplarisch, musste Thomas Manns Roman über den „Verfall einer Familie" daraufhin vor Ort unter den Ladentischen verkauft werden.[3]

---

[1] Geibel, Emanuel: *Briefe an Henriette Nölting: 1838-1855.* Hrsg. mit einem Vorwort von Hans Reiss und Herbert Wegener. Lübeck: Schmidt-Römhild 1963, S. 52 (Brief vom 1. Dezember 1845).

[2] Vgl. die Homepage der Lübecker Museen: http://buddenbrookhaus.de/de/48/termin:5059/terminkalender. html (Abruf 7.08.2013).

[3] Dass die zur Schau getragene und die tatsächliche Lübecker Reaktion auf Manns Roman dabei aber durchaus nicht deckungsgleich verlief, illustrieren die als eine Art inoffizielles *Buddenbrooks*-Supplement zeitgleich unter dem Ladentisch und unter der Hand kursierenden Listen der vermeintlich Portraitierten – sie sollen sich geradezu auffällig großer Beliebtheit erfreut haben. Vgl. ausführlich dazu Wilpert, Gero von: „Die Rezeptionsgeschichte", in: *Buddenbrooks-Handbuch.* Hrsg. von Kenneth Moulden und Gero von Wilpert: Stuttgart: Kröner 1988, S. 319-337, S. 322 ff.

Zugegeben, zur Rezeptions- und Wirkungsgeschichte wohl der meisten großen Texte und Autoren der Moderne gehört mindestens ein Skandal, weshalb Thomas, aber auch sein Bruder Heinrich Mann hier keine Ausnahme bilden. Sei es die immer wieder gern zitierte *Buddenbrooks*-Anekdote oder die Tatsache, dass an des Professor Raats Verhältnis zur Barfußtänzerin Rosa Fröhlich Anstoß genommen wurde. In den 1901 erschienenen *Buddenbrooks*, mehr aber noch bei Heinrich Manns *Professor Unrat* aus dem Jahr 1905, lassen sich genügend Punkte finden, die den Zeitgenossen Texte und Verfasser als unseriös, wenn nicht geradezu skandalös erscheinen lassen mussten. Auch die Lübecker reagierten auf eben diese Skandale und ihre Urheber. Im Unterschied zum Rest des Deutschen Reiches taten sie dies allerdings auf überaus spezifische Art und Weise: Anstatt zu kritisieren oder vielleicht sogar lautstark und wütend abzulehnen, schämte man sich und schwieg, brüskiert-blasiert, sowohl die Texte als auch deren Verfasser öffentlich tot. Von solcherart schwerwiegenden Spannungen geprägt war die Beziehung der Lübecker zu ihren Schriftstellern allerdings, wie im Folgenden gezeigt werden soll, erst mit der aufkommenden Moderne.

Zur Begründung dieses gespannten Verhältnisses wird in der *Buddenbrooks*- und Mann-Literatur, aber auch in den – allerdings im direkten Vergleich nicht besonders zahlreichen – anderen, das literarische Leben der Stadt betreffenden Veröffentlichungen[4] zumeist eine „traditionelle[] Literaturferne Lübecks"[5] angeführt. Offen gelassen wird dabei jedoch das Entscheidende: worin genau nämlich diese Literaturferne bestand und auf welche Tradition(en) sie möglicherweise zurückging; Grund genug, den Ursachen wie den Auswirkungen dieses Phänomens nachzuspüren.

Betrachtete man hierzu nun aber ausschließlich das berühmte Brüderpaar, so wäre die um die Wende vom 19. zum 20. Jahrhundert durchaus bunte Lübecker Literaturlandschaft nur unzureichend beschrieben, zumal der mit den Manns assoziierte Teil der literarischen Moderne weniger in Lübeck selbst, sondern ganz überwiegend literarisch vermittelt stattgefunden hat. Das gilt

---

[4] Eine Literaturgeschichte, die – über die Familie Mann hinausgehend – die umfassende und bisweilen überaus spannende Literaturgeschichte Lübecks einlässlich beleuchtet, muss indes noch geschrieben werden. Für einen ersten Überblick vgl.: Gumpert, Gregor / Tucai, Ewald: *Lübeck: ein literarisches Porträt*. Neumünster: Wachholtz 2011; wenngleich stichprobenartig jedoch äußerst aufschlussreich in seinen Einblicken in Lübecks Kultur- und Literaturgeschichte dagegen Bruns, Alken: „Kultfigur und Bürgerschreck. Ibsenrezeption in Lübeck um 1890", in: *Der nahe Norden, Otto Oberholzer zum 65. Geburtstag*, Eine Festschrift. Hrsg. von Wolfgang Butt und Bernhard Glienke. Frankfurt am Main [u. a.]: Peter Lang 1985, S. 125-S.137 und Bruns, Alken.: „Jahrhundertwende im Weltwinkel", in. *Thomas Mann Jahrbuch* 1996 (Bd. 9). Frankfurt am Main.: Klostermann 1996, S. 73-90.

[5] Bruns: „Kultfigur und Bürgerschreck", S. 125.

übrigens ebenso für die meisten anderen Autoren. Auch wenn sie eng mit der Stadt verbunden waren, so ist ihnen Lübeck zunächst sehr viel weniger konkrete Wirkungsstätte als Ort literarischer Inspiration und Imagination gewesen. Zu denken ist hier an Fanny zu Reventlow und an Erich Mühsam, die, was die moderne Literatur angeht, die Lübecker Literaturgeschichte als zwei sehr interessante Erscheinungen bereichern. Sehr häufig wird außerdem übersehen, bisweilen sogar in Lübeck selbst, dass die Stadt durchaus über eine Literaturtradition verfügt, die nicht erst um die Jahrhundertwende einsetzt – so hat es den Typus des Großschriftstellers, wie ihn später vor allem Thomas Mann repräsentierte, hier bereits zuvor schon einmal gegeben. Insofern sollte man, gerade wenn man der Aussage von der vorgeblich traditionellen Literaturferne auf den Grund gehen will, den heute meist weniger bekannten, vor bzw. zur selben Zeit wie die Manns zur Wirkung gelangten Lübecker Autoren besondere Aufmerksamkeit widmen. All dies ist natürlich nicht von der Stadt selbst und ihrer durchaus speziellen Entwicklung im 19. Jahrhundert zu trennen, sodass für ein möglichst komplettes Bild zunächst einmal einige einleitende Bemerkungen zur Geschichte Lübecks im 19. Jahrhundert erforderlich sind.

„Eines der konservativsten Staatswesen" an der Schwelle zur Moderne

Noch bis in die zweite Hälfte des 19. Jahrhunderts galt Lübeck als eine der rückständigsten Städte auf deutschem Gebiet. Hatten der Glanz der Hansezeit und die wirtschaftliche Prosperität der vom Handel lebenden und auf diesen immer noch ebenso angewiesenen Stadt schon lange spürbar nachgelassen, markierte die Besetzung und Plünderung Lübecks durch die Franzosen Anfang Dezember des Jahres 1806 einen Tiefpunkt: Mit der Eingliederung in das Französische Reich in der Zeit von 1810 bis 1813 ging die Selbstständigkeit als Stadtstaat verloren. Zudem hatten die Lübecker, nicht zuletzt durch die Kontinentalsperre, hohe zusätzliche Lasten zu bewältigen. Als bleibendes Problem, weit schlimmer als in anderen Teilen Deutschlands, sollten sich aber die Folgen der Fremdherrschaft erweisen, denn nachdem vorangegangene Versuche, die Verfassung zu reformieren, gescheitert waren, kam es in Lübeck zu einer Restauration der vornapoleonischen gesellschaftlichen und politischen Verhältnisse: Es wurde nun wieder zwischen Bürgern und Nichtbürgern unterschieden; nur diejenigen, die das Bürgerrecht besaßen – und das war nach wie vor eine absolute Minderheit der Einwohner – konnten ihren politischen Willen bekunden oder sogar an der Macht teilhaben. Die Bürger allein, vor allem aber noch einmal die dünne Schicht des alteingesessenen Kaufmannsadels, bildeten die politische Elite. Die Gestaltung der Stadt oblag dem sich selbst ergänzenden Rat und damit den Vorstellungen einiger weniger; ein gleiches Wahlrecht etwa wurde erst 1848 eingeführt. Zudem wurde die Gewerbefreiheit wieder aufgehoben und der Zunftzwang retabliert.[6] In der ersten Hälfte des 19. Jahrhunderts war Lübeck somit „eines der konservativsten Staatswesen"[7].

Obwohl oder vielleicht gerade weil durch die Interessen des Handels dominiert, wurden die vorindustriellen Strukturen in Lübeck nicht nur hinsichtlich der wirtschaftlichen Entwicklung, sondern auch gesellschaftlich und politisch geradezu konserviert. Auf Bestreben des Senats lebte der mittelalterliche Zunftzwang noch bis zur Einführung der Gewerbefreiheit im Jahr 1867 weiter fort – zu einer Zeit, als die Industrialisierung in den meisten anderen Teilen Deutschlands bereits rasant voranschritt. Weniger in der Verantwortung des Senats hingegen lag ein anderes Erbe der napoleonischen Zeit: Mit dem Wiener Kongress war das Herzogtum Lauenburg an die dänische Krone gefallen und Lübeck seither fast völlig von dänisch beherrschtem Gebiet umschlossen, wodurch die städtische Entwicklung nachhaltig gehemmt wurde. Dänemark-Holsteins Machtkalkül behinderte den Bau der dringend benötigten Straße nach Hamburg ebenso wie die schon lange geplanten Eisenbahnanbindungen nach Hamburg und Berlin.[8] Selbst hinsichtlich der Zollpolitik kam es jahrzehntelang zu keiner Einigung, und statt wie ihre Bremer und Hamburger Kollegen Welthandel zu betreiben, mussten sich die Lübecker Reeder und Kaufleute mit dem Ostseehandel begnügen.

Dass gleich in vielerlei Hinsicht ein Tiefstand erreicht war, war für viele Lübecker, noch mehr aber für Besucher, die ein solches Bild nicht gewohnt waren, auch am Zustand der Stadt abzulesen. Ein nicht unbeträchtlicher Teil der vielen gotischen Bauten, darunter die großartigen Kirchen und das Rathaus, zerfiel zusehends, ohne dass ernsthaft etwas dagegen unternommen wurde, und auch in sanitärer Hinsicht befand sich Lübeck, das bis in die siebziger Jahre noch immer über kein funktionsfähiges Kanalisationssystem

---

[6] Vgl. Kretzschmar, Johannes: „Geschichte Lübecks in der Neuzeit", in: *Geschichte der Freien und Hansestadt Lübeck.* Hrsg. von Fritz Endres. Unveränderter Nachdruck der Ausgabe von 1926. Frankfurt am Main: Weidlich 1981, S. 57-112, S. 99.

[7] Brandt, Ahasver von: *Geist und Politik in der Lübeckischen Geschichte.* Lübeck: Schmidt-Römhild 1954, S. 166.

[8] Vgl. Direktor des Statistischen Landesamtes Dr. Hartwig: „Lübecks Bevölkerung und Lübecks Wirtschaftsleben", in: *Lübeck seit Mitte des 18. Jahrhunderts (1751).* Hrsg. von den Lübeckischen Anzeigen und der Lübecker Zeitung. Lübeck: Borchers 1926, S. 31-37, S. 35.

verfügte, weiterhin im Mittelalter. Das nahe Travemünde verdankte seine zunehmend große Popularität als Seebad mithin maßgeblich der Tatsache, dass es im Sommer in Lübeck schlicht kaum auszuhalten war.

Wenngleich die Entwicklung der Stadt in vielerlei Hinsicht gehemmt wurde, machte sich die starke Nachwirkung der alten Ordnungsvorstellungen jedoch nicht nur negativ bemerkbar. Das veraltete, patriarchalisch organisierte System regelte noch immer vergleichsweise effektiv das Miteinander der weiterhin hierarchisch voneinander abgegrenzten Gesellschaftsschichten. Im Vergleich zu den meisten anderen deutschen Städten und Landstrichen standen in Lübeck die Macht- und Rollenverhältnisse nach wie vor vergleichsweise unhinterfragt fest. Die Dominanz der (groß-)bürgerlichen Familien war nahezu ungebrochen. Ihren Einfluss übten sie mithilfe von Bürgerinitiativen wie der 1789 bzw. 1791 gegründeten „Gesellschaft zur Beförderung gemeinnütziger Tätigkeit" aus. Mit ihrem deutlichen Eintreten für den sozialen Frieden und Zusammenhalt bestimmten sie das gemeinsame Miteinander, mindestens genauso entscheidend war ihre Wirkung für das geistig-kulturelle Klima der Stadt. All das zusammengenommen kann von Lübeck als von „einer ungemein einheitlichen kulturellen Ganzheit"[9] gesprochen werden. Es ist für die Lübecker Verhältnisse nur allzu bezeichnend, dass es 1848 nicht zu revolutionären Unruhen kam, sondern die Initiative einer Verfassungsreform hin zu gleichem Wahlrecht vom Rat ausging und eine Schar erregter Bürger einen wütenden Volksauflauf gegen diesen allzu progressiven Vorschlag anzettelte.[10]

Bürgerliche Reform statt Revolution: Emanuel Geibel und „Jung-Lübeck"

Für das Bemühen, keine vollständige Erstarrung eintreten zu lassen, für die Bereitschaft und die Möglichkeiten zur Veränderung, stand ab Anfang der 1830er Jahre die heranwachsende Generation: Mit ihr begann eine überschaubare Anzahl junger, einander durch den Schulbesuch des berühmten und zu dieser Zeit in besonderer Blüte stehenden Gymnasiums Katharineum bekannter Lübecker aktiv am lokalen Geschehen teil zu nehmen. Diese erst in späteren Jahren unter der Bezeichnung „Jung-Lübeck" zusammengefasste Bewegung entstammte den bürgerlichen, zumeist hoch angesehenen Familien

---

[9]   Brandt, Ahasver von: „Lübeck in der deutschen Geistesgeschichte. Ein Versuch", in: *Zeitschrift des Vereins für Lübeckische Geschichte und Altertumskunde*. Bd. 31 (Heft 2). Lübeck: Schmidt Römhild 1949, S. 185.

[10] Die zeit- und mentalitätsgeschichtliche Aussagekraft gerade dieses Vorfalls hat auch Thomas Mann erkannt, der ihn, wie vieles andere in seinen *Buddenbrooks*, gar nicht erst zu erfinden brauchte.

der Stadt. Erklärtes Ziel der Reformer war es, die vielfache Lähmung Lübecks zu überwinden. Besondere Wirksamkeit erzielten die „Jung-Lübecker" dabei vor allem durch ihre äußerst rege publizistische Tätigkeit. Nicht nur, dass die „Jung-Lübecker" ihre Anliegen politischer, wirtschaftlicher, juristischer oder literarischer Natur in äußerst gelehrter Weise auszudrücken wussten, auch standen sie mit den führenden Geistesgrößen ihrer Zeit in regem Austausch und waren somit ausgezeichnet vernetzt. Zielsicher verstanden sie, Aufmerksamkeit für die von ihnen als drängend empfundenen Fragen zu generieren und Bewegung in festgefahrene Komplexe wie die Verfassung und das Wahlrecht, den Ausbau der Verkehrswege- und sogar die Zollproblematik zu bringen. Als ihr größtes Verdienst ist aber zu verbuchen, dass es ihnen gelang, die dahindämmernde Stadt kurzzeitig sogar bis in die Mitte der nationalen vormärzlichen Reformbewegung zu rücken: An der Schwelle zur Revolution stand Lübeck auf einmal nicht mehr am Rand, sondern mitten unter den progressiven Kräften dieser Zeit. Entscheidend dafür war allerdings, Lübecks Situation überhaupt erst einmal außerhalb der Stadt und breiteren Bevölkerungsschichten bekannt zu machen.

Dieser anspruchsvollen Aufgabe nahm sich, ebenfalls „Jung-Lübecker", auch das vielversprechendste literarische Talent der Stadt, Emanuel Geibel, an. Geibel stand kurz vor seinem nationalen Durchbruch als Lyriker: Anfang der 1840er Jahre wurde er erstmals einem breiteren Publikum bekannt. In der zweiten Jahrhunderthälfte war er den Auflagenzahlen und seinem literarischen Einfluss nach der erfolgreichste deutschsprachige Dichter. Heute nahezu vergessen oder wegen der einseitigen Fokussierung auf seine spätere, stahl- und waffenschwangere Nationalpoetik als völlig unzeitgemäß wahrgenommen, sendete Geibel 1845 seinen lokalpatriotischen *Ruf von der Trave* aus.[11] Zunächst lediglich als achtseitige Einzelveröffentlichung im Verlag des Lübecker Buchhändlers Asschenfeldt erschienen, reihte Geibel sein Gedicht nur wenig später in die „neu vermehrte Auflage" der *Zeitstimmen*,[12] seiner bereits zwei Jahre zuvor erstmals veröffentlichten Sammlung ausschließlich politischer Lyrik ein. Dass er gerade diese Zeilen einem größeren Publikum zugänglich machte, hatte seinen Grund: Noch Mitte der 1840er Jahre interessierte sich, wie er selbst und die anderen „Jung-Lübecker" immer wieder feststellen mussten, kaum jemand außerhalb Lübecks für das Schicksal der Stadt.[13] Ziel des warnenden und durchaus zornigen *Rufs von der Trave* war

---

[11] Geibel, Emanuel: *Ein Ruf von der Trave. Gedicht.* Lübeck: Asschenfeldt 1845.

[12] Geibel. Emanuel: *Zeitstimmen.* Dritte neu vermehrte Auflage. Lübeck: Asschenfeldt 1846, S. 79 ff.

[13] Geibel, *Briefe an Henriette Nölting*, S. 51 (Brief vom 1. Dezember 1845).

es, auf Lübecks prekäre Situation aufmerksam zu machen, vor allem aber den Deutschen Bund zu einem Eingreifen gegenüber Dänemark zu bewegen. Überhaupt hatte erst die neuerliche dänische Blockadehaltung in der Eisenbahnfrage den Ausschlag für das Gedicht gegeben. Bereits die erste Strophe lautet daher aufrüttelnd:

> Nun reich' o Muse den Pokal,
>
> Doch laß von hellem Zorn ihn schäumen!
>
> Ein Lied gieb, das wie Blitzesstrahl
>
> Die Schläfer schreck' aus ihren Träumen!
>
> Wie Ruf der Glocke zur Gefahr
>
> Erschall' es weit im deutschen Lande
>
> Es gilt der Stadt, die mich gebar,
>
> Der Mutter, die man schlägt in Bande![14]

So entwirft Geibel mit der Feststellung „Es taugt der Deutsche nicht zum Dänen"[15] im weiteren Verlauf die Horror-Vision eines jeden Lübeckers dieser Tage: den Verlust der reichsstädtischen Selbständigkeit und den Fall der Stadt an die dänische Krone.

Dennoch war der *Ruf von der Trave* mehr als eine lediglich spontane Reaktion, sondern Ergebnis eines mehrjährigen Denk- und Bewusstwerdungsprozesses: Bereits 1837 hatte sich Geibel besorgt über die Situation in seiner Heimatstadt geäußert. Als 22-jähriger Student in Berlin zog er, wenn auch nicht in Versen, dabei vor allem die Bewohner selbst zur Verantwortung:

> Wollten doch die Lübecker endlich einmal einsehn, wie schön und herrlich ihre Stadt ist und wie viel bei einigem Sinn mit leichter Mühe geschehen könnte, den eigentlichen Charakter derselben nicht nur festzuhalten, sondern immer bedeutsamer hervorzuheben, und das wieder gut zu machen, was Philister und Barbarismus schmählich verdorben.[16]

Interessant an dieser frühen Aussage, die Geibel brieflich gegenüber dem Freund und „Jung-Lübecker" Gesinnungsgenossen, späteren Historiker und preußischen Prinzenerzieher Ernst Curtius tätigte, ist deren auf die Lübecker Mentalität abzielende Begründung: „Aber unsere Landsleute sind immer von ganz seltsamer Natur; was festes Zusammenhalten, fröhliches gegenseitige

---

[14] Geibel, *Ein Ruf von der Trave*, S. 3.
[15] Ebd., S. 6.
[16] Emanuel Geibel an Ernst Curtius am 8. Oktober 1837. Geibel-Nachlass der Bibliothek der Hansestadt Lübeck.

Mittheilen heißt, das wissen die wenigsten."[17] Der Gesamtkontext relativiert diesen Befund zwar ein Stück weit, denn Geibel zielt hier nicht bewusst darauf ab, seine Landsleute zu diskreditieren, er singt sogar vielmehr ein Loblied auf deren „Herzlichkeit, Kenntniß und Geist"[18]. Gleichzeitig muss er aber feststellen, dass diese Eigenschaften nur für die Individuen, nicht aber für die Gesellschaft als Ganzes gelten. Er konstatiert damit als spezifisch lübeckisches Defizit eine mangelnde Eignung zum Zusammenleben und -wirken, wobei einschränkend angemerkt werden muss, dass Geibel, vom Berliner Gesellschaftsleben verwöhnt, die bürgerliche Gesellschaft seiner Heimatstadt besonders streng beurteilt haben dürfte.

Seine Mentalitäts- und Gesellschaftskritik hat Geibel später, kurz nach seinem *Ruf von der Trave,* noch einmal brieflich wiederholt und sich dabei ein ganzes Stück von seiner persönlichen Betroffenheit gelöst. Ende 1845, gerade dreißig Jahre alt geworden, hatte er die vorangegangenen Jahre vorrangig an wechselnden Orten zugebracht und dabei einen Eindruck von den deutschen Verhältnissen bekommen, aus der Distanz aber auch seinen Blick für die Lage Lübecks kritisch-analytisch geschärft:

> Das Charakteristische Lübecks beruht einerseits auf seiner republikanischen Verfassung und auf seiner Verbindung mit dem Norden, ganz besonders mit Schweden und Finnland, andererseits aber und ebenso hauptsächlich auf einer großbürgerlichen Gediegenheit, auf einem alterthümlich reichsstädtischen Zuschnitt, die sich trotz aller Zeitläufe schön und würdig erhalten haben. Jene aufzugeben, diesen zu modernisiren; uns in unseren äußeren Umgebungen anderen Orten gleichförmig machen zu wollen, heißt nichts anderes, als unsere Stadt muthwillig auf die Stufe einer mittelgroßen Stadt zweiten Ranges herunterzuschrauben.[19]

Wie die anderen „Jung-Lübecker" sah Geibel den Weg aus der Misere eindeutig und zu allererst in einer Reformierung des Bestehenden, dennoch mag es erstaunen, dass sich mit diesem Anliegen zunächst einmal städtebaulich-konservatorische Forderungen verbanden:

> Jeder abgetragene Thurm, ja jeder eingerissene Treppengiebel oder zur Unzeit umgehauene Baum ist daher für uns ein Rückschritt. Mit unserer Eigenthümlichkeit, mit der Möglichkeit, dem gesamten Deutschland in scharf ausgesprochener Individualität entgegenzutreten, steht und fällt auch unsere Selbständigkeit.[20]

---

[17] Ebd.
[18] Ebd.
[19] Geibel, *Briefe an Henriette Nölting*, Brief vom 1. Dezember 1845, S. 52.
[20] Ebd.

46

Konservatorisch erscheint dieser Ansatz aber nur auf den ersten Blick, bei Geibel erhält er eine radikale Wendung, die ihn sogar zum subversiven Akt geraten lässt:

> Der alte Schlendrian ist ruhig seinen Weg gegangen, wer eine Feder ansetzte anders, als um Akten und Recepte zu schreiben, ward in den Bann gethan, als Demagoge. So ist Lübeck geworden wie das Schloß im Dornröschen, der Wald ist darübergewachsen, derweil die Leute schliefen. Die Welt weiß kaum noch, wo es liegt.[21]

Als progressiv kann die Initiative „Jung-Lübecks", aber auch anderer, ihr nahe stehender einflussreicher Persönlichkeiten wie etwa dem in der Stadt wirkenden Kunsthistoriker und -mäzen Carl Friedrich von Rumohr und dem Maler, Sammler und Konservator Carl Julius Milde durchaus bezeichnet werden.

Wenn es ein Hauptanliegen der Erneuerer war, die Bedeutung der Stadt mithilfe publizistischer Maßnahmen in der öffentlichen Meinung zu heben,[22] so hat sich Emanuel Geibel als ihr literarischer Vertreter dieser Aufgabe in seinen Dichtungen mit erheblichem Nachdruck angenommen. Kennzeichnend für die „Jung-Lübeck"-Bewegung war es, dass sie Lübecks krisenhafte Situation und mögliche Lösungen dieses Zustandes stets in den Zusammenhang mit der nationalen Frage stellte. Geibel hat diesen Zusammenhang für seine spätere politische Lyrik zum Programm erhoben. Auch wenn sein *Ruf von der Trave* in der politischen Sphäre scheinbar wirkungslos verpuffte, denn weder der Deutsche Bund noch Kopenhagen sahen sich zum Handeln bewegt, sah sich Geibel bestätigt: Die 1846 aktuell werdende Schleswig-Holstein-Frage ließ die angemahnte Bedrohung durch die Dänen realer werden. Der Ruf nach deutsch-nationaler Solidarität gewann damit massiv an Bedeutung, sodass Geibel ihm mit den Sonetten *Für Schleswig-Holstein* (1846) Nachdruck verlieh.[23] Maximalistisch in seinen Anspielungen und Vergleichen, die nordische und die antike Sagenwelt zugleich bemühend, macht sich der Lübecker Geibel hier zum lautstarken Befürworter einer gewaltsamen Intervention. Die Schleswig-Holstein-Frage wird sogar explizit zu einem Testfall Deutschlands vor der Weltgeschichte erhoben.[24]

Die dänischen Herzogtümer verboten die Sonette prompt. Geibels Ansehen und seiner Bekanntheit unter seinen deutschen Landsleuten war das nur zuträglich. Was beim Lesen inzwischen stark befremdet, war damals als Ruf nach Freiheit, nach Reformen und nach nationaler Einheit vollauf zu-

---

[21] Ebd., S. 51.
[22] Vgl. ebd.
[23] Vgl. Geibel, Emanuel: *Zwölf Sonette für Schleswig-Holstein*. Lübeck: Asschenfeldt 1846.
[24] Vgl. ebd., S. 14.

stimmungsfähig, und dass man gerade im bedrängten Lübeck dermaßen dafür focht, machte die Stadt für viele reformerischere Kräfte des Vormärz zu einem Vorbild. Insofern wird verständlich, warum mit dem Allgemeinen Deutschen Sängerfest und der Germanistenversammlung im Juni bzw. August 1847 zwei Veranstaltungen mit Signalcharakter für die deutsche Erneuerung gerade in Lübeck stattfanden.[25] Als solche waren sie ein Beispiel für die Innovationskraft des an der Initiierung und der Organisation maßgebend beteiligten „Jung-Lübeck"-Kreises.

Die durch die Erneuerer geprägte Phase – das sind vor allem die 1840er und in ihrer Nachwirkung zum Teil noch die frühen 1850er Jahre (in Form z. B. des Zollabkommens und der Fertigstellung der Lübeck-Büchen-Bahn) – widerlegt die Annahme, das 19. Jahrhundert über habe der Stillstand die Stadt dominiert.[26] Die Initiative von „Jung-Lübeck" und seiner Unterstützer setzte erhebliche geistige und politische Bewegung in Gang. Möglich wurde dies nur, weil die „Jung-Lübecker" gesellschaftlich bestens integriert und ihre Vorstellungen und Ideen von Lübecks Zukunft als einer Rückkehr zu alter Größe bei den führenden Lübecker Schichten, denen sie ja häufig selbst entstammten, vollauf anschlussfähig waren. Der schwierige Balanceakt zwischen tradierten Vorstellungen und den Anforderungen der neuen Zeit konnte gelingen, weil Neues und Altes ebenso ineinander aufgingen wie Partikulares und Nationales. Weder waren die „Jung-Lübecker" also Rebellen noch gar Revolutionäre. Vielmehr verstanden sie sich als bürgerliche Reformer, die jeglichem Umsturzgedanken fernstanden. Folglich spielte niemand aus diesen Reihen eine bedeutende Rolle bei den der 48er-Revolution folgenden gesamtdeutschen Ereignissen, und die Stadt verlor ziemlich schlagartig ihre Bindung zur nun weitaus progressiver agierenden Nationalbewegung. Es gehört zu den Paradoxien lübeckischer Geschichte, dass man sich von der scheinbar denkbar schlechtesten Ausgangsposition frühzeitig und aus eigenem Antrieb an die Spitze der nationalen Erneuerungsbewegung gesetzt hatte. Als die Entwicklung im übrigen Deutschland zu ihrem Höhepunkt kam, waren die re-

---

[25] Obwohl in ihrer Anlage grundverschieden, erstere ein Volksfest mit Teilnehmern und Besuchern aus ganz Deutschland, letztere eine, wenn auch zahlenmäßig kleine, aber durch ihre namhaften Teilnehmer wie Jacob Grimm und Friedrich Christoph Dahlmann geistig prominent besetzte Versammlung von Wissenschaftlern, waren beide Veranstaltungen dennoch eindeutig reformerisch grundiert.

[26] Entsprechende Darstellungen oder zumindest deutliche diesbezügliche Tendenzen prägen die Beschreibungen Lübecks für diese Zeit, vgl. dazu neben anderen vor allem Keller, Ernst: „Das Problem ‚Verfall'", in: *Buddenbrooks-Handbuch*. Hrsg. von Kenneth Moulden und Gero von Wilpert: Stuttgart: Kröner 1988, S. 157-170, S. 159 ff. und Beaton, Kenneth: „Die Zeitgeschichte und ihre Integrierung im Roman", in: *Buddenbrooks-Handbuch*. Hrsg. von Kenneth Moulden und Gero von Wilpert: Stuttgart: Kröner 1988, S. 201-211.

volutionären Bedürfnisse hier jedoch bereits erschöpft, sodass schlicht keine Notwendigkeit mehr für eine Revolution bestand. Für eine weitere deutliche Abkühlung des ohnehin schon abgeflauten revolutionären Klimas sorgten das Scheitern der deutschen Revolution und die neuerliche Restauration.

Während die meisten „Jung-Lübecker" frühzeitig, zum Teil schon in den 1840er Jahren, in Lübeck selbst, viele von ihnen aber auch in preußischen Diensten zu großer Wirkung gelangten und als Politiker, Juristen und Wissenschaftler in hohen Ämtern schnell bürgerliche Karrieren machten,[27] fanden sich in der nun folgenden Lübecker Generation keine Nachfolger mehr. Die Zeit des intensiven Aufbruchs war zunächst abgeschlossen und die weitere Erneuerung für viele Jahre hinausgezögert.

Zu denjenigen, die die Stadt verließen, gehörte auch Emanuel Geibel. Gerade er, der sich ein Deutsches Reich unter preußischer Führung wünschte, folgte 1852 einer Einladung des Bayern-Königs Maximilian II. nach München, wo er mit einer Honorarprofessur für deutsche Literatur und Ästhetik ein festes und auskömmliches Gehalt erhielt. Als einer der Begründer des Münchner Dichterkreises und gewichtige Stimme bei den königlichen Abendgesellschaften perfektionierte Geibel in München sein Dichter-Dasein zur Meisterschaft: Mit seinem klassizistisch-idealistisch schönen, bewusst eklektischen Formenkult wurde er zu einer die deutsche Literaturlandschaft seiner Zeit dominierenden Gestalt. Auch in seiner Münchner Position machte Geibel keinen Hehl aus seinen nationalen Vorstellungen, und dennoch sollte ihm eine entsprechende Gesinnungsäußerung zum Verhängnis werden: Eine aus Anlass des Lübeck-Besuchs von Preußenkönig Wilhelm I. verfasste preußisch-nationale Hymne diente Geibels bayrischen Gegnern als Vorwand, den norddeutschen Dichter los zu werden. Nachdem Geibel zuerst den Rückhalt des bayrischen Königshauses und dann auch seine Bezüge verloren hatte, übersiedelte er 1868 zurück in seine Heimatstadt, die ihn, den nunmehrigen Großschriftsteller, begeistert willkommen hieß. In seinen letzten Lebensjahren wandelte Geibel, im kurz darauf gegründeten Deutschen Reich als Nationaldichter, literarische Instanz und Reichsherold verehrt, noch gelegentlich

---

27 Um nur einige Beispiele zu nennen: Ernst Curtius etwa wirkte zunächst als Hauslehrer des Preußen-Prinzen Friedrich Wilhelm, des späteren Kaisers Friedrich III, ab 1855 widmete er sich als Professor wieder der Archäologie und initiierte maßgeblich die Ausgrabungen des antiken Olympia; sein Bruder Georg wurde einflussreicher Philologe und ebenfalls Professor; Kurd von Schlözer, studierter Jurist, trat als Diplomat, u. a. als späterer Gesandter im Vatikan, in preußische Dienste; in einflussreicher Position wirkte, als Staatsrat, Marcus Niebuhr ebenfalls in Preußen; Johann Heinrich Thöl wurde Jura-Professor u. a. an der Universität Göttingen; ebenfalls ordentlicher Professor, allerdings für Geschichte, war ab 1862 auch Wilhelm Wattenbach.

durch Lübeck und Travemünde, wo man ihm ehrfürchtig begegnete.[28] In sein charakteristisches graues Plaid gehüllt, verkörperte er die Erscheinung einer vergangenen Zeit, womit er in vielem geradezu charakteristisch für seine Heimatstadt stand. Allein, als er 1884 verstarb, stand Lübeck wieder an der Schwelle einer Zeitenwende.

Lübeck um die Jahrhundertwende: moderne Zeiten vs. vormoderne Traditionen

Im ausgehenden 19. Jahrhundert begannen sich die Verhältnisse zu wandeln: Mit dem Anschluss an Preußen, dem Wegfall des Zunftzwanges und der neu gewonnenen Freizügigkeit profitierte nun auch Lübeck wirtschaftlich von der Industrialisierung. Und nicht nur für Industriebetriebe wurde die Stadt zunehmend attraktiv. Durch den einsetzenden starken Zuzug wuchs Lübeck schnell über seine alten Grenzen hinaus, wodurch sich das Stadtbild nachhaltig veränderte. Auch der mittelalterliche Stadtkern blieb von den Entwicklungen nicht unberührt: Der allgegenwärtige Verfall wurde gestoppt, jedoch um den Preis, dass eine große Zahl teils markanter öffentlicher, kirchlicher und privater Gebäude zugunsten von Neubauten verschwand. Veränderungen des Stadtbildes ergaben sich auch durch die verschiedenen Erweiterungen des Hafens, die Errichtung weiterer Fabriken, neuer Straßen und den Ausbau der sonstigen, bisher hochdefizitären Infrastruktur.[29] Wenngleich die Gründerzeit somit vergleichsweise spät einsetzte und zunächst noch zögerlich verlief – die entscheidenden, in vielen Fällen auf „Jung-Lübeck" zurückgehenden Errungenschaften der Stadt kamen nun zu ihrer Wirkung, und Lübecks Aufstieg zur modernen Großstadt konnte beginnen.

Von den Veränderungen und Modernisierungen in besonderem Maße betroffen waren die gesellschaftlichen Verhältnisse. Zwischen den gewesenen Ständen und den noch ungeborenen Klassen (Marx) der sich nach langem Stillstand immer rascher entwickelnden Stadt offenbarten sich gravierende ideologische Differenzen: Eine neu entstehende Mittelschicht gewann langsam an Einfluss, konnte sich aber gegen das krampfhaft an seinen Privilegien

---

[28] In Lübeck aufgewachsen und Ende der 1860er Jahre Primaner, erinnert sich Gustav Falke an das eindrucksvolle Auftreten Geibels, vor allem aber an dessen imponierende Wirkung auf ihn, den literarischen Novizen, selbst: „Emanuel Geibel! Vor seine Augen zu kommen, hielt man meine Verse für würdig? Statt in einen Freudentaumel zu geraten, überfiel mich eine herzbeklemmende Angst. ‚Nein! Nein!' rief ich und bat, es doch zu unterlassen." (Gustav Falke: *Die Stadt mit den goldenen Türmen. Die Geschichte meines Lebens*. Berlin: Grote'sche Verlagsbuchhandlung 1923, S. 60).

[29] Vgl. dazu: General Direktor Henke: „Lübecks Städtische Betriebe", in: *Lübeck seit Mitte des 18. Jahrhunderts* (1751). Hrsg. von den Lübeckischen Anzeigen und der Lübecker Zeitung, S. 171-178.

festhaltende Bürgertum Alt-Lübecker Zuschnitts politisch noch nicht durchsetzen. Trotz aller sozialen Veränderungen wehrte man sich, mit der Bürgerschaft als treibender Kraft, gegen etwaige Verschiebungen im Machtgefälle, insbesondere gegen die erstarkende Sozialdemokratie. Noch 1905 gelang, trotz starker Proteste, die Einführung eines neuen Zweiklassenwahlrechts,[30] das zwei Jahre später weiter verschärft wurde – eine schon damals schier unglaublich reaktionär erscheinende Maßnahme[31] und möglicherweise einer der Gründe, warum die SPD ihren bundesdeutschen Parteitag gerade in Lübeck abhielt. Mit den vielen Zugezogenen – von Mitte bis Ende des Jahrhunderts hatte sich die Bevölkerungszahl auf nahezu einhunderttausend Einwohner verdoppelt – offenbarten sich aber auch die Reibungspunkte des Stadtstaats und seiner alten Regeln und Ordnungsvorstellungen mit denen des neuen Nationalstaats und dessen zentralistischen Machtansprüchen.[32]

Altes und Neues zur Deckung zu bringen, wurde um die Jahrhundertwende immer schwieriger. Dies galt besonders für die frei- und hansestädtische Tradition und die reichspreußische Gesinnung, deren Zusammengehen zwar eifrig beschworen wurde, aber alles andere als spannungsfrei verlief: Wirkte der Anschluss ans Reich als eine Art Katalysator für Lübecks Entwicklung und rückte er die Stadt vom Abseits wieder näher ans Zentrum, so untergrub er zugleich das freistädtische Selbstbewusstsein. Wenn es hieß, die Lübecker hätten sich schneller ins Kaiserreich eingelebt, als das für andere Hansestädter der Fall gewesen sei,[33] in bürgerlichen Kreisen aber umgekehrt die Erosion des auf Einheit und verantwortliches Miteinander angelegten Gemeinwesens beklagt wurde,[34] so ist dies ein deutlicher Indikator für die nachholende Entwicklung, vor allem aber spricht es für eine innere Zerrissenheit der Stadt.

Boheme statt Bürgertugend I: Erich Mühsam

Unter denjenigen, die in den 1870er Jahren in die sich nach langer Hemmnis munter entwickelnde Stadt kamen, waren auch die Eltern Erich Mühsams, jenes späteren Schriftstellers, Anarchisten und Freidenkers, der 1878 in Berlin geboren wurde, aber in Lübeck aufwuchs. Auch Erich Mühsams Jugend und sein frühes Erwachsenenalter fallen, wie gut fünfzig Jahre zuvor bei Emanuel

---

[30] Vgl. Ahrens, Gerhard: „Von der Franzosenzeit bis zum Ersten Weltkrieg 1806-1914: Anpassung an Forderungen der neuen Zeit", in: *Lübeckische Geschichte*. Lübeck. Hrsg. von Antjekathrin Graßmann. Schmidt Römhild 1988, S. 529-676, S. 646.
[31] Vgl. Bruns, „Jahrhundertwende im Weltwinkel", S. 86.
[32] Vgl. Ahrens, „Von der Franzosenzeit bis zum Ersten Weltkrieg", S. 645 f.
[33] Vgl. ebd., S. 640.
[34] Vgl. Bruns, „Jahrhundertwende im Weltwinkel", S. 82.

Geibel und den „Jung-Lübeckern", in eine Zeit des Aufbruchs, und so sind zunächst noch weitere biographische Ähnlichkeiten zu Emanuel Geibel auffällig: Auch Mühsams Vater, ein Apotheker, ist ein besonders geachteter Mann. Später wird er sogar Mitglied der Bürgerschaft. Sein Sohn Erich wächst in bürgerlichen Verhältnissen in relativem Wohlstand auf. Er besucht das Katharineum und sticht dabei frühzeitig durch sein poetisches Talent hervor.[35] Anders als seinerzeit Geibel stößt er jedoch – hier beginnen die Unterschiede – auf massive Widerstände in seinem Umfeld. In seinen *Unpolitischen Erinnerungen* hat Mühsam die bürgerliche Mentalität mit all ihren Hemmnissen und Beschränkungen, wie sie gegen Ende des 19. Jahrhunderts vorherrschte, zu analysieren versucht:

> Die Eltern, die ihre Kinder zu ehrengeachteten Mitgliedern der Gesellschaft heranzuziehen trachteten, worunter sie die rechtschaffene Ausübung eines solid-bürgerlichen Berufes verstanden, der nach Absolvierung einer Reihe von Studien- oder Avancementjahren seinen Mann komfortabel zu ernähren vermöchte, bewunderten zwar auch oft kluge Fragen und niedliche Antworten der Kleinen mit viel Stolz, schätzten aber die Bekundung besonderer Talente erheblich niedriger ein als ein artiges Betragen [...].[36]

Was Mühsam hier beschreibt, bildet die Grenzen des bürgerlichen Bewusstseins jener Jahre ab: Es besteht eine pädagogische Erwartungshaltung, bei der Pflicht, Sitte und Anstand die Messlatte für gesellschaftliche Akzeptanz und Erfolg abgeben, bei der aber zugleich jegliche Form der Individualität negiert wurde. Die Abwehrreaktionen auf diejenigen, die von dieser Erwartung abwichen, also auf all jene, die einen „übermächtigen Drang zur Besonderheit"[37] verspürten, hat Mühsam ebenfalls beschrieben:

> Traten beim heranwachsenden Schulkind dergleichen Neigungen mit dem Fanatismus der Monomanie zutage, dann begann ein erst stiller, allmählich offener energischer Kampf dagegen. Die frühreifen Produktionen wurden ignoriert, herabsetzend kritisiert, endlich mit Unterdrückungsmaßnahmen als Extravaganzen systematisch niedergehalten. Es entstanden Konflikte, die sich oft genug zu Tragödien auswuchsen.[38]

Wenn dies auch noch nicht zwingend eine Vorstufe zur Bohemien-Existenz ist, wie Mühsam sie später führen wird, so ist ein solcher – sehr häufig unlösbarer und damit bleibender – Konflikt zwischen heranwachsenden Kindern

---

[35] Vgl. Hirte, Chris: *Erich Mühsam: eine Biographie.* Hrsg. von Stephan Kindynos. Freiburg im Breisgau: Ahriman 2009, S. 7 ff.
[36] Mühsam, Erich: *Unpolitische Erinnerungen.* 2. Aufl. Berlin: Volk und Welt 1961, S. 17.
[37] Ebd.
[38] Ebd.

und ihren Eltern ein „typisches Kulturprodukt der Gründerzeit" und „nicht zufällig ist der Vater-Sohn-Konflikt eins der literarischen Hauptthemen um die Jahrhundertwende."[39]

Beim späteren Bohemien Erich Mühsam ist der Werdegang keineswegs so eindeutig, wie man zunächst annehmen könnte. Neben seinem Elternhaus geriet Mühsam auch mit den herrschenden Ordnungsvorstellungen, zunächst am Katharineum, in Konflikt: Weil sich die Lehrer durch anonym veröffentlichte, dann aber Mühsam zuzuordnende Berichte in der sozialdemokratischen Zeitung bloßgestellt fühlten, musste er wegen „sozialistischer Umtriebe"[40] mit siebzehn Jahren die Schule verlassen. Aus seiner Vaterstadt verstoßen, konnte er nach einjährigem Besuch eines Gymnasiums im mecklenburgischen Parchim aber nach Lübeck zurückkehren.[41] Dort absolvierte Mühsam, wenn auch eher widerwillig, eine Apotheker-Ausbildung. Von nun an schien es, als ob er sich wieder in Lübecks bürgerliche Gesellschaft einfügen würde. Nicht mehr allein, sondern unterstützt durch den Primaner Curt Siegfried, nahm Mühsam regen Anteil am öffentlichen Leben. Auch hier war es wieder das vorrangige Ziel, durch publizistische Wirksamkeit eine Modernisierung und Verbesserung der bestehenden Verhältnisse zu erreichen. Anders als die „Jung-Lübecker" trat Mühsam dabei aber nicht unter eigenem Namen, sondern anonym in Erscheinung. Zudem konnte bei lediglich einem ins Vertrauen gezogenen Unterstützer von einer Bewegung keine Rede sein. Kompensiert wurde dies durch überaus öffentlichkeitswirksame Themen. Wenn auch bei weitem nicht von der Tragweite wie bei „Jung-Lübeck", so waren die Themen und Forderungen doch ebenso von politischer Qualität, bei allerdings deutlicher Betonung des Kulturellen. Ein weiterer interessanter Gesichtspunkt ist, dass wiederum gemeinnützige und denkmalschützerische Überlegungen eine hervorgehobene Rolle spielten. Nach eigenem Bekunden verlangten Mühsam und sein Freund

> mehr und größere Volkslesehallen, forderten und erreichten allsonntägliche Demonstrationsvorträge im Museum an Hand der ausgestellten Gegenstände, setzten die Schaffung eines Zoologischen Gartens durch und leisteten [ihr] Meisterstück mit der Rettung des zum Abriß bestimmten ältesten Unterbaues eines Lübecker Gebäudes, der Löwen-Apotheke. Eines Sonntagmorgens standen in fünf lübeckischen Zeitungen fünf verschiedene Artikel, die die erschrockenen Landsleute von der Absicht unterrichteten, die alte Stadt eines ihrer wertvollsten Baudenkmäler zu berauben, und zu allgemeinem Protest aufriefen.[42]

---

[39] Hirte, *Erich Mühsam*, S. 10.
[40] Mühsam, *Unpolitische Erinnerungen*, S. 21.
[41] Vgl. ebd.
[42] Mühsam, *Unpolitische Erinnerungen*, S. 21 f.

Ist der Erfolg letztgenannter Maßnahme allein bemerkenswert – der schon angesetzte Abbruchtermin wurde abgesagt und das Gebäude erhalten –, so verdienen die gekonnte Inszenierung und die Tatsache, dass Mühsam in diesem Fall einmal nicht anonym wirkte, gesonderte Beachtung. Der Umgang mit den Medien war durchaus strategisch, der publizistische Coup wurde organisiert: Durch Siegfried benachrichtigt schrieb Mühsam fünf Artikel direkt hintereinander, die der Freund allesamt noch in den Frühnummern des nächsten Tages unterbringen konnte. Umso erstaunlicher mutet Mühsams Umgang mit der erzielten Wirkung an, erst recht wenn man seine spätere völlige Abwendung von allem Bürgerlichen bedenkt: Als Initiator des Protests erfuhr er öffentliche Anerkennung und Wertschätzung, selbst während seiner Arbeitszeit als Apothekerlehrling war er gefragter Ansprechpartner für die Funktionsträger der Stadt.[43]

Trotz vorangegangener sozialistischer Umtriebe war Mühsam Ende der 1890er Jahre also scheinbar gut in das bürgerliche Leben integriert und von einer Außenseiterexistenz noch weit entfernt; Lübeck bot ihm ein Betätigungsfeld jenseits seines Lehrlingsdaseins. So durfte er innerhalb des örtlichen Journalisten- und Schriftstellervereins wirken, wo er seine erste Rede halten und Maximilian Harden treffen konnte. Es zeugt von Selbstbewusstsein, aber auch von einem „Hang zum Besonderen", dass Mühsam Harden bei dieser Gelegenheit „im Namen der geistigen Jugend Lübecks begrüßte."[44] Dabei kann Mühsams Engagement, das sich bis hier weitestgehend noch innerhalb der Lübecker Bürgerlichkeit vollzog, nur als Vorstufe gesehen werden, die jedoch in auffälligem Kontrast zur nun unmittelbar folgenden „sprunghaften Entwicklung"[45] steht.

Annähernd zeitgleich hatte Mühsam nämlich bereits erste, dezidiert sozialkritische Artikel unter eigenem Namen in Hugo Landsbergers Wochenzeitschrift *Das neue Jahrhundert* veröffentlicht, und damit erneut, wenn auch noch ohne Wissen der Lübecker Allgemeinheit eine rote Linie überschritten. Endgültig vollzog Mühsam den Bruch mit allem Bürgerlichen nach seiner kurzen Zwischenstation als Apothekergehilfe im westfälischen Blomberg erst im vergleichsweise anonymen Berlin. Er selbst schreibt dazu, dass es Heinrich Hart, einflussreiches Mitglied des Friedrichshagener Dichterkreises, gewesen sei, der ihn zunächst ohne jede Vorbehalte empfangen und dann in seinem Wunsch, freier Schriftsteller zu werden, bestärkt habe.[46] Fest steht, dass Müh-

---

[43]   Vgl. ebd., S. 22 f.
[44]   Mühsam, *Unpolitische Erinnerungen*, S. 23.
[45]   Hirte, *Erich Mühsam*, S. 63.
[46]   Vgl. Mühsam, *Unpolitische Erinnerungen*, S. 44.

sam in Berlin die Nähe zu Boheme und Literaturszene suchte und – als Publizist und Kabarettist – in verschiedensten Kreisen auch fand, womit er sein Ziel, von nun an eine Existenz als freier Schriftsteller zu führen, erreicht hatte. Wenn es bei seinem Biographen Hirte heißt: „Die Grenzen der bürgerlichen Vernunft sprengen, das Unmögliche als möglich beweisen: Das ist sein Anteil am geistigen Aufbruch um die Jahrhundertwende"[47], dann gilt das im Besonderen für Mühsams nahezu abrupten und in der Konsequenz überraschenden Bruch mit seinem vormaligen, zumindest noch äußerlich bürgerlichen Leben.

Boheme statt Bürgertugend II: Fanny zu Reventlow

Auch für die sieben Jahre vor Mühsam in Husum geborene und 1889 nach Lübeck gezogene Fanny Gräfin zu Reventlow verknüpft sich mit dem Aufenthalt in dieser – so nachhaltig vom Bürgertum geprägten – Stadt eine zentrale Phase ihres Lebens: der Ausbruch aus, besser noch das Ausgestoßenwerden von allem Bürgerlichen. Die Familie zu Reventlow übersiedelte auf den Willen des Vaters, eines pensionierten Landrates, in das sich schnell entwickelnde Lübeck. Auch wenn es vielleicht nahe liegt, einen negativen Einfluss der (Groß-) Stadt anzunehmen, zu dieser Zeit hatte Fanny zu Reventlow – allerdings noch im Kleinen – bereits diverse Rebellionsversuche hinter sich. Mehrfach war sie mit ihrer Mutter, ihrer ältesten Schwester und zuletzt auch mit ihrem Vater in Konflikt geraten, da sie sich nicht in die Mädchenrolle fügen mochte, die für sie von der Gesellschaft, insbesondere aber von ihren autoritären Eltern vorgesehen war. Nach anhaltenden Streitigkeiten hatte man sie daher in ein Mädchenstift, weit weg von daheim, in Altenburg bei Leipzig, gegeben, das sie ihrer geradezu ansteckenden Aufsässigkeit wegen jedoch schon nach kurzer Zeit wieder zu verlassen hatte. Auch nach Lübeck St. Lorenz, in die neue Wohnung in der Moislinger Allee, kam sie später als der Rest der Familie, da sie eigentlich der Obhut einer adligen Tante anvertraut worden war.

Auch bei Fanny zu Reventlow sah es zunächst ganz danach aus, dass sie sich wieder in die familiären und gesellschaftlichen Verhältnisse finden wollte: Nach langer Diskussion gestattete ihr der Vater den Besuch eines privaten Lehrerinnen-Seminars – seinerzeit der nahezu einzigen Möglichkeit für Frauen, in einem bürgerlichen Beruf Geld zu verdienen. Tatsächlich bestand Fanny zu Reventlow nicht nur die Aufnahmeprüfung, sondern, zumal nach verkürzter Ausbildung, nach nur zwei Jahren auch den Abschluss mit dem „Zeugnis zur Befähigung für den Unterricht an mittleren und höheren Mäd-

---

[47] Hirte, *Erich Mühsam*, S. 64.

chenschulen".[48] Mehr noch als bei Erich Mühsam war diese Anpassung aber vor allem Tarnung, denn, vor den Eltern sorgsam verborgen, setzte sich zu Reventlow in ihrer Lübecker Zeit über unzählige gesellschaftliche Schranken und Verbote hinweg.

Im Unterschied zu Erich Mühsam war sie Teil einer Gruppe von überwiegend jungen Leuten, wie es sie im letzten Jahrzehnt des 19. Jahrhunderts überall in Deutschland gab, und in denen man im gegenseitigen Austausch den bewegenden Gedanken der modernen Zeit gerecht werden konnte: den sogenannten Ibsenclubs, Sammelbecken der oppositionellen, progressiven bürgerlichen Jugend. Zu einer der konspirativen Zusammenkünfte des Lübecker Ibsenclubs, der sich im Privathaus der als äußerst liberal geltenden großbürgerlichen Familie Gütschow traf, wurde Fanny zu Reventlow erstmals vom jüngeren ihrer beiden Brüder mitgenommen. Auch wenn die Ibsenclubs ihren Namen dem norwegischen Naturalisten verdankten, um reine Literaturclubs handelte es sich bei ihnen beileibe nicht. Neben der neuesten Literatur – natürlich aus Skandinavien und speziell von Ibsen – diskutierte man bevorzugt sozialkritische Themen. Zugleich entfloh man im Dialog, zumindest kurzfristig, der geistigen Enge der umgebenden bürgerlichen Welt. Umgekehrt haftete den Ibsenclubs für große Teile des Bürgertums etwas Verrufenes an. Inwiefern auch der Lübecker Ibsenclub Anstoß zu erregten Diskussionen gab, lässt sich recht eindeutig rekonstruieren,[49] wobei die Ursachen der Anstoßnahme, nämlich der vorgeblich verderbende Einfluss von Literatur – zumindest aus heutiger Sicht – überraschen: Wenn es in ihrem autobiographischem Romanerstling *Ellen Olestjerne* heißt, dass man Ellen auf Geheiß der Eltern in ihrer Jugend „keine modernen Bücher lesen […] lassen"[50] wollte, war das durchaus repräsentativ für das geistige Klima innerhalb des Lübecker Bürgertums, in dem mit Autoren wie Geibel, Heyse, Storm und Freytag, aber auch den weniger verfänglichen Werken Goethes und Schillers, (Neo-)Klassik und Bürgerlicher Realismus die Hauptlesestoffe abgaben.[51] Dass im Fall von Fanny zu Reventlow offenbar selbst *Faust* oder *Die Räuber* noch zu verfänglich waren, unterstreicht den besonders autoritären Erziehungsstil der Eltern oder ist – schwerlich nachzuprüfen – eine Übertreibung.[52] Fest steht jedenfalls, dass

---

[48] Zit. nach Kubitschek, Brigitta: „Ein Frauenleben im Umbruch", in: Reventlow, Franziska zu: *Tagebücher 1886 bis 1910.* Hrsg. mit einem Nachwort von Brigitta Kubitschek. Oldenburg: Igel Verlag 2004 [= Dies.: Sämtliche Werke in fünf Bänden. Bd. III], S. 532-548, S. 546.

[49] Speziell zur Ibsenrezeption im Lübeck des ausgehenden 19. Jahrhunderts sowie zum Lübecker Literaturverständnis bzw. den literarischen Vorlieben vgl. Bruns, „Kultfigur und Bürgerschreck".

[50] Reventlow, *Ellen Olestjerne*, S. 58.

[51] Vgl. Bruns, „Kultfigur und Bürgerschreck", S. 126.

[52] Vgl. Reventlow, *Ellen Olestjerne*, S. 35.

Henrik Ibsen durchaus bewusst als Namensgeber der Clubs gewählt worden war, gehörte er doch nicht nur in Lübeck mit seinem „übertrieben konservative[n], klassizistisch geprägte[n] Literaturverständnis",[53] sondern in ganz Europa zu denjenigen Schriftstellern, die am nachhaltigsten polarisierten. Vor allem konservative Kreise lehnten Ibsen der Wahl seiner Themen und der Art seiner Darstellung wegen ab: Die stereotyp wiederholten Vorwürfe gegen Ibsens Dramen lauteten auf Sittenwidrig-, Anstößig- und Anrüchigkeit. Gerade junge Leserinnen und Leser aber, die in einer Absetzbewegung von ihrer Eltern-Generation nach Eigenständigkeit und Unabhängigkeit strebten, erkannten in Ibsens Stücken ihre eigene Situation wieder. Pragmatisch gelesen, wurden sie zu Ratgebern – für das eigene Leben und Leiden in der bürgerlichen Eltern-Gesellschaft. In *Ellen Olestjerne* heißt es über die Ibsen-Lektüre:

> Es kam mir vor, als ob jedes Wort für mich geschrieben wäre, ich wußte mit einemmal, daß es keine unmöglichen Hirngespinste waren, mit denen ich kämpfte, – wenn sich alles in mir sträubte gegen das Leben, das man mir aufzwingen will. [...] Früher empfand ich es immer als eine Art Unrecht gegen meine Eltern, mich so dagegen aufzulehnen und heimliche Sachen zu tun, aber nun ging es mir plötzlich auf, daß jeder ein unveräußerliches Recht an sein Ich und sein eigenes Leben hat.[54]

Zugleich – auch in dieser Hinsicht ist Fanny zu Reventlow durchaus repräsentativ – bedeutete Ibsen nicht selten auch den Einstieg in das Werk eines anderen, das bürgerliche Bewusstsein sezierenden und zugleich sprengenden Kultautors dieser Zeit: die Rede ist von Friedrich Nietzsche. Fanny zu Reventlow und ihrem Bruder Catty war Nietzsches *Also sprach Zarathustra* gemeinsames (Lese-)Erlebnis. In ihren Jugendbriefen klingt die offensichtliche Bedeutung Nietzsches vorerst nur an,[55] in *Ellen Olestjerne* wird ihr hingegen breiter Raum gegeben:

> Und von nun an lasen sie jeden Abend, der ‚Zarathustra' wurde ihre Bibel, die geweihte Quelle, aus der sie immer wieder tranken und die sie wie ein Heiligtum verehrten. Auch wenn sie mit ihren Freunden zusammen waren – da gab es Gespräche, bei denen sie alle fieberten: die alte morsche Welt mit ihrer Gesellschaft und ihrem Christentum fiel in Trümmer, und die neue Welt, das waren sie selbst mit ihrer Jugend, ihrer Kraft, mit allem, was sie schaffen und ausrichten wollten.[56]

[53] Bruns, „Kultfigur und Bürgerschreck", S. 126.
[54] Reventlow, *Ellen Olestjerne*, S. 58.
[55] Vgl. Reventlow, Franziska zu: *Jugendbriefe*. Hrsg. mit einem Vorwort von Heike Gfrereis. Stuttgart: Hatje 1994, S. 63 und S. 71.
[56] Reventlow, *Ellen Olestjerne*, S. 73.

Das Misstrauen der Eltern-Generation ihren Kindern gegenüber war so gesehen nicht völlig unberechtigt. Endgültig zum Zerwürfnis kam es, als Fannys Mutter heimlich die Schublade, in der sich die Briefe ihrer Tochter befanden, aufbrach und auf die aus ihrer Sicht natürlich völlig unstatthafte, heute als *Jugendbriefe*[57] bekannte Korrespondenz mit dem zwei Jahre jüngeren Primaner Emanuel Fehling stieß. Emanuel Friedrich Fehling – auch das ist eine interessante Fußnote der Lübecker Literaturgeschichte – war nicht nur Mitglied des Lübecker Ibsenclubs und Sohn des angesehenen Lübecker Juristen und späteren Bürgermeisters der Stadt, Emil Friedrich Fehling, sondern zugleich ein Enkel des hoch verehrten Emanuel Geibel.[58]

Auch wenn es sich lediglich um eine platonische Liebesbeziehung handelte – konfrontiert mit den in rascher Folge gewechselten Liebesbriefen sahen sich die Eltern Fanny zu Reventlows zu einer umfassenden Reaktion gezwungen: Die missratene Tochter wurde zur Läuterung in die Provinz, nach Adelby bei Flensburg, in ein Pfarrhaus, abgeschoben. Der Vater drohte mit Entmündigung wegen vorgeblicher Tobsüchtigkeit, eine seinerzeit durchaus gängige und sogar legale Maßnahme, wenn es galt, allzu eigenwillige junge Frauen wieder der elterlichen Verfügungsgewalt zu unterstellen. Wenngleich sie sich im Adelbyer Pfarrhaus das erste Mal nach langer Zeit wieder wohl fühlte, weil man ihr dort zuhörte und sie ernst zu nehmen schien,[59] fanden ihre Wünsche nach Unabhängig- und Eigenständigkeit bei ihrem Vater kein Gehör. Für Fanny zu Reventlow blieb nach einem knappen Jahr damit nur noch die Flucht: Am 1. April 1893 verließ sie in aller Heimlichkeit und über Nacht das Adelbyer Pfarrhaus: „Ich gehe jetzt. Ihr seid die Besiegten. Macht, was ihr wollt, ich gehe",[60] wird in *Ellen Olestjerne* ihr trotziges Abschiedsschreiben zitiert.

Ein letztes Mal sind es Mitglieder des Ibsenclubs – darunter auch ihr Bruder Catty, der sie ohne das Wissen der Eltern in Wandsbek vom Bahnhof abholt –, die ihr in dieser gleichzeitig nach Freiheit und Selbstverwirklichung strebenden, aber auch nach Anschluss und Halt suchenden Situation beistehen. Der Ibsenclub und seine Anhänger sind für Fanny zu Reventlow dennoch nur eine Zwischenstation: Nach ihrer Verlobung mit einem Mitglied im Hamburger Ibsenclub zieht Fanny zu Reventlow in die Kunstmetropole München, aus der sie nach erfolgter Ausbildung als Malerin zurückzukehren gedenkt.

---

[57] Vgl. Reventlow, *Ellen Olestjerne*, S. 58.

[58] Im Oktober 1889 etwa hatte man auf dem vormaligen Koberg und nunmehr sogenannten Geibelplatz unter großem Beifall der Lübecker das von dem Bildhauer Hermann Volz gestaltete Emanuel-Geibel-Denkmal eingeweiht.

[59] So zumindest die Wahrnehmung, wie Fanny zu Reventlow sie später in *Ellen Olestjerne* (vgl. ebd., S. 88) beschrieben hat.

[60] Reventlow, *Ellen Olestjerne*, S. 91.

Wieder ins bürgerliche Leben zurückfinden, das kann und das will sie nach dieser Emanzipationserfahrung nicht mehr. Was folgt, ist bekannt, das unstete Leben als Bohemienne, ganz am anderen Ende Deutschlands, weit weg von Lübeck, im bayerischen Schwabing, dem bevorzugten Exil aller dem autoritären Preußenstaat Entflohenen und nach Freiheit Strebenden. Dass Fanny zu Reventlow gerade hier erstmalig auf Erich Mühsam und damit auf einen anderen, seine Herkunft weit hinter sich lassen wollenden jungen Lübecker trifft, verwundert daher kaum, eher schon, dass die letzte Station ihres vormaligen bürgerlichen Lebens bei dieser Begegnung den bevorzugten Gesprächsgegenstand abgibt:

> [I]ch glaube, es war gleich bei unserer ersten Begegnung, daß die Gräfin mir erzählte, wie wir zahlreichen, in die Literatur, Kunst und Boheme versprengten Lübecker Gegenstand der besorgten Unterhaltung auf einer Abendgesellschaft beim Bürgermeister unserer Vaterstadt Lübeck gewesen seien. Thomas Mann hatte mit den ‚Buddenbrooks‘, Heinrich Mann mit dem ‚Professor Unrat‘ die Lübecker Wohlanständigkeit arg verschnupft, Fritz Behn war noch kein Professor und hatte sich, gleichfalls Sproß einer Senatorenfamilie, der brotlosen Kunst der Bildhauerei in die Arme geworfen, die Reventlow gar, eine Gräfin, war Mutter eines unehelichen Kindes, und ich schrieb nicht nur höchst unmoralische Gedichte, sondern trieb überdies Propaganda für den Anarchismus und gab der Polizei und dem Staatsanwalt zu tun – es war viel auf einmal, und seine Magnifizenz hatte […] ob dieser traurigen Bilanz den Kopf geschüttelt und gemeint: ‚Daß die auch gerade alle aus Lübeck sein müssen – was sollen bloß die Leute im Reich von uns denken!‘[61]

Literaturferne als Symptom vor- und antimoderner Bürgerlichkeit

Fokussiert auf die kulturelle und literarische Moderne, scheint es für Lübeck nicht ungerechtfertigt, von der viel zitierten Literaturferne zu sprechen – allerdings nur dann, wenn man diese Aussage vorrangig auf die modernen bzw. die einem äußerst konservativen Literaturverständnis nicht entsprechenden Autoren und ihre Werke einschränkt, denn nur diesen gegenüber war das Verhältnis besonders spannungsreich. Wie in Gesamtdeutschland und im Rest Westeuropas in der zweiten Hälfte des 19. Jahrhunderts kam es auch in Lübeck zu deutlichen Verwerfungen, einerseits zwischen der vergleichsweise traditionellen und konservativen Eltern- und Großelterngeneration und deren nicht selten deutlich progressiver fühlenden und gestimmten Nachkommen,

---

[61] Mühsam, *Unpolitische Erinnerungen*, S. 191.

andererseits aber auch, maßgeblich hervorgerufen durch die nun einsetzende Industrialisierung und die mit ihr einhergehenden Verschiebungen des gesellschaftlichen Machtgefüges, zwischen den alten und den erstarkenden neuen politischen Kräften.

In vielem ist die Situation Lübecks damit durchaus repräsentativ, es gibt aber auch deutliche Unterschiede: Verglichen mit den deutschen Stadtstaaten und anderen Städten litt Lübeck besonders stark unter der napoleonischen Herrschaft und ihren Folgen, auch deshalb, weil sich das herrschende Großbürgertum in seinen restaurativen Bestrebungen durchsetzten konnte, woraufhin auf fast allen Ebenen sowie in nahezu allen Bereichen die Rückkehr zu vornapoleonischen Verhältnissen vollzogen wurde. Dass man grundlegenden Reformen gegenüber in der Folgezeit weitestgehend verschlossen blieb, trug maßgeblich dazu bei, dass sich Stagnation und Abstieg einstellten.

Trotz all dem eine Veränderung herbeigeführt zu haben, ist das kaum zu überschätzende Verdienst der „Jung-Lübeck"-Bewegung: Weil es ihr gelang, bei der führenden Bürgerschicht Aufgeschlossenheit gegenüber Reformideen zu wecken, konnten grundlegende und nachhaltige Veränderungen zum Vorteil der Stadt und ihrer Bürger erreicht werden, ein Erfolg, mit dem Lübeck, wenn auch nur kurzzeitig, zum Symbol der – auch geistigen – Erneuerungskraft im vormärzlichen Deutschland avancieren konnte. Auch wenn es heute befremdlich klingen mag: Mit den „Jung-Lübeckern" und ihrem literarischen Vertreter Emanuel Geibel stellte Lübeck, insbesondere aber das dortige Bürgertum, eindrucksvoll seine Erneuerungsfähigkeit unter Beweis, zumal unter Umständen und zu einer Zeit, in denen dies nicht zu erwarten gewesen wäre.

Der Ansatz einer auf Reformen und der Modernisierung des Bestehenden fußenden Erneuerung hat sich für die weitere Entwicklung aber immer wieder als Hemmschuh erwiesen. An die Vorstellungen der Mächtigen war er, als ein Gegenstück zu den revolutionären Bestrebungen sowie als Geisteshaltung,[62] zunächst überaus anschlussfähig; mit der Reichseinigung unter Preußens Führung wurde er schließlich sogar zu einer der Vorstufen des späteren, gesamtdeutschen Modells. Es ist nur zu bezeichnend, dass die meisten „Jung-Lübecker" Teil der Geistes- und Funktionselite des neuen Deutschen Reiches wurden, nachdem sie in Preußen erst einmal zu einflussreichen Stel-

---

[62] Besondere Bedeutung erhält dieser Umstand vor allem deshalb, weil 1918, also siebzig Jahre nach den Ereignissen von 1848, in Lübeck, als einziger Stadt in ganz Deutschland, erneut ein revolutionärer Umsturz verhindert werden konnte. Nicht nur, dass die Lübecker ein weiteres Mal den ‚Sonderweg' beschritten, mit Bürgermeister Emil Ferdinand Fehling, Schwiegersohn von Emanuel Geibel und Vater von Emanuel Fehling, war es zudem auch (ein letztes Mal) ein Mitglied der alten Lübecker Machtelite, das maßgeblichen Anteil am friedlich und ‚geordnet' vollzogenen Übergang hatte.

lungen gelangt waren, ihrer Stadt damit, im Umkehrschluss, aber massiv geschadet haben:

> Die Stadt hat vielleicht in keiner Epoche ihrer langen geistigen Geschichte eine größere Fülle von Begabungen an Gesamtdeutschland verloren, wie um die Jahrhundertmitte und in der zweiten Hälfte des 19. Jahrhunderts.[63]

Obwohl einige Erneuerer der Stadt in bedeutenden Positionen erhalten blieben und sich die Geistes- und Funktionselite nicht in den Vertretern „Jung-Lübecks" erschöpfte, ist somit festzuhalten, dass ihr mehrheitlicher Verlust einen lange Zeit spürbaren Mangel im geistigen und kulturellen Leben der Stadt zur Folge hatte. Deutlich später erst, nach entsprechender gegenseitiger Gewöhnungszeit,[64] konnte mit den eigentlich in München beheimateten Mann-Brüdern die entstandene Lücke wieder ein gutes Stück weit aufgefüllt werden. Dabei sollte es vor allem Thomas Mann sein, der mit seinen wiederholten Bekenntnissen just zu Lübecks Bürgerlichkeit jener krisenhaften Entwicklung Einhalt gebot, die nur wenige Jahre zuvor noch einen Teil der geistigen Jugend zur Flucht veranlasst hatte: der Unfähigkeit des Bürgertums zur neuerlichen geistigen Selbsterneuerung und, als Symptom dessen, der Distanz gegenüber der literarisch und kulturell allzu progressiv erscheinenden Moderne.

---

[63] Brandt, „Lübeck in der deutschen Geistesgeschichte", S. 186.

[64] Im Januar 1917, und damit mehr als fünfzehn Jahre nach der Erstveröffentlichung der *Buddenbrooks*, kann Viktor Mann feststellen: „Vergessen war die Entrüstung, die nach Erscheinen des Buches hier geherrscht hatte. Verklungen dieses ,Damit hat er boshafterweise uns gemeint, wir waren aber niemals so'." (Mann, Viktor: *Wir waren fünf. Bildnis der Familie Mann*. Frankfurt am Main: Fischer-Taschenbuch-Verlag 1983, S. 273). In den intellektuellen Kreisen Lübecks findet Mann ganz überwiegende Zustimmung zu seinem Bruder Thomas und dessen literarischem Schaffen. Überdeutlich an die Vergangenheit gemahnen ihn aber die sonstigen Eindrücke der Stadt (vgl. ebd. und auch das entsprechende Kapitel, „Besuch bei der Vergangenheit", S. 277 ff.).

Literatur- und Quellenverzeichnis

Primärliteratur und Quellen

Falke, Gustav: *Die Stadt mit den goldenen Türmen. Die Geschichte meines Lebens.* Berlin: Grote'sche Verlagsbuchhandlung 1923.

Geibel, Emanuel: Unveröffentlichter Brief an Ernst Curtius vom 8.10.1837. Geibel-Nachlass der Stadtbibliothek Lübeck.

Geibel, Emanuel: *Ein Ruf von der Trave.* Gedicht. Lübeck: Asschenfeldt 1845.

Geibel, Emanuel: *Zwölf Sonette für Schleswig-Holstein.* Lübeck: Asschenfeldt 1846.

Geibel, Emanuel: *Zeitstimmen.* Dritte neu vermehrte Aufl. Lübeck: Asschenfeldt 1846.

Geibel, Emanuel: *Briefe an Henriette Nölting: 1838-1855.* Hrsg. mit einem Vorwort von Hans Reiss und Herbert Wegener. Lübeck: Schmidt Römhild 1963.

Mann, Viktor: *Wir waren fünf. Bildnis der Familie Mann.* Frankfurt am Main: Fischer-Taschenbuch-Verlag 1983.

Mühsam, Erich: *Unpolitische Erinnerungen.* 2. Aufl. Berlin: Volk und Welt 1961.

Reventlow, Franziska zu: *Jugendbriefe.* Hrsg. mit einem Vorwort von Heike Gfrereis. Stuttgart: Hatje 1994 [= Korrespondenzen, 8].

Reventlow, Franziska zu: *Ellen Olestjerne. Von Paul zu Pedro.* Hrsg. mit einem Nachwort von Karin Tebben. Oldenburg: Igel Verlag 2004 [= Reventlow, Franziska zu: *Sämtliche Werke in fünf Bänden.* Bd. I].

Reventlow, Franziska zu: *Tagebücher: 1886 bis 1910.* Hrsg. mit einem Nachwort von Brigitta Kubitschek. Oldenburg: Igel-Verlag 2004 [= Reventlow, Franziska zu: *Sämtliche Werke in fünf Bänden.* Bd. III].

Sekundärliteratur und Internetquellen

Ahrens, Gerhard: „Von der Franzosenzeit bis zum Ersten Weltkrieg 1806-1914: Anpassung an Forderungen der neuen Zeit", in: *Lübeckische Geschichte.* Hrsg. von Antjekathrin Graßmann. Lübeck: Schmidt Römhild 1988, S. 529-676.

Beaton, Kenneth: „Die Zeitgeschichte und ihre Integrierung im Roman", in: *Buddenbrooks-Handbuch*. Hrsg. von Kenneth Moulden und Gero von Wilpert: Stuttgart: Kröner 1988, S. 201-211.

Bollenbeck, Georg: *Tradition, Avantgarde, Reaktion: deutsche Kontroversen um die kulturelle Moderne 1880-1945*. Frankfurt am Main: S. Fischer 1999.

Brandt, Ahasver von: „Lübeck in der deutschen Geistesgeschichte. Ein Versuch", in: *Zeitschrift des Vereins für Lübeckische Geschichte und Altertumskunde*. Bd. 31 (Heft 2). Lübeck: Schmidt Römhild 1949.

Brandt, Ahasver von: *Geist und Politik in der Lübeckischen Geschichte*. Lübeck: Schmidt-Römhild 1954.

Bruns, Alken: „Kultfigur und Bürgerschreck. Ibsenrezeption in Lübeck um 1890", in: *Der nahe Norden. Otto Oberholzer zum 65. Geburtstag. Eine Festschrift*. Hrsg. von Wolfgang Butt und Bernhard Glienke. Frankfurt am Main [u. a.]: Peter Lang 1985, S. 125-S.137.

Bruns, Alken: „Jahrhundertwende im Weltwinkel", in: *Thomas Mann Jahrbuch* 1996 (Bd. 9). Frankfurt am Main: Klostermann 1996, S. 73-90.

Buddenbrookhaus Lübeck u. a. (Hrsg.): *‚Alles möchte ich immer': Franziska Gräfin zu Reventlow 1871-1918*. Mit Beiträgen von Kornelia Küchmeister, Dörte Nicolaisen, Ulrike Wolff-Thomsen, Ulla Egbringhoff. Göttingen: Wallstein 2010.

Butt, Wolfgang / Glienke, Bernhard (Hrsg.): *Der nahe Norden. Otto Oberholzer zum 65. Geburtstag. Eine Festschrift*. Frankfurt am Main [u. a.]: Peter Lang 1985.

Die Lübecker Museen: http://buddenbrookhaus.de/de/48/termin:5059/terminkalender.html [= Führungen, Abruf. 07.08.2013].

Direktor des Statistischen Landesamtes Dr. Hartwig: *Lübecks Bevölkerung und Lübecks Wirtschaftsleben. In: Lübeck seit Mitte des 18. Jahrhunderts (1751)*. Hrsg. von den Lübeckischen Anzeigen und der Lübecker Zeitung. Lübeck: Borchers 1926, S. 31-37.

Endres, Fritz (Hrsg.): *Geschichte der freien und Hansestadt Lübeck*. Hrsg. und mit einem Vorwort von Fritz Endres. Neu hrsg. mit einem Vorwort von Jan Herchenröder. Unveränderter Nachdruck der Ausgabe von 1926. Frankfurt am Main: Weidlich 1981.

Fähnders, Walter: *Avantgarde und Moderne*. Stuttgart [u. a.]: Metzler 1998.

General Direktor Henke: „Lübecks Städtische Betriebe", in: *Lübeck seit Mitte des 18. Jahrhunderts (1751)*. Hrsg. von den Lübeckischen Anzeigen und der Lübecker Zeitung. Lübeck: Borchers 1926, S. 171-178.

Graßmann, Antjekathrin (Hrsg.): *Lübeckische Geschichte*. Lübeck: Schmidt Römhild 1988.

Gumpert, Gregor / Tucai, Ewald: *Lübeck: ein literarisches Porträt*. Neumünster: Wachholtz 2011.

Hirte, Chris: *Erich Mühsam: eine Biographie*. Hrsg. von Stephan Kindynos. Freiburg im Breisgau: Ahriman 2009.

Hirte, Chris: / Goette, Jürgen-Wolfgang: *Erich Mühsam – Thomas Mann, Heinrich Mann: Berührungspunkte dreier Lübecker*. Lübeck: Erich-Mühsam-Gesellschaft 1996.

Howoldt, Jenns Eric: „Traditionalismus und Jugendstil", in: *Kunst und Kultur Lübecks im 19. Jahrhundert*. Hrsg. vom Museum für Kunst und Kulturgeschichte der Hansestadt Lübeck. Lübeck 1981, S. 314-324.

Keller, Ernst: „Das Problem ‚Verfall'", in: *Buddenbrooks-Handbuch*. Hrsg. von Kenneth Moulden und Gero von Wilpert: Stuttgart: Kröner 1988, S. 157-170.

Kommer, Björn R.: „Wirtschaft und Gesellschaft in der zweiten Hälfte des 18. Jahrhunderts", in: *Kunst und Kultur Lübecks im 19. Jahrhundert*. Hrsg. vom Museum für Kunst und Kulturgeschichte der Hansestadt Lübeck. Lübeck 1981, S. 113-140.

Kommer, Björn R.: „Wirtschaft und Gesellschaft: Wirtschaft und Gesellschaft im 19. Jahrhundert", in: *Kunst und Kultur Lübecks im 19. Jahrhundert*. Hrsg. vom Museum für Kunst und Kulturgeschichte der Hansestadt Lübeck. Lübeck 1981, S. 141-159.

Kretzschmar, Johannes: „Geschichte Lübecks in der Neuzeit", in: *Geschichte der freien und Hansestadt Lübeck*. Hrsg. und mit einem Vorwort von Fritz Endres. Neu hrsg. mit einem Vorwort von Jan Herchenröder. Unveränderter Nachdruck der Ausgabe von 1926. Frankfurt am Main: Weidlich 1981, S. 57-112.

Kubitschek, Brigitta: „Ein Frauenleben im Umbruch", in: Reventlow, Franziska zu: *Tagebücher 1886 bis 1910*. Hrsg. mit einem Nachwort von Brigitta Kubitschek. Oldenburg: Igel Verlag 2004 [= Reventlow, Franziska zu: *Sämtliche Werke in fünf Bänden*. Bd. III], S. 532-548.

Küchmeister, Kornelia: „,,Dass die auch gerade alle aus Lübeck sein müssen – was sollen bloß die Leute im Reich von uns denken.'" Die Lübecker Zeit der Familie zu Reventlow, in: *Alles möchte ich immer': Franziska Gräfin zu Reventlow 1871-1918*. Hrsg. vom Buddenbrookhaus Lübeck u. a. Mit Beiträgen von Kornelia Küchmeister, Dörte Nicolaisen, Ulrike Wolff-Thomsen, Ulla Egbringhoff. Göttingen: Wallstein 2010, S. 46-95.

Lindtke, Gustav: *Die Stadt der Buddenbrooks: Lübecker Bürgerkultur im 19. Jahrhundert*. 2., überarb. u. erw. Aufl. Lübeck: Schmidt-Römhild 1981.

Lübeckische Anzeigen und Lübecker Zeitung (Hrsg.): *Lübeck seit Mitte des 18. Jahrhunderts* (1751). Lübeck: Borchers 1926.

Moulden, Kenneth / Wilpert, Gero von (Hrsg.): *Buddenbrooks-Handbuch*. Stuttgart: Kröner 1988.

Museum für Kunst und Kulturgeschichte der Hansestadt Lübeck (Hrsg.): *Kunst und Kultur Lübecks im 19. Jahrhundert*. Lübeck 1981.

Nicolaisen, Dörte: „,... die kleine Comptesse mit dem eisernen Willen...'. Kindheit und Jugend Franziska zu Reventlows", in: *Alles möchte ich immer': Franziska Gräfin zu Reventlow 1871-1918*. Hrsg. vom Buddenbrookhaus Lübeck u. a. Mit Beiträgen von Kornelia Küchmeister, Dörte Nicolaisen, Ulrike Wolff-Thomsen, Ulla Egbringhoff. Göttingen: Wallstein 2010, S. 10-45.

Wilpert, Gero von: „Die Rezeptionsgeschichte", in: *Buddenbrooks-Handbuch*. Hrsg. von Kenneth Moulden und Gero von Wilpert: Stuttgart: Kröner 1988, S. 319-337.

Jan Gerstner

Noch etwas vom Eisenbau. Das literarische Paris zwischen Fin de Siècle und Avantgarde

Am 14. Februar 1887 erschien in der Tageszeitung *Le Temps* ein offener Brief, unterzeichnet von führenden Intellektuellen und Künstlern der Epoche, darunter Charles Garnier, Charles Gounod, Leconte de Lisle und Guy de Maupassant:

> Nous venons, écrivains, peintres, sculpteurs, architectes, amateurs passionnés de la beauté, jusqu'ici intacte, de Paris, protester de toutes nos forces, de toute notre indignation, au nom du goût français méconnu, au nom de l'art et de l'histoire français menacés, contre l'érection, en plein cœur de notre capitale, de l'inutile et monstrueuse Tour Eiffel.[1]

Der monströse und unnütze Turm ist längst zu einem der, wenn nicht zu *dem* Wahrzeichen von Paris geworden. Die Aufregung, die seine Errichtung begleitete, zeugt aber von einer Veränderung in den ästhetischen Maßstäben, die erst zwanzig Jahre später ihr Echo in der Literatur und bildenden Kunst finden wird.[2] In *Zone*, dem Eröffnungsgedicht von Guillaume Apollinaires Sammlung *Alcools* (1913), wird uns der Eiffelturm gleich in der zweiten Zeile wieder begegnen:

> Bergère ô tour Eiffel le troupeau des ponts bêle ce matin[3]

Die Zeile steht wie das gesamte Gedicht am Punkt des Umschlags, des Ausgangs aus den ästhetischen Tendenzen der Belle Époque und des Fin de Siècle hin zur aufkommenden Avantgarde.

Das Neue, das am Eiffelturm nicht ohne Grund gerade durch Literaten und bildende Künstler so vehement abgelehnt wurde, hat Roland Barthes auf den Begriff der „funktionellen Schönheit" gebracht, die nun der „jahrhundertealten Vorstellung von plastischer Schönheit" als neuer Wert gegenüber trat: „Die funktionelle Schönheit liegt nicht in der Wahrnehmung der guten ‚Resultate' einer Funktion, sondern in dem Schauspiel der Funktion selbst, die in

---

[1]   Zit. nach: Frédéric Seitz: *La Tour Eiffel. Cent ans de sollicitude*. Paris: Belin-Herscher 2001, S. 20.

[2]   Sieht man von den eher feuilletonistischen lyrischen Elogen gelegentlich seiner Errichtung ab (zitiert bei: Henri Loyrette: „Der Eiffelturm", in: Pierre Nora (Hrsg.): *Erinnerungsorte Frankreichs*. München: Beck 2005, S. 113-133, S. 122ff.; vgl. zu weiteren Beispielen: Michel Carmona: *Eiffel*. Paris: Fayard 2003, S. 415ff.).

[3]   Guillaume Apollinaire: *Zone*, in: Guillaume Apollinaire: *Œuvres poétiques*. Hrsg. v. Marcel Adéma u. Michel Décaudin. Paris: Gallimard (Pléiade) 1956, S. 39-44, S. 40, v. 2 (im Folgenden Zitate aus *Zone* mit Angabe der Verszahl im laufenden Text).

einem Augenblick erfaßt wird, der vor dem von ihr Hervorgebrachten liegt.‟ Es ist eine neue Form der Zweckmäßigkeit ohne Zweck, die im Eiffelturm auf den Plan tritt: „Denn wenn der Eiffelturm auch ein ‚nutzloses‘ Objekt ist, gewinnt er doch seine Notwendigkeit aus der Technik. […] Es war also unvermeidlich, nicht daß die Kunst verschwand […], aber daß sie sich modifizierte, oder, wenn man so will, neue Alibis anerkannte.‟[4] Der Eiffelturm ist damit mehr als ein Fall für die Motivgeschichte, er kann zum Sinnbild eines ästhetischen Wandels werden, den Hans Robert Jauß als „Epochenschwelle‟ an Apollinaires Lyrik nachgezeichnet hat.[5] Es ist kein Zufall, dass der Ort dieser Lyrik ebenso wie des Eiffelturms Paris ist.

Paris, die „Hauptstadt des XIX. Jahrhunderts‟,[6] hat spätestens seit Baudelaire seinen eigenen Großstadtmythos in der Dichtung herausgebildet;[7] um die Jahrhundertwende liegt also ein Set an literarischen Bildern vor. Zugleich ist mit dem Aufbruch der avantgardistischen Moderne im Zeichen des Eiffelturms eine Dynamik zu beobachten, die sich als Zerstreuung und gleichzeitige Zentrierung der Metropole beschreiben lässt.

Der Eiffelturm ist dabei nicht allein Ausdruck und Symbol für eine veränderte Produktionsweise und Auffassung von Kunstwerken, die in der literarischen Rezeption nachgezeichnet werden kann. Er hat auch seinen Anteil an der Organisation des Stadtraums – sowohl in der realen urbanen Erfahrung bzw. den Erwartungen, die damit verbunden waren, als auch in der literarischen Konfiguration der Stadt.

Phantasmen des 19. Jahrhunderts

1887 waren für die funktionelle Schönheit des Eiffelturms freilich weniger die Künstler als die Ingenieure empfänglich. Gustave Eiffels Antwort auf den offenen Brief seiner Gegner jedenfalls umreißt in seiner Überzeugung von der

---

4 Roland Barthes: *Der Eiffelturm*. Mit Fotografien v. André Martin. Übers. v. Helmut Scheffel. München: Rogner & Bernhard 1970, S. 70.

5 Vgl. Hans Robert Jauß: „Die Epochenschwelle von 1912: Guillaume Apollinaires *Zone* und *Lundi Rue Christine*‟, in: Hans Robert Jauß.: *Studien zum Epochenwandel der ästhetischen Moderne*. Frankfurt am Main: Suhrkamp 1989, S. 216-256, v.a. S. 244f.; zur literarischen und künstlerischen Rezeption des Eiffelturms vgl. die knappe und daher stellenweise etwas verkürzende Arbeit von Vera Kowitz: *La Tour Eiffel. Ein Bauwerk als Symbol und als Motiv in Literatur und Kunst*. Essen: Blaue Eule 1989; vgl. auch: Gabriel Insausti: „The Making of the Eiffel Tower as a Modern Icon‟, in: Rui Carvalho Homem / Maria Fátima de Lambert (Hrsg.): *Writing and seeing. Essays on word and image*. Amsterdam u.a.: Rodopi 2006, S. 131-143.

6 Vgl. Walter Benjamin: *Das Passagen-Werk*, in: Walter Benjamin: *Gesammelte Schriften*. Hrsg. v. Rolf Tiedemann und Herrmann Schweppenhäuser. Frankfurt am Main: Suhrkamp 1991, Bd. V.1, S. 45.

7 Vgl. für den Zeitraum bis Baudelaire die ausführliche Studie von Karlheinz Stierle: *Der Mythos von Paris. Zeichen und Bewußtsein der Stadt*. München / Wien: Hanser 1993.

„beauté propre" des Turms die Vorstellung einer funktionalen Schönheit recht gut: Der Bau wird in erster Linie als elegante Problemlösung empfunden, als Möglichkeit, mittels der Eisenkonstruktion den Windwiderstand eines 300 Meter hohen Turms so gering wie möglich zu halten. Die Anwendungsmöglichkeiten, die Eiffel weiter anführt, um neben dem Vorwurf der Monstrosität den der Nutzlosigkeit zu entkräften, erscheinen dagegen in der Tat zum größten Teil wie fadenscheinige Alibis, wie der Versuch, einem zunächst zwecklosen Objekt nachträglich einen Gebrauchswert zu geben.[8] Doch neben dem angeblichen meteorologischen, physikalischen und astronomischen Nutzen und dem Vorteil, mittels des Turms in Kriegszeiten die Verbindung von Paris mit dem Rest von Frankreich nicht abreißen zu lassen (im Ersten Weltkrieg wurde der Eiffelturm dann tatsächlich als Sendemast verwendet), führt Eiffel schließlich einen Nutzen seines Bauwerks an, der mit der zu erweisenden „utilité" eher wenig zu tun hat:

> elle [la tour] sera en même temps la preuve éclatante des progrès réalisés en ce siècle par l'art des ingénieurs. C'est seulement à notre époque, en ces dernières années, que l'on pouvait dresser des calculs assez sûrs et travailler le fer avec assez de précision pour songer à une aussi gigantesque entreprise.[9]

Wieder steht der Turm für seine Konstruktion, und nicht nur für diese, sondern bereits für deren Möglichkeit. Die Funktion, die damit umrissen ist, entspräche eher der eines Denkmals. Als ein solches – oder zumindest etwas in der Art – war der Turm im Rahmen der Weltausstellung von 1889 auch geplant. Er sollte die Möglichkeiten moderner Ingenieurskunst und Industrie, die Wissenschaft und den Fortschritt ebenso verherrlichen wie die eng daran geknüpften Ideale der Republik und der im Jahr der Weltausstellung ihr hundertstes Jubiläum feiernden Revolution. Der Eiffelturm ist so Ausdruck eines mythisierten Zivilisations- und Fortschrittskonzepts, mit einem spezifisch französischen Einschlag, dessen anderes Extrem die auf der Weltausstellung vertretenen Völkerschauen darstellten.[10]

Die französische Tradition und Geschichte oder das Schreckbild ihres Verschwindens jedoch führen die protestierenden Künstler – vorgeblich „[s]ans tomber dans l'exaltation du chauvinisme"[11] – gegen den neuen Turm ins Feld:

---

[8]   Vgl. Eiffels Replik in: Seitz: *La Tour Eiffel*, S. 21ff.
[9]   Zit. nach Seitz: *La Tour Eiffel*, S. 23.
[10] Vgl. Beat Wyss: *Bilder von der Globalisierung. Die Weltausstellung von Paris 1889*. Frankfurt am Main: Insel 2010, S. 19: „Die Rolle der Kolonisierten in diesem Spiel war, als Zeugen einer versunkenen Sagenwelt aufzutreten, als bunter Kontrast zur Eisenzeit moderner Industrie, wie sie im Eiffelturm ihr Symbol fand."
[11] Zit. nach Seitz: *La Tour Eiffel*, S. 20.

seine Masse werde die hergebrachten Monumente der Stadtlandschaft, Notre-Dame, die Sainte-Chapelle, den Invalidendom und den Triumphbogen, ‚erdrücken‘, der Eiffelturm, „dont la commerciale Amérique elle-même ne voudrait pas", sei daher „le déshonneur de Paris."[12] Die antimoderne Stoßrichtung des offenen Briefs, innerhalb derer der Bezug aufs ‚kommerzielle Amerika‘ einen gängigen Topos darstellt, eröffnet dabei Möglichkeiten einer Opposition, die recht unterschiedliche Tendenzen des ausgehenden 19. Jahrhunderts in sich aufnehmen kann.

Joris-Karl Huysmans, dessen prototypischer Décadence-Roman *À rebours* mit einer resignierten Vision von Europa als Kolonie des „grand bagne d'Amérique"[13] endet, buchstabiert in einem Artikel zur Eisenbauweise die im offenen Brief latent anklingenden Vorwürfe aus. Im Kontext der Weltausstellung sei der Eiffelturm nichts als „le clocher de la nouvelle église dans laquelle se célèbre […] le service divin de la haute Banque."[14] Die Ablehnung des Kommerziellen als Teil des bürgerlichen *common sense*, den der Eiffelturm in mehr als einer Hinsicht verkörpert, überrascht beim Autor eines der „Kultbücher des Fin de Siècle"[15] ebenso wenig wie die Klage über die Ersetzung der christlichen Religion durch das Kapital vor dem Hintergrund von Huysmans' späterer Konversion zum Katholizismus.

In *Là-bas*, dem Roman Huysmans', der in seiner Beschäftigung mit dem Satanismus gewissermaßen als dialektische Etappe auf dem Weg zur Konversion angesehen werden kann, findet der Eiffelturm eine zwar nur marginale, aber aufschlussreiche Erwähnung. Der Protagonist Durtal denkt darüber nach, eines Tages die Aussicht vom Turm der Kirche Saint-Sulpice zu genießen und gibt den Gedanken gleich wieder auf: „Paris à vol d'oiseau, c'était intéressant au Moyen Age, mais maintenant!"[16] Mit der Anspielung auf das entsprechende Kapitel aus Victor Hugos *Notre-Dame de Paris* ist die Möglichkeit einer literarischen Evokation der städtischen Totalität in ihrer Geschichte[17] ebenso

---

[12] Ebd.
[13] Joris-Karl Huysmans: *À rebours*. Paris: Fasquelle 1974, S. 268; vgl. zum Geschichtsbild bei Huysmans: Daniel Grojnowski: *„À rebours" de J.-K. Huysmans*. Paris: Gallimard (Folio) 1996, S. 64f.
[14] Joris-Karl Huysmans: *Le Fer*, in: Joris-Karl Huysmans: *L'art moderne. Certains*. Paris: Union Générale d'Editions 1975, S. 401-410, S. 408; unter der hypothetischen Voraussetzung, der Eiffelturm sei von der Umgebung der übrigen Gebäude der Weltausstellung isoliert, bedeute der Turm allerdings nichts: „elle présente aucun sens, elle est absurde" (ebd.). Was Huysmans hier unter negativen Vorzeichen formuliert, hat Roland Barthes später im Zeichen der Popart und Postmoderne als „leeres Zeichen" beschrieben (Barthes: *Der Eiffelturm*, S. 27).
[15] Helmut Koopmann: „Roman", in: Sabine Haupt / Stefan Bodo Würffel: *Handbuch Fin de Siècle*. Stuttgart: Kröner 2008, S. 343-368, S. 353ff.
[16] Joris-Karl Huysmans: *Là-bas*. Paris: Plon 1891, S. 233.
[17] Vgl. zu diesem Aspekt bei Hugo: Stierle: *Der Mythos von Paris*, S. 520-544, zum Kapitel „Paris à vol d'oiseau" v.a. S. 535ff.

verworfen wie die Gegenwart des Fin de Siècle, die weder eine solche Evokation zuließe noch dem tatsächlichen Panoramablick etwas zu bieten hätte.[18] Obgleich das Mittelalter in *Là-bas* eine zentrale Rolle als Kontrast zur Gegenwart spielt,[19] geschieht dies nur in vermittelter Form, über die Recherchen des Schriftstellers Durtal, der an einem Buch über Gilles de Rais arbeitet. Dabei gerät er schließlich in den Umkreis des Satanismus seiner Gegenwart – auch das Mittelalter kann hier keine Vogelperspektive bieten, sondern führt in die titelgebenden Niederungen der menschlichen Psyche und Religiosität im späten 19. Jahrhundert. Der abgelehnte Blick vom Kirchturm herab ist so auch poetologisch zu verstehen. Dass dabei mit Saint Sulpice eine der weniger bedeutenden Kirchen von Paris in Erwägung gezogen wird, dürfte unter anderem dem Umstand geschuldet sein, dass von hier aus sowohl Notre-Dame und die übrigen mittelalterlichen Türme von Paris in den Blick kämen als auch die modernen Bauwerke, die – ähnlich, wie es die Gegner des Eiffelturms in ihrem offenen Brief befürchteten – die altehrwürdigen Monumente ‚ertränkten'. Der „chandelier creux qu'est la tour Eiffel"[20] steht dabei als letzte Steigerung in der Reihe der erwähnten modernen Bauwerke. Gerade er ist aber selbstverständlich längst zum eigentlichen Aussichtspunkt über Paris geworden, der dem Publikum den Stadtraum und die Geschichte von Paris in ganz neuer Weise erschließt.[21]

Sind die Erfahrungen, die Huysmans' Romane dem entgegenstellen, durch den Rückzug in einen ästhetischen Innenraum und den zugleich räumlich, psychologisch und spirituell zu verstehenden Hinweis auf das „là-bas" gekennzeichnet, so ist ihre Ästhetik von der Abwehr all dessen geprägt, was Funktionalität mit in den Bereich der Kunst einbezieht und als solche ausstellt. Konsequenterweise gipfelt das ästhetische Urteil über den Eiffelturm im Essay *Le Fer* im Vorwurf, dieser biete „aucune parure si timide qu'elle soit, aucun caprice, aucun vestige d'art."[22] Dagegen wird die alte Schmiedekunst des 16. Jahrhunderts angeführt und die mit Pflanzenformen verzierten Eisenträger der Antwerpener Börse.[23] Ob Huysmans sich der Ironie seines Gegenbeispiels angesichts der Verurteilung des Eiffelturms als „Notre-Dame de la Brocante"[24] bewusst war, sei dahingestellt. Seine ästhetischen Vorbehalte

---

[18] Vgl. zum Paris-Bild bei Huysmans: Marie-Claire Bancquart: *Paris „fin-de-siècle". De Jules Vallès à Rémy de Gourmont*. Paris: Editions de la Différence 2002, S. 235ff., zu *Là-bas* v.a. S. 267ff.
[19] Vgl. v.a. Huysmans: *Là-bas*, S. 290f., S. 301ff.
[20] Huysmans: *Là-bas*, S. 234.
[21] Vgl. Loyrette: *Der Eiffelturm*, S. 125; Barthes: *Der Eiffelturm*, S. 38ff.
[22] Huysmans: *Le Fer*, S. 408.
[23] Vgl. ebd., S. 407.
[24] Ebd., S. 408.

sind jedenfalls noch deutlich dem verpflichtet, was Barthes als „plastische Schönheit" bezeichnet hat.

In einem frühen Entwurf zu seiner unvollendeten Arbeit über die Pariser Passagen spricht Walter Benjamin bezüglich der Tendenzen in der Baukunst des 19. Jahrhunderts, im neuen Konstruktionsmaterial Eisen antike Formen oder natürliche Materialien zu imitieren, von „unzulängliche[n] Versuchen, die Kluft zu verdecken, die die Entwicklung der Technik zwischen dem Konstrukteur der neuen Schule und dem Künstler alten Schlages aufgerissen hatte."[25] Die Bemerkung, die im größeren Kontext von Benjamins These vom Niedergang auratischer Kunst zu lesen ist, weist in eine ganz ähnliche Richtung wie Barthes' Deutung des Eiffelturms als Zeichen des Wandels in der modernen Kunstauffassung. Seine bekannteste und weitreichendste Ausformulierung hat dies bei Benjamin bekanntlich im Hinblick auf die „Funktionsveränderung der Kunst"[26] mit dem Aufkommen der Fotografie gefunden. Indem es die Fotografie und später der Film ermöglichten, von vornherein auf Reproduktion angelegte Werke herzustellen, verliert die Kunst demnach mit der tendenziell noch kultisch gefassten Einmaligkeit des einzelnen Kunstwerks ihren „Schein von Autonomie"[27] und verlangt, so Benjamins letzte Konsequenz, ihre neuerliche Funktionalisierung im Dienst einer revolutionären Politik. Der dabei kritisierten Orientierung der Fotografie vor allem des 19. Jahrhunderts an unmittelbar aus der Malerei übernommenen Formen und Stilen[28] – was sich prinzipiell auf die Baukunst der Epoche übertragen ließe – steht bei Benjamin der Begriff der Konstruktion gegenüber. Von hier erschließt sich ein ganzer Komplex, der sowohl die Fotomontage, die Architektur als auch Benjamins eigenes Schreiben betrifft.[29] Der Bau des Eiffelturms kann dabei zum Paradigma für gewandelte Produktionsverfahren werden, die auch die Literatur betreffen. Im Zusammenhang eines Exzerpts aus Alfred

---

[25] Walter Benjamin: *Der Saturnring oder Etwas vom Eisenbau*, in: Walter Benjamin: *Gesammelte Schriften*, Bd. V.2, S. 1060-1063, S. 1062; vgl. auch das erste Exposé zur Passagen-Arbeit: „So wenig Napoleon die funktionelle Natur des Staates als Herrschaftsinstrument der Bürgerklasse erkannte, so wenig erkannten die Baumeister seiner Zeit die funktionelle Natur des Eisens, mit dem das konstruktive Prinzip seine Herrschaft in der Architektur antritt. Diese Baumeister bilden Träger einer pompejanischen Säule, Fabriken den Wohnhäusern nach, wie später die ersten Bahnhöfe an Chalets sich anlehnen." (Benjamin: *Gesammelte Schriften*, Bd. V.1, S. 46).

[26] Benjamin: *Das Kunstwerk im Zeitalter seiner technischen Reproduzierbarkeit* (zweite Fassung), in: Walter Benjamin: *Gesammelte Schriften*, Bd. VII.1, S. 350-384, S. 362.

[27] Ebd.

[28] Vgl. hier v.a. den zweiten *Pariser Brief* in: Walter Benjamin: *Gesammelte Schriften*, Bd. III, S. 495-507, S. 501ff.

[29] Vgl. zu diesem Komplex bei Benjamin allg.: Detlev Schöttker: *Konstruktiver Fragmentarismus. Form und Rezeption der Schriften Walter Benjamins*. Frankfurt am Main: Suhrkamp 1999, v.a. S. 214f.

Gotthold Meyers *Eisenbauten*, in dem es um die Errichtung des Eiffelturms geht, spricht Benjamin von „Maßstäbe[n], die schon lange in den Konstruktionen der Technik und Architektur zur Geltung gekommen sind, ehe die Literatur Miene macht, ihnen sich anzupassen. Im Grunde handelt es sich um die frühesten Erscheinungsformen des Prinzips der Montage."[30]

In dieser Perspektive käme auch in Huysmans' Klagen über die nüchterne Ästhetik des Eiffelturms jener „fetischistische, von Grund auf antitechnische Begriff von Kunst"[31] zum Ausdruck, den Benjamin in den Auseinandersetzungen um den Kunstcharakter der Fotografie am Werk sieht. Die konservativen Töne speziell in Huysmans' Ästhetizismus sind nicht zu leugnen, zugleich kann aber in der Denkfigur der Décadence und der entsprechenden Ästhetik ein Bewusstsein des veränderten Status der Kunst gesehen werden, das sich nicht im bloßen Verdecken des technischen Moments erschöpft. Vielmehr erwächst hier aus der demonstrativen Wertschätzung des Artifiziellen ein ambivalentes Verhältnis zur modernen Technik, in dem sich die Negation des bürgerlichen Realitätssinns und der Wirklichkeit des 19. Jahrhunderts mit dem positiven Moment des ästhetizistischen Rückzugs in künstliche Paradiese verschränkt. Dieter Kafitz hat darauf hingewiesen, dass das Epochenbewusstsein der Décadence mit der kulturkonservativen Verbindung von künstlerischem, sozialem und biologischem Verfall und Niedergang nicht ausreichend charakterisiert ist, sondern darin auch ein Einspruch gegen die „Bourgeoisierung der Gesellschaft im 19. Jahrhundert"[32] mit ihrer Ideologie des Fortschritts zum Ausdruck kommt. Insofern hält der Ästhetizismus in der Literatur „durchaus an den ursprünglichen Zielen der Moderne fest, allerdings ohne die verabscheuten Nebenwirkungen einer aufklärerischen Vernunft in den Konventionen und Normierungen des bürgerlichen Lebens. [...] Er möchte einem Konformismus des Wahrnehmens und Erlebens entgehen, der im Namen der Freiheit die Freiheit des einzelnen immer mehr beschränkt."[33]

Steht das Stichwort der Décadence bei Literaten wie Huysmans für einen ästhetischen Mehrwert ein, der das Bewusstsein von Spätzeit und Niedergang gegen das Fortschrittsdenken der bürgerlichen Gesellschaft setzt, so fallen in ästhetisch deutlich konservativeren Positionen die Momente des Fortschritts und der Dekadenz in eins. Unter den künstlerischen Angriffen auf den Eiffel-

---

[30] Benjamin: *Das Passagen-Werk*, Bd. V.1, S. 223.
[31] Benjamin: *Kleine Geschichte der Photographie*, in: Walter Benjamin: *Gesammelte Schriften*, Bd. II.1, S. 368-385, S. 369.
[32] Dieter Kafitz: *Décadence in Deutschland. Studien zu einem versunkenen Diskurs der 90er Jahre des 19. Jahrhunderts*. Heidelberg: Winter 2004, S. 46.
[33] Ebd., S. 135f.

turm sticht ein Gedicht des heute vergessenen Akademie-Mitglieds François Coppée heraus, wenn auch weniger in literarischer Hinsicht als wegen seiner Deutlichkeit. In 33 Strophen wird hier anlässlich der Fertigstellung der zweiten Plattform des Turms der gesamte Katalog von polemischen Argumenten angeführt, von der mangelnden Schönheit über die Beschwörung der französischen Geschichte und ihrer vornehmlich mittelalterlichen Bauwerke, der verheerenden Wirkung des Turms im Stadtensemble bis hin zur originelleren Befürchtung, das zum Bau verwendete Eisen werde beim nächsten Einmarsch der Deutschen für die Kanonen fehlen. Der Turm wird zum Sinnbild einer unverbindlichen und materialistischen Moderne, die mit den einschlägigen Stichworten belegt ist:

> La fin du siècle est peu sévère,
> Le pourboire fleurit partout.
> La Tour Eiffel n'est qu'une affaire;
> – Et c'est le suprême dégoût.
>
> Édifice de décadence
> Sur qui, tout à l'heure, on lira:
> „Ici l'on boit. Ici l'on danse,"
> – Qui sait? sur l'air du ça ira[34]

Es ist klar, dass die Begriffe der „Décadence" und des „Fin de Siècle" hier nicht unmittelbar im literaturgeschichtlich mittlerweile etablierten Sinn zu lesen sind. Coppées Gedicht kann auch als Zeugnis für eine gewisse Offenheit der Begriffe um 1888 gelten,[35] zugleich aber für ihre Etablierung und Trivialisierung. Es sind Schlagworte mit einem weiten Bedeutungshof, die die eigene Position in der Bezeichnung ihrer Gegnerschaft stärker umreißt als die eigentlichen Gegner. Die Frivolität eines „Fin de Siècle", dem alles nur eine kurzweilige Affäre ist und das mit Trinkgeld um sich wirft, und die wohl am spätrömischen Modell orientierte „Décadence",[36] bei der hinter dem sozial zersetzenden Vergnügen schon der Untergang mit dem Revolutionsgesang des Ça ira lauert, sind Schreckbilder eines chauvinistischen Konservatismus. Dieser sieht im Eiffelturm das ästhetische Symbol gesellschaftlicher Modernisierung, die er ebenso ablehnt wie deren ästhetizistische Verweigerer.[37]

---

[34] François Coppée: *Sur la Tour Eiffel (Deuxième Plateau)*, in: François Coppée: *Œuvres. Poésie*. Paris: Houssiane 1909, Bd. 4, S. 82-89, S. 87f.

[35] Das Gedicht ist auf den 22. Juli 1888 datiert (vgl. ebd., S. 89).

[36] Zu diesem Paradigma des gesellschaftlichen Niedergangs und seiner folgenreichen Vermittlung durch Désiré Nisards *Études de mœurs et de critique sur les poètes latins et de la décadence* (1834) vgl. Roger Bauer: *Die schöne Décadence. Geschichte eines literarischen Paradoxons*. Frankfurt am Main: Klostermann 2001, S. 29ff.

[37] Coppées Gedicht *À Joris-Karl Huysmans* jedenfalls stammt aus der Zeit nach dessen Konversion und nennt als Anlass auch dessen Biografie des Don Bosco (vgl. Coppée: *Œuvres*, Bd. 4,

Zwischen Belle Époque und Avantgarde

Im Fin de Siècle geht mit dem Jahrhundert stets auch anderes zu Ende und das Neue kommt nicht als Anfang in den Blick. In Apollinaires *Zone* steht dagegen das Ende am Anfang:

> A la fin tu es las de ce monde ancien
>
> Bergère ô tour Eiffel le troupeau des ponts bêle ce matin
>
> Tu en as assez de vivre dans l'antiquité grecque et romaine
>
> Ici même les automobiles ont l'air d'être anciennes
> La religion seule est restée toute neuve la religion
> Est restée simple comme les hangars de Port-Aviation (v. 1-6)

Die gleich in der ersten Zeile programmatisch verkündete Absage an die Alte Welt und ihre Ästhetik steht im Zeichen des Eiffelturms. Er ist, liest man das Gedicht auf seine verstreuten topografischen Angaben hin, der erste Anblick auf dem Weg, den das lyrische Ich (soweit hiervon die Rede sein kann) während eines Tages und einer Nacht durch Paris zurücklegt, bis es sich am Ende auf den Heimweg in den am Rand der Pariser Innenstadt gelegenen Stadtteil Auteuil macht.[38] In dieser Hinsicht steht *Zone* in der Tradition moderner Großstadtlyrik. Der Gang durch die Stadt schafft in der lyrischen Bewegung die Einheit, die vom Sujet der modernen Stadt im gleichen Zug gebrochen wird, und das betrifft auch die hypothetisch gesetzte Einheit des Subjekts dieser Dichtung. Durchsetzt ist der Weg durch Paris mit Reflektionen und vor allem Erinnerungsbildern des lyrischen Ichs an frühere Reisen und die verloren gegangene Religiosität der Kindheit. Die in den zitierten Zeilen schon anklingende Verbindung des Neuen mit der Religion, pointiert im überraschenden Vergleich mit den Flugzeughangars, gipfelt im Anschluss an eine Evokation der kindlichen Religiosität in einer eigenwilligen Himmelfahrtsvision: „C'est le Christ qui monte au ciel mieux que les aviateurs / Il detient le record du

---

S. 364 f.).

[38] Vgl. zu den topografischen Angaben und der ‚Handlung' des Gedichts: Florian Alexander Henke: *Topografien des Bewusstseins. Großstadtwahrnehmung, Erinnerung und Imagination in der französischen Literatur seit Baudelaire.* Dissertation Freiburg 2005 (online verfügbar unter: https://freidok.uni-freiburg.de/fedora/objects/freidok:2240/datastreams/FILE1/content, zuletzt geprüft am 4.1.2017), S. 202f.; Horst Weich: *Paris en vers. Aspekte der Beschreibung und semantischen Fixierung von Paris in der französischen Lyrik der Moderne.* Stuttgart: Steiner 1998, S. 147f. Weich weist auch auf die Widerstände hin, die das Gedicht einer auf Kohärenz gestimmten Lesart entgegen setzt. Dass eine Lektüre darauf in der Tat auch verzichten kann, indem *Zone* nicht als Sukzession, sondern als Verräumlichung von Erinnerungsfragmenten gelesen wird, hat Peter Szondi gezeigt, vgl. Peter Szondi: „*Zone*. Marginalien zu einem Gedicht Apollinaires", in: Peter Szoni.: *Schriften.* Hrsg. v. Jean Bollack u.a. Frankfurt am Main: Suhrkamp 1978, Bd. II, S. 414-422.

monde pour la hauteur // [...] Et changé en oiseau ce siècle comme Jésus monte dans l'air" (v. 40-44). Wird zuerst im profanisierenden Vergleich der Auferstehung mit einem Höhenflugrekord das Religiöse auf ein Spektakel der modernen Technik bezogen, so verschiebt sich anschließend der metaphorische Aufstieg des neuen Jahrhunderts in die Sphäre der Religion, um schließlich in einer grandiosen Vision Engel, Heilige und Vögel aus allen Teilen der Welt und verschiedensten Mythologien herbeifliegen und sich mit der „volante machine" (v. 70) verbrüdern zu lassen.

Jauß spricht bezüglich dieser Vision und ihres Synkretismus aus moderner Technik, katholischem Glauben und Mythologie von „dialektischen Bildern", in denen sich „die Wiederkehr des eingangs verworfenen *monde ancien*" ankündigt, „doch nun in mythischer, nicht geschichtlicher Gestalt."[39] Das dialektische Bild zählt zu einer der wohl schillerndsten Konzeptionen in Benjamins in der Hinsicht nicht eben armem Begriffsinventar.[40] Jauß' Bemerkung dürfte sich an der Fassung orientieren, die der Begriff v.a. im ersten Exposé der Passagen-Arbeit bekommt, als Bilder des „Kollektivbewußtsein[s] [...], in denen das Neue sich mit dem Alten durchdringt. [...] In dem Traum, in dem jeder Epoche die ihr folgende in Bildern vor Augen tritt, erscheint die letztere vermählt mit Elementen der Urgeschichte, das heißt einer klassenlosen Gesellschaft."[41] Bezogen auf die Architektur entsprächen diese Bilder den antikisierenden Formen der ersten Eisenkonstruktionen im 19. Jahrhundert.[42]

Im Fall von Apollinaires Dichtung kann wohl nicht umstandslos vom Traum einer klassenlosen Gesellschaft gesprochen werden,[43] um das Zusammentreffen von Altem und Neuem zu fassen. Zweifellos tragen jedoch die Evokationen des Mythos einen utopischen Überschuss an die Technik heran, und dies nicht erst in der Überblendung von Flugzeug und Christus. Schon die Anrufung des Eiffelturms als Hirtin der Brücken in der zweiten Zeile stellt die funktionelle Ästhetik des Turms mit dem bukolischen Bild in den Horizont eines der ältesten Bilder utopisch konnotierter Glücksvorstellungen in der europäischen Literatur, transponiert auf die Topografie der Stadt. Ganz Paris wird hier zur arkadischen Weide. Schließt man die angesichts der Of-

---

[39] Jauß: „Epochenschwelle", S. 218.
[40] Vgl. zu einem Überblick: Ansgar Hillach: „Dialektisches Bild", in: Michael Opitz / Erdmut Wizisla (Hrsg.): *Benjamins Begriffe*. Frankfurt am Main: Suhrkamp 2000, Bd. 1, S. 186-229; für den vorliegenden Zusammenhang v.a. S. 200ff.
[41] Benjamin: *Gesammelte Schriften*, Bd. V.1, S. 46f.
[42] Vgl. ebd.
[43] Vgl. zum utopischen Potential bei Apollinaire jedoch: Wolfgang Asholt: „Literatur in Frankreich zwischen *L'art pour l'art* und *Belle Epoque*", in: Wolfgang Asholt / Walter Fähnders (Hrsg.): *Arbeit und Müßiggang 1789 bis 1914. Dokumente und Analysen*. Frankfurt am Main: Fischer 1991, S. 279-290, S. 288f.

fenheit des Gedichts prinzipiell mögliche Deutung aus, durch die Metapher werde auch der Eiffelturm jenem „monde ancien" zugeteilt, in dem sogar die Autos schon veralten, oder zumindest sei seine Wahrnehmung noch von dessen Schemata konditioniert, so erscheint es zu einseitig, hier von einer mehr oder weniger regressiv verstandenen „Wiederkehr" des verworfenen Alten zu sprechen. Der Rückgriff auf das Konzept des dialektischen Bildes würde eine offenere Interpretation erlauben, insofern hier das Neue im Zitat des Alten in Erscheinung tritt.[44]

Die Durchdringung des symbolischen Orts der technischen Moderne schlechthin mit überkommenen Topoi der Literaturgeschichte findet ihr Äquivalent auf allen Ebenen des Gedichts. Der Wechsel zwischen Alexandrinern und freien Versen ohne Satzzeichen, mit kühnen Langzeilen und wechselnden Rhythmen – z. B. im Wechsel vom ersten zum zweiten Vers – wirft ebenso wie die Bildlichkeit das Thema von Innovation und Tradition auf. Der Eiffelturm als Hirtin der Brücken ist nur ein prominentes Beispiel für diese Durchdringung in den Bildern, das sich im vorliegenden Zusammenhang besonders anbietet. Fast alle Motive des Gedichts erfahren bei ihrer neuerlichen Aufnahme eine Umdeutung, etwa wenn das dreimalige Heulen der Fabriksirene (vgl. v. 19) sein mythisches Gegenstück in den drei mythischen Sirenen als Teilnehmerinnen der Himmelfahrt (v. 67f.) bekommt. Es ist ein zentrales Element der immanenten Poetik von *Zone*, dass jede seiner Isotopien sich mit anderen, widerstreitenden überkreuzt und einer auf Kohärenz gerichteten Lektüre beständig entgegenarbeitet.

Der so produzierten semantischen und formalen Ambivalenzen wegen können die Interpretationen von *Zone* denn auch äußerst unterschiedlich ausfallen, von der rückhaltlosen Feier der modernen Technik[45] bis hin zum „échec de quête de l'identité poétique"[46] im Irren durch Paris. Gegen eine rein euphorische Erfahrung des Modernen sprechen in der Tat die im Anschluss an die Himmelfahrtsvision folgenden Zeilen, die von der Einsamkeit und Verzweiflung des lyrischen Subjekts, „tout seul parmi la foule" (v. 71), bei seinen

---

[44] Die „Durchdringung" von Altem und Neuem bei Benjamin scheint Jauß aber tatsächlich rein regressiv zu verstehen, vgl. Hans Robert Jauß: „Spur und Aura: Bemerkungen zu Walter Benjamins *Passagen-Werk*", in: Hans Robert Jauß: *Studien zum Epochenwandel der ästhetischen Moderne*, S. 189-215, S. 202f. Im vorliegenden Zusammenhang ließe sich ein Einwand gegen Benjamins Baudelaire-Lektüre auf Jauß' Apollinaire-Lektüre zurückwenden: „Gerade das Neue vermag für Baudelaire das Alte wieder zitierbar zu machen und eine tote Vergangenheit wiederzuerwecken […]" (ebd., S. 207).

[45] Wilhelm Woltermann: *Guillaume Apollinaire und die Stadt*. Frankfurt am Main u.a.: Lang 1997, S. 72ff.

[46] Marie-Claire Bancquart: *Paris „Belle Epoque" par ses écrivains*. Paris: Adam Biro 1997, S. 133.

Gängen durch Paris sprechen, durchsetzt von Bildern früherer Reisen, die in einem resignierten Rückblick enden:

> Tu as fait de douloureux et de joyeux voyages
> Avant de t'apercevoir du mensonge et de l'âge
> [...]
> J'ai vécu comme un fou et j'ai perdu mon temps
> Tu n'oses plus regarder tes mains et à tous moments je voudrais sangloter
> Sur toi sur celle que j'aime sur tout ce qui t'a épouvanté (v. 115-120)

Der für *Zone* charakteristische Wechsel von erster und zweiter Person ist in diesen Zeilen auf die Spitze getrieben. Nicht erst in den teilweise äußerst knappen, aufblitzenden Erinnerungsbildern (v. 106-114) tritt das Ich sich selbst wie einem Fremden gegenüber, sondern dies betrifft die Erfahrung der modernen Stadt insgesamt.[47] Im Gang durch die Straßen und vor allem in der Betrachtung der jüdischen Emigranten bei der Gare Saint-Lazare (v. 121ff.) – auch diese Bahnhofshalle ist übrigens ein frühes Beispiel für moderne Eisenkonstruktionen und zugleich eine Auferstehungsgestalt – scheint dem einsamen Flaneur, ähnlich wie in Baudelaires *Le Cygne*, das allegorische Bild der eigenen Nicht-Zugehörigkeit entgegenzutreten. Zugleich trennen das lyrische Subjekt von diesen Emigranten deren unerschütterter Glaube und ihre intakten Familienbande.[48] Ihrer Fremdheit in der Stadt entspricht auf seiner Seite eine Fremdheit sich selbst gegenüber.

Trotz dieser Entfremdungserfahrung, der „Zerstückelung des Ichs in Raum und Zeit",[49] ist es fraglich, ob man vom Scheitern der Suche nach einer poetischen Identität sprechen sollte. Es gibt, so banal das klingt, schließlich das Gedicht *Zone*, dessen ästhetische Form gerade von der Zusammenstellung des Inkongruenten lebt. Karlheinz Stierle hat in einer ausführlichen Darstellung von Apollinaires Poetik in *Alcools* herausgearbeitet, wie sehr das „Vielfältige, Diskontinuierliche des Gedichts [...] Moment einer Konfiguration des Konträren [ist], in der alles einzelne aufgehoben ist."[50] Dabei wird die „Differenz von Einheit und Vielheit, Bruchstück und Totalität, [...] weder als reine Entgegensetzung belassen noch zur Versöhnung gebracht. Sie bleibt als spannungsvolles, lebendiges Verhältnis bestehen, das das Poetische des Gedichts selbst bestimmt."[51] Die Ästhetik der Diskontinuität und Simultaneität, in der

---

[47] Vgl. Jauß: „Epochenschwelle", S. 119f.
[48] Vgl. v. 122-124: „Ils croient en Dieu ils prient les femmes allaitent des enfants / [...] / Ils ont foi dans leur étoile comme les rois-mages".
[49] Jauß: „Epochenschwelle", S. 220.
[50] Karlheinz Stierle: „Babel und Pfingsten. Zur immanenten Poetik von Apollinaires *Alcools*", in: Rainer Warning / Winfried Wehle (Hrsg.): *Lyrik und Malerei der Avantgarde*. München: Fink 1982, S. 61-112, S. 96.
[51] Ebd., S. 103.

sich die „Vielfalt von Lebenssphären und Erfahrungsbereichen" der modernen Großstadt spiegelt, nähert *Zone* gleichzeitig den Verfahren der kubistischen Malerei, insbesondere den von Picasso und Bracque Anfang der 1910er Jahre entwickelten *papiers collés* an.[52] Deren Neuerung, die Zusammenstellung heterogener Materialien bzw. Perspektiven nach bildimmanenten Kriterien, jenseits mimetischer Vorgaben, entspräche in *Zone* der abrupte Wechsel der Zeiten und Orte ebenso wie die Zusammenstellung unterschiedlichster Bildbereiche und Stimmen.

Es ist konsequent, dass diese Ästhetik, wie sie sich im Vollzug des Gangs durch die Stadt entfaltet, von Beginn an im Zeichen des Eiffelturms steht. Stierle sieht in ihm, unter Bezug auf die bei Apollinaire zentralen poetologischen Mythologeme Babel (der Sprachverwirrung) und Pfingsten (der neuen, die nachbabylonische Vielfalt in sich aufnehmenden Verkündigungssprache), den „Ort der Konvergenz von Babel und Pfingsten", einen „utopische[n] Vorgriff auf die Gewinnung einer neuen menschheitlichen Kommunikation".[53] Mit dem Turm zu Babel wäre ein zentraler Vergleich, der den Eiffelturm seit seiner Errichtung – natürlich um die angebliche moderne Hybris anzuprangern – verfolgt,[54] grundsätzlich umgewertet. Im Kontext von *Zone* deutet der Eiffelturm aber auch aufs Verfahren hin. Als Paradigma einer „funktionellen Schönheit", eines rein montierten Bauwerks, kann er zur Entsprechung eines Textes werden, der sich weniger dem organischen Verhältnis von Ganzem und Teilen verdankt als der Konstellation von Einzelteilen.[55] Hier könnte tatsächlich ein Ansatz gesehen werden, der der von Benjamin vermissten Orientierung der Literatur an den „Konstruktionen der Technik" im Prinzip der Montage nahekommt. Ein anderes Modell dieser nachauratischen Ästhetik wären die „prospectus", „catalogues", „affiches" (v. 11) und „journaux" (v. 12), die in provokanter Geste zur zeitgemäßen Poesie und Prosa erklärt werden. Neben der unvermittelten Zusammenstellung von Heterogenem wie auf einer Zeitungsseite oder einer Plakatwand kennzeichnet es eine hier bereits

[52]   Ebd., S. 95; vgl. zum Bezug auf den Kubismus auch Jauß: „Epochenschwelle", S. 221, David Kelley: „Defeat and Rebirth: The City Poetry of Apollinaire", in: Edward Timms / David Kelley (Hrsg.): *Unreal City. Urban experience in modern European literature and art.* Manchester Univ. Press 1985, S. 80-96, S. 90f.; zu Apollinaires Rezeption des Kubismus vgl. neben seinen zahlreichen Artikeln zum Thema v.a.: *Méditations esthétiques – Les peintres cubistes.* In: Guillaume Apollinaire: *Œuvres en prose complètes.* Hrsg. v. Pierre Caizergues u. Michel Décaudin. Paris: Gallimard (Pléiade) 1977-1993, Bd. 2, S. 5-53.

[53]   Vgl. Stierle : „Babel und Pfingsten", S. 73.

[54]   Vgl. im Protest der Künstler: Seitz: *La Tour Eiffel*, S. 20; auch Coppée schreibt „Pourquoi recommencer Babel?" (Coppée: *Sur la Tour Eiffel*, S. 85).

[55]   Vgl. auch Szondi, der zwar nicht auf den Eiffelturm, aber auf die Metapher des eigenen Lebens als Turm im Gedicht *Cortège* als motivische Entsprechung zur Bauweise von *Zone* hinweist (Szondi: *Zone*, S. 417).

angelegte Kunst der Collage und Montage bekanntlich, dass sie gerade solche kunstfernen Bereiche ins Werk aufnimmt.[56] Eine derartige literarische Montage-Kunst, wie sie Peter Bürger zum allgemeinen Kennzeichen der Avantgarde erhebt,[57] wird Apollinaire erst mit *Lundi Rue Christine* und *Les fenêtres* vollständig verwirklichen.[58]

Zone hingegen siedelt sich noch eher an der Grenze zwischen dem Fin de Siècle und der Avantgarde an,[59] und dies lässt sich an den inhaltlich-strukturellen Charakteristika des Gedichts ebenso herausarbeiten wie an seinen Verfahren. Das Nebeneinander des Disparaten und die Konstruktion neuer Bildbereiche mithilfe von Schnitten, wie es avantgardistische Montage-Techniken kennzeichnet, betrifft hier das Verhältnis des proto-avantgardistischen Aspekts von *Zone* zu den eher traditionellen Elementen des Gedichts selbst. Motivisch deutet sich dies bereits im Bild des Eiffelturms als Hirtin der Brücken an. Hier treten nicht nur moderne Technik und vormoderne Idyllik zusammen, sondern in letzterem ist auch ein Moment der Integration aufgerufen, dessen Verlust und dessen melancholische Erinnerung sich durch den ganzen Text ziehen. Der modernen Erfahrung, die Kataloge als Poesie rezipiert und die Schönheit einer „rue industrielle" (v. 23) preist, stehen so die beinahe obsessiven Bezüge auf die Religion oder die Liebe entgegen, die weder gebrochen noch totalisiert werden.[60] Hier ließe sich tatsächlich von einer Wiederkehr sprechen, von einem Verlorenen, das doch nicht ganz erledigt ist. Dabei kommt es aber zugleich – wie in der mythischen Besetzung der Moderne in der Himmelfahrtsvision – auf die Zuspitzung paradoxer Konstellationen an, etwa wenn ausgerechnet Pius X., der Papst des sogenannten Antimodernisteneids, zum „Européen le plus moderne" (v. 8) ernannt wird.[61] Obgleich *Zone* sich nicht in der bloßen Konstruktion von Paradoxa erschöpft, ist die unvermittelte Zusammenstellung von Widersprüchen auf der thematischen Ebene doch zentral in einem Text, der auch formal durch

---

[56] Vgl. zur Bedeutung der Zeitung für die Entwicklung der Montage: Hanno Möbius: *Montage und Collage. Literatur, bildende Künste, Film, Fotografie, Musik, Theater bis 1933*. München: Fink 2000, S. 96.

[57] Vgl. Peter Bürger: *Theorie der Avantgarde*. Frankfurt am Main: Suhrkamp 1995, S. 97ff.

[58] Vgl. zu *Lundi Rue Christine* ausführlich: Jauß: „Epochenschwelle", S. 231ff.

[59] Insofern gilt für diesen Text, was Jürgen Grimm für *Alcools* insgesamt festgestellt hat: „Die Heterogenität, die der Sammlung vorgeworfen wird, hat indes zur Folge, daß sich an ihr wie an keiner anderen Lyriksammlung der Epoche der Übergang von einem lebensfeindlichen Symbolismus des Fin-de-siècle zur teils enthusiastischen, teils skeptisch-kritischen Einschätzung der modernen technisierten Welt ablesen läßt." (Jürgen Grimm: *Guillaume Apollinaire*. München: Beck 1993, S. 42).

[60] Vgl. zur Religion v. a. v. 9f., v. 27ff., v. 75f., v. 94, v. 152f.

[61] Vgl. dagegen Mitroi, die versucht, diese Stelle in eine kohärente Interpretation zu integrieren: Anca Mitroi: Apollinaire's *Zone*, Catholicism, and the Paradox of French Modernity. In: *Religion and the Arts* 13 (2009), S. 205-217, 211f.

die Spannung von Offenheit (freie Verse, unvermittelte Wechsel von Du und Ich, von Schauplätzen und Zeiten) und formaler Integration (der Rückgriff auf traditionelle Versmaße, der Einsatz des Reims)[62] beherrscht wird.

Die radikale Offenheit des Textes wird weiter mit dem Schema der Wanderung durch die Stadt abgemildert, das zwar keine vollständige Kohärenz garantiert (wo wäre z. B. die Himmelfahrtsvision zeitlich oder räumlich genau zu verorten?), aber doch so etwas wie eine narrative Orientierung bieten kann. In die Bewegung durch Paris spielt damit nicht nur der Topos des Flaneurs herein, sondern auch ganz offen die archaischere Struktur von Auszug und Rückkehr, sowohl in räumlicher als auch in zeitlicher Hinsicht. Der Eiffelturm am Beginn unterstützt jedenfalls die Annahme, dass der Weg in Auteuil – „chez toi" (v. 150) –,[63] wohin er zurückführt, auch seinen Anfang nahm. Zeitlich geht er vom Morgen bis zum Sonnenaufgang des nächsten Tages; die Zirkularität und die darin implizierte Wiedergeburtsmetaphorik ist jedoch fast wörtlich abgeschnitten im berühmten Schockbild am Ende: „soleil cou coupé" (v. 14). Die radikal verkürzte Zeile vollzieht selbst den Schnitt,[64] von dem sie spricht, und lässt das brutale Bild der geköpften Sonne zum Bild des eigenen ästhetischen Verfahrens werden.[65] Formal entspricht das paradoxe Bild dieses mit Tod konnotierten Tagesbeginns am Ende dem „A la fin" des Anfangs und überführt das zirkuläre Schema so von seiner mythischen Herkunft in eine rein ästhetisch-konstruktiv gesetzte Beziehung von widersprüchlichen zeitlich-semantischen und symbolischen Bezügen.

Der thematische Widerstreit von Tradition und Moderne bzw. einer traditionell werdenden Moderne und der beginnenden Avantgarde, den *Zone* bis in die einzelnen Motive, Bilder und poetischen Verfahren hinein austrägt, strukturiert ebenso den Gang durch die Stadt. Wie gezeigt, hat die Erwähnung des Eiffelturms gleich zu Beginn in dieser Hinsicht durchaus programmatische Funktion. Ihr entspräche die Erwartung des lyrischen Subjekts am Ende seiner langen Wanderung durch Paris:

> Tu marches vers Auteuil tu veux aller chez toi à pied
> Dormir parmi tes fétiches d'Océanie et de Guinée

---

[62] Dass diese Spannung sogar innerhalb des Reimsystems selbst wirksam ist, zeigt Stierle: „Babel und Pfingsten", S. 103f.

[63] Wo Apollinaire von 1909 bis 1912 tatsächlich wohnte, vgl. das *Souvenir d'Auteuil* in: Apollinaire: *Le Flaneur des deux rives*, in: *Œuvres en prose complètes*. Bd. 3, S. 3-50, S. 3.

[64] In einer früheren Fassung hieß es noch „soleil levant cou tranché" (vgl. den Kommentarteil in Apollinaire: *Œuvres poétiques*, S. 1033). Der ursprünglich geplante Titel des Gedichts lautete *Cri* (Vgl. Michel Décaudin: *Le dossier d'„Alcools"*. Genève: Droz 1996, S. 85) – das lässt sich, nicht zuletzt qua Homophonie, als verstümmelte Form von „Christ" lesen.

[65] Vgl. zu der Stelle v. a. Kelly: „Defeat and Rebirth", S. 85f. (Kelley weist auch darauf hin, dass hier ein Bild aus Baudelaires *Harmonie du soir* variiert wird).

Ils sont des Christ d'une autre forme et d'une autre croyance
Ce sont les Christ inférieurs des obscures espérances (v. 150-154)

Liest man das Gedicht als Ausdruck gescheiterter Hoffnungen, die in der Himmelfahrtsvision mit der Gleichung von Flugzeug, Jahrhundert und Christus noch emphatisch an die Moderne geknüpft werden, im anschließenden Irren durch die Stadt und die Erinnerungen aber einem Gefühl der Entfremdung weichen, so mag es naheliegen, in der Bezeichnung der „fétiches" als „Christ inférieurs" einen „unkenntliche[n], in die Vielfalt zerstückelte[n] Gott"[66] oder ein „enfoncement inverse vers les origines de l'humanité"[67] zu sehen. Der eurozentrische Blick auf die ozeanischen und afrikanischen Statuen als Zeugnisse einer früheren oder gar ursprünglichen Entwicklungsstufe der Menschheit ließe sich dabei unter Umständen der historischen Perspektive des Textes zuschlagen. Zwar deuten Attribute wie „inférieur" und „obscur" tatsächlich in eine solche Richtung, doch ist der Bezug auf die ursprünglich religiöse Funktion der Statuen als Regression (oder Resignation angesichts der Zerstückelung) unzureichend erfasst. Hier wird ein weiteres Mal die Frage nach dem Verhältnis moderner und avantgardistischer Kunst zur Tradition aufgeworfen.

Die „fétiches" sind mehr als eine bloße Hinwendung zum vermeintlich Archaischen und damit eine Abkehr von der Modernität. Im Kontext der frühen Avantgarde, vor allem des Kubismus, stellte die außereuropäische Kunst für europäische Künstler eine wichtige Neuentdeckung dar.[68] „Was vorher sinnlos erschien, gewann in den jüngsten Bestrebungen des bildenden Künstlers Bedeutung; man erriet, daß kaum irgendwo bestimmte Raumprobleme und eine besondere Weise des Kunstschaffens in dieser Reinheit gebildet waren, wie bei den Negern",[69] resümiert Carl Einstein 1915 in *Negerplastik* den veränderten Blick auf afrikanische Kunst vor dem Hintergrund europäischer Kunstentwicklungen.[70] In Frankreich nahm nicht zuletzt Apollinaire eine wichtige Vermittlerrolle für die Neubewertung außereuropäischer Kunst ein.[71]

---

[66] Jauß: „Epochenschwelle", S. 220.
[67] Bancquart: *Paris Belle Epoque*, S. 133.
[68] Vgl. William Rubin (Hrsg.): *Primitivismus in der Kunst des zwanzigsten Jahrhunderts*. München: Prestel 1984.
[69] Carl Einstein: *Negerplastik*, in: Carl Einstein: *Werke*. Berliner Ausgabe. Hg. v. Hermann Haarmann und Klaus Siebenhaar. Berlin: Fannei & Walz 1994, Bd. 1, S. 234-252, S. 235.
[70] Vgl. zum allg. Kontext: Jan Gerstner: „*die absolute Negerei*". *Kolonialdiskurse und Rassismus in der Avantgarde*. Marburg: Tectum 2007, S. 39ff.; zu Apolliniare vgl. in der Hinsicht ausführlich: Jean-Claude Blachère: *Le modèle nègre. Aspects littéraires du mythe primitiviste au XXe siècle chez Apollinaire, Cendrars, Tzara*. Dakar u. a.: Nouvelles Editions Africaines 1981, S. 25ff.
[71] Vgl. v. a. seinen Artikel *Exotisme et ethnographie* (in: *Œuvres en prose complètes*, Bd. 2, S. 473-476); vgl. auch: Katia Samaltanos: *Apollinaire. Catalyst for Primitivism, Picabia, and Duchamp*. Ann Arbor: UMI Research Press 1984.

Das eigentlich Neue daran war, dass die entsprechenden Artefakte tatsächlich als Kunst und nicht nur als ethnologisches Schaustück oder gar als Ausdruck ‚primitiver Mentalität' wahrgenommen wurden. Obgleich sich die Faszination einiger Künstler der frühen Avantgarde wohl auch aus der angenommenen magischen Funktion der Statuen und Masken ableitete,[72] war ihr Zugang zu ihnen zu großen Teilen von ästhetischen Interessen bestimmt. Wie vor allem Einstein in *Negerplastik* herausarbeitet, wurden in den Objekten künstlerische Lösungen gefunden, die insbesondere denen der kubistischen Malerei und Plastik sehr nahe kamen. Der Hinweis auf die ursprünglich kultische Herkunft der Statuen ist in *Zone* zugleich die Erinnerung an einen Kontext, der durch den Wechsel in den europäischen ästhetischen Diskurs neutralisiert werden muss. Die Verbindung von religiöser Funktion und deren Profanisierung (immerhin stehen die „fétiches" nun als Sammelobjekte im Schlafzimmer) entspricht der allgemeinen Bewegung eines Textes, der mit Versatzstücken unterschiedlichster Mythen und Traditionen operiert, sie in eine sehr moderne Textkonstruktion einspannt und darin zugleich als Kontrapunkt zum eigenen Modernismus erhält.

Mit dem Eiffelturm und den „fétiches" stehen am Anfang und am Ende des Textes zwei Artefakte, die im Kontext der frühen Avantgarde so etwas wie Modelle ästhetischer Verfahren darstellen und in deren Evokation zugleich der konstitutive Widerstreit von Altem und Neuem ausgetragen wird. Was auf der Weltausstellung von 1889 noch im Nebeneinander von Eiffelturm und Völkerschau als zwei entgegengesetzte Enden der Menschheitsgeschichte präsentiert wurde – das industrielle Europa und die „Primitiven" aus den Kolonien – steht hier zumindest ästhetisch auf einer Stufe. Dass diese ästhetische Gleichberechtigung selbst trügerisch ist, da weiterhin Paris das Zentrum des französischen Kolonialreichs bleibt, versteht sich von selbst. Apollinaires eigener Aufruf, die „restes de ces civilisations exotiques"[73] aus Frankreichs Kolonien um der Kunst willen zu retten, zeigt nur zu deutlich, wie wenig ästhetische Prozesse unmittelbar an politischen und ideologischen Hierarchien ändern müssen.

Obgleich sich der Erwähnung außereuropäischer Kunst in *Zone* beim besten Willen kein kolonialkritischer Impetus unterlegen lässt, bricht die Struktur des Textes tendenziell das hierarchische Schema von Zentrum und Peripherie auf. Die „fétiches" im Schlafzimmer des lyrischen Subjekts

---

[72] Vgl. z. B. einen entsprechenden Bericht Picassos über seinen ersten Besuch in der ethnologischen Abteilung des Trocadéro in: André Malraux: *La tête d'obsidienne*. Paris: Gallimard 1974, S. 17ff.

[73] Apollinaire: *Exotisme et ethnographie*, S. 475.

wären so nicht bloß koloniales Beutegut im Heim des avantgardistischen Connaisseurs (was sie prinzipiell nicht vom Exotismus eines Fin de Siècle-Interieurs unterscheiden würde). Vielmehr überführen sie, indem sie am Ende des Wegs durch die Stadt stehen – wobei das „aller chez toi" durchaus doppelsinnig zu verstehen ist – ein weiteres Mal das bestimmende Thema der Fremdheit in den Bereich der Interkulturalität. Anders als etwa die jüdischen Emigranten betreffen die äußeren Figurationen der Fremdheit (nicht unbedingt der Alterität) hier unmittelbar das Eigenste; sie sind keine Identifikationsfiguren wie jene. Man kann darin also eine letzte Spiegelung und Transposition der Selbstentfremdung ins Medium der Kunst sehen, sofern jene überhaupt außerhalb davon zu betrachten ist. Es kommt für unseren Zusammenhang aber vor allem darauf an, dass das Thema der Fremdheit im Text topografisch durchgespielt wird. Die „fétiches" sind ganz wörtlich im Raum des lyrischen Subjekts angesiedelt und sie stellen das Ende eines Wegs durch Paris dar, der durchsetzt ist mit Abschweifungen in die Erinnerung an frühere Reisen. Paris tritt im Gedicht nicht zuletzt als transitorischer Raum in den Blick.

Zunächst ist es thematisch ein Raum, der durchquert wird und in dem wiederum andere Räume des Übergangs bzw. des temporären Aufenthalts fokussiert werden: die Straßen, von der „jolie rue" (v. 15) des Anfangs über die namenlosen Straßen, in denen das lyrische Subjekt „tout seul parmi la foule" (v. 71) geht, bis zur Rue des Rosiers (v. 13), die Gare Saint-Lazare und Lokale wie die „bar crapuleux" (v. 135) und das „grand restaurant" (v. 137) in der Nacht und im Morgengrauen. In diesem Raum sammeln sich wie die Skulpturen im Schlafzimmer des lyrischen Subjekts oder die Emigranten in der Bahnhofshalle die Erinnerungen an fremde Gegenden an. Die Metropole wird als Übergangsraum zum Sammelpunkt der ganzen Welt, kann aber gerade darin auch kein stabiles Zentrum mehr sein. Sie wird gleichsam beständig ‚dezentriert'. Auf die poetologische Bedeutung dieser in ihrer Gleichzeitigkeit widersprüchlichen Kategorien des Transitorischen und des sammelnden Zentrums deuten nicht zuletzt auch Jauß' Metapher der „Epochenschwelle" und Stierles Hinweis auf die Mythen von Babylon und Pfingsten hin.

Welche zentrale Bedeutung hierbei gerade dem Transitorischen als Zwischenstelle zwischen Zentrum und Peripherie, oder zeitlich gesprochen zwischen Vergangenheit und Zukunft, zukommt, deutet bereits der Titel an. „Zone" bezeichnet unter anderem die Randbezirke einer Stadt, die *faubourgs* und vor allem die Elendsquartiere außerhalb der eigentlichen Stadtgrenzen. Poetologisch gewendet kann dies wieder als Metapher für den

Text selbst gelten, der sich „en marge de la tradition" ansiedelt, „dans une ‚Zone' nouvelle, troublante déjà, mais encore indécise."[74] Wendet man sich erneut der topografischen Bedeutung zu, fällt auf, dass gerade die eigentliche „zone" von Paris nicht in den Blick kommt. Soweit sie sich rekonstruieren lässt, spielt sich die gesamte Bewegung des lyrischen Subjekts *intra muros* ab, wenn auch oft an weniger repräsentativen Orten der Stadtlandschaft, dem Quartier des Ternes, in schäbigen Bars und Bordellen, um schließlich im abgelegenen Stadtteil Auteuil zu enden. Es ist, als werde Paris hier zur eigenen Peripherie, und dies in einem Text, der ästhetisch in Wert setzt, was aus dem überkommenen europäischen Kunstbegriff ausgeschlossen, in gewisser Weise an seiner Peripherie angesiedelt war: Plakate und Zeitungen, die Schönheit einer „rue industrielle" (v. 23) und nicht zuletzt die afrikanischen und ozeanischen „fétiches" und „l'inutile et monstrueuse Tour Eiffel." Topologisch wie ideologisch (sieht man von der Ideologie des Ästhetischen ab) stellt der Eiffelturm aber zweifellos eine Figur des Zentrums von Paris dar und ebenso eine Figur seiner Zentralität.

Parallelisiert man, wie hier geschehen, die Bauweise des Eiffelturms mit der ‚Bauart' von *Zone* und noch weitergehend der des (prototypischen) avantgardistischen Kunstwerks,[75] so ließe sich der topologischen Zentralität des Turms ein anderes Modell an die Seite stellen. Das avantgardistische Kunstwerk organisiert sich eben nicht mehr auf ein Sinnzentrum hin, das die Harmonie von Ganzem und Teilen garantierte, sondern stellt mit seiner Konstruktion die Relativität der einzelnen Teile zueinander heraus. Während in *Zone* die Zusammenstellung des Disparaten abgefedert wird durch die eher traditionellen Anteile des Gedichts, die, ohne die Geschlossenheit eines organischen Kunstwerks zu erreichen, doch noch an dieses erinnern, tritt die widersprüchliche Vermittlung von Sammlung und Zerstreuung in späteren Werken Apollinaires stärker sowohl in thematischer wie in formaler Hinsicht in den Vordergrund. In *Lettre-Océan*, einem Gedicht der *Calligrammes*, figuriert der Eiffelturm als das thematische und grafische Zentrum des Gedichts, ohne dabei jedoch ein Zentrum des Sinns garantieren zu können.

---

[74] Jean Roudaut: „En marge de *Zone*", in: *Magazine Littéraire* 348 (1996), S. 40-43, S. 41.
[75] Was natürlich auch seine Grenzen hat, vergleicht man etwa manche Dada-Collagen mit der doch recht harmonisch konzipierten Form des Eiffelturms.

LETTRE-OCÉAN

Je traverse la ville nez en avant et je la coupe en 2

J'étais au bord du Rhin quand tu partis pour le Mexique
Ta voix me parvient malgré l'énorme distance
Gens de mauvaise mine sur le quai à la Vera Cruz

Les voyageurs de *l'Espagne* devant faire
le voyage de Coatzacoalcos pour s'embarquer
je t'envoie cette carte aujourd'hui au lieu

Juan Aldama

Correos
Mexico
4 centavos

YPIRANGA

REPUBLICA MEXICANA
TARJETA POSTAL

11 45
29 - 5
14
Rue des Batignolles

de profiter du courrier de Vera Cruz qui n'est pas sûr

U. S. Postage
2 cents 2

Tout est calme ici et nous sommes dans l'attente
des évènements.

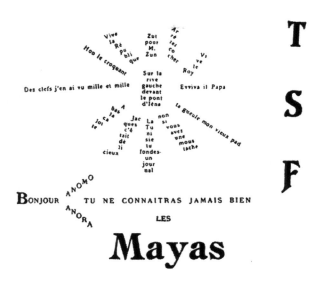

Hou le croyant Vive la République Zut poor M. Zun Arétez co cher Vi ve le Roy

Des clefs j'en ai vu mille et mille Sur la rive gauche devant le pont d'Iéna Evviva il Papa La gueule mon vieux pad

bas la ca ste Joi te Jac ques c'é tait de li cieux La Tu ni sie tu fondes un jour nal non si vous avez une mous tache

BONJOUR ANOMO ANORA TU NE CONNAITRAS JAMAIS BIEN

LES

Mayas

T
S
F

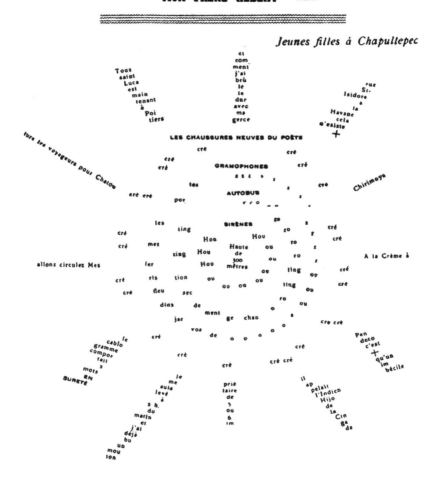

Apollinaire: *Lettre-Océan*, in: *Œuvres poétiques*, S. 183-185

Utopien der Avantgarde

Dass es in diesem Bildgedicht um den Eiffelturm geht, wird aus der grafischen Gestalt nicht unmittelbar ersichtlich;[76] dazu bedarf es der sprachlichen Hinweise auf seine Lage und Höhe im Zentrum der jeweiligen Kreise: „Sur la rive gauche devant le pont d'Iéna" bzw. „Haute de 300 mètres".[77] Wie Funksprüche gehen die einzelnen Ausrufe und Satzfetzen von den Zentren, die sich als Blick auf den Turm von oben lesen lassen, in alle Richtungen aus, ohne dass es einen anderen unmittelbar erkennbaren Zusammenhang gäbe als die grafische Organisation der Seite. Die Abkürzung „TSF" („Télégraphie sans fils") am Rand der ersten Konstellation verweist gleichermaßen auf die tatsächliche Verwendung des Eiffelturms als Funkturm seit den Zehner Jahren des 20. Jahrhunderts und auf das poetische Modell, die „drahtlose Phantasie", die Marinetti als eine der Neuerungen futuristischer Dichtung im *Manifesto tecnico della poesia futurista* proklamiert hatte.[78] An die futuristischen Experimente erinnert neben dem dynamischen Einsatz der Typografie, wie in den „tavole parolibere", die Aufnahme des bloß Geräuschhaften in die Dichtung, etwa durch das „Hou-Hou-ou-ou-ou" der Sirene im inneren Kreis des zweiten Bildes, und die Verwendung mathematischer Zeichen. Anders als Marinetti, der diese Verwendung recht ungebrochen als Übertragung mathematischer Notationssysteme auf die phonetische Schrift verstehen wollte, um „gewisse Bewegungen hervorzuheben und ihre Richtung anzugeben",[79] wird das „+" bei Apollinaire zur verknappenden Ersetzung eines Wortes durch Homophonie: „rue St-Isidore à la Havane cela n'existe +". Nicht die vermeintlich unmittelbare Wiedergabe der Bewegung von Materie steht hier im Hintergrund, sondern die Darstellung eines Verhältnisses im Umweg über die Aussprache. Man kann hierin vielleicht ein mit Zweideutigkeiten spielendes Korrektiv am futuristischen Pathos sehen;[80] der erzielte Effekt jedenfalls entspricht weiter-

---

[76] Deutlicher ist in der Hinsicht das Bildgedicht in *2e Canonnier Conducteur*, bei dem die Schrift in Form des Eiffelturms angeordnet ist, vgl. Apolliniare: *Œuvres poétiques*, S. 214; zu eher gebrauchsliterarischen Bildtexten in Form des Eiffelturms vgl. die Abbildungen bei Caroline Mathieu: *Gustave Eiffel, le magicien du fer*. Ausstellungskatalog. Paris: Skira-Flammarion 2009, S. 238.

[77] Nach Bohn könnte der erste Kreis aber auch auf den Standpunkt des Dichters in der Menge, zwischen der Brücke und dem Eiffelturm, verweisen (vgl. Willard Bohn: *The Aesthetics of visual poetry 1914-1928*. Cambridge u.a.: Cambridge Univ. Press 1986, S. 21f.).

[78] Vgl. Filippo Tommaso Marinetti: „Technisches Manifest der futuristischen Literatur", in: Hansgeorg Schmidt-Bergmann: *Futurismus. Geschichte, Ästhetik, Dokumente*. Reinbek bei Hamburg: Rowohlt 1993, S. 282-288, S. 287.

[79] Ebd., S. 283.

[80] Auch wenn dieses Pathos Apollinaire nicht vollständig fremd war, vgl. jedenfalls sein Manifest *L'Antitradition futuriste*, bei dem sich allerdings stellenweise der Verdacht einer Parodie aufdrängt (vgl. Apollinaire: *L'Antitradition futuriste*, in: *Œuvres en prose complètes*, Bd. 2, S. 937-939).

hin dem in der frühen Avantgarde zentralen Begriff der Simultaneität.[81] Das Simultane betrifft im vorliegenden Fall weniger den Eindruck der Gleichzeitigkeit unterschiedlicher Ereignisse, wie etwa im lyrischen Reihungsstil,[82] als den Zusammenfall von ideogrammatischen, lautlichen und semantischen Aspekten des Zeichens in der Rezeption. So wie in der Ersetzung des Wortes „plus" durch „+" die Zeitdauer des Lesens (scheinbar) auf einen Punkt zusammengeschrumpft ist, so erscheint das Gedicht als Ganzes zunächst als unvermittelt erfassbare grafische Struktur, und von hier aus kann der Effekt einer Gleichzeitigkeit der Sätze, Ausrufe und Geräusche innerhalb dieser Struktur entstehen. In dieser Weise wurde *Lettre-Océan* schon kurz nach der Erstveröffentlichung gelesen: als adäquate Ausdrucksform einer Zeit, in der „notre intelligence s'habitue à comprendre synthético-idéographiquement au lieu de analytico-discursivement."[83]

Ganz aufgehoben ist das Diskursive selbstverständlich nicht. Das Gedicht lebt vielmehr von der Spannung zwischen dem Nacheinander der Buchstaben und deren typografischer Zerstreuung. Der Disparität möglicher Lektürerichtungen in den Kreisen steht vor allem am Anfang die übliche Aufteilung der Seite entgegen. In ähnlicher Weise treffen in der Zeile „Bonjour anomo / anora tu ne connaitras jamais bien" die Buchstabenfolge und die gegenläufige Figur des Pfeils aufeinander.

Wenn so mit der Spannung von Text und Bild die räumliche Dimension der Buchseite und die unterschiedlichen zeitlichen Aspekte der Wahrnehmung hervortreten, findet dies sein thematisches Korrelat in der Auseinandersetzung mit den Erfahrungsformen von Raum und Zeit zu Beginn des 20. Jahrhunderts und vor allem mit deren medialer Erscheinung.[84] Mit der drahtlosen Telegrafie und dem titelgebenden Überseebrief spielen in ihrer Zeitdauer sehr unterschiedliche Kommunikationsmedien in das Gedicht hinein und bestimmen

---

[81] Vgl. auch Apollinaires Essay zum Thema: Apollinaire: *Simultanisme-Librettisme*, in: Guillaume Apollinnaire: *Œuvres en prose complètes*, Bd. 2, S. 974-979.

[82] Vgl. hierzu die Abgrenzung von Simultaneität und Simultanismus bei Johannes Ullmaier: *Yvan Golls Gedicht „Paris brennt". Zur Bedeutung von Collage, Montage und Simultanismus als Gestaltungsverfahren der Avantgarde. Mit einer Edition der Zagreber Erstfassung von 1921*. Tübingen: Niemeyer 1995, S. 184ff.

[83] Gabriel Arbouin: „Devant l'Idéogramme d'Apollinaire", in: *Les Soirées de Paris* 26 (1914), hier zitiert nach dem Kommentar in: Guillaume Apollinaire: *Œuvres poétiques*, S. 1074.

[84] Die von Jörg Dünne geleitete „Arbeitsgruppe Raum – Körper – Medium", die zu *Lettre-Océan* einen ausführlichen interaktiven Kommentar erstellt hat, schreibt dazu: „Die Auseinandersetzung mit Raum auf der materiellen Ebene der Text-Bild-Komposition wie auch auf der thematischen Ebene macht das Kalligramm zu einem Schlüsseldokument des frühen 20. Jahrhunderts, das die Veränderungen von Raum durch technische Medien seismographisch aufspürt. […] In diesem Spannungsfeld von räumlicher Entfernung und Übertragungsmedien konstituiert sich ein Text- und Bildspiel, dessen Lektüre eine fast unerschöpfliche Fundgrube darstellt." (http://www.raumtheorie.lmu.de/apollinaire/ (Zugriff vom 4.1.2017)).

auch die Figuration des Raums, den sie überbrücken und zugänglich machen. So treten das Nächste – die Geräusche eines Busses oder der „chaussures neuves du poète"[85] – und die Nachrichten aus der Ferne – dass es in Havanna keine Rue St.-Isidore mehr gibt – zusammen.

Viel mehr als nur das Modell der ‚Bauweise' des Gedichts ist der Eiffelturm in *Lettre-Océan* das räumliche und mediale Zentrum einer Welt, in der ‚Simultaneität' nicht mehr allein die Wahrnehmung der Reize in der Großstadt meint, sondern das Bewusstsein von der Gleichzeitigkeit nicht unmittelbar wahrnehmbarer Ereignisse. Indem auf den Eiffelturm ausgerechnet mit den Angaben seiner Lage und Höhe referiert wird, ist Paris als Zentrum verortet, von dem aus der Rest der Welt in den Blick kommt bzw. wohin alle Funksprüche führen und wovon sie ausgehen. Die äußerst komplexe Text-Bild-Konstellation von *Lettre-Océan* vollzieht dies in der gleichzeitigen Zerstreuung der einzelnen Teile des Gedichts und deren Sammlung in einer zentral ausgerichteten Form nach. Damit wird der Eiffelturm zum organisatorischen Zentrum des Texts und muss in der grafischen Form der Seite nicht ikonisch repräsentiert werden, da er die ästhetische Konstruktion von innen heraus bestimmt. Stierles Hinweis auf den Eiffelturm als „utopischer Vorgriff auf die Gewinnung einer neuen, menschheitlichen Kommunikation"[86] kommt in der Form von *Lettre-Océan* ganz zum Tragen, bewahrt aber gleichzeitig das Moment der Desintegration in der Pluralität der einzelnen Teile.

Die avantgardistische Utopie einer menschlichen Gemeinschaft und einer entsprechenden Dichtung findet ihre vielleicht letzte große Aktualisierung im Zeichen des Eiffelturms in Yvan Golls *Paris brennt*:

> Auf der ersten Plattform seines Turms
> Hat Monsieur Eiffel, Magier in Sportmütze
> Persönlich die Dichter Europas zum Abendmahl geladen[87]

Zum ersten Mal wurde das Gedicht 1921 als mit Postkarten illustrierte Einzelausgabe im Zagreber Verlag „Zenit" veröffentlicht, auf dem Titelblatt prominent mit einem Foto des Eiffelturms.[88] Hier folgen auf die Ankündigung der eucharistischen Dichtungsfeier bzw., wie es dann später heißt, des „Preisdich-

---

[85] Vgl. den zweiten Kreis von innen bzw. den äußeren bei der zweiten Konstellation („AUTO-BUS – rro – oo – to – fo – ro – ro – ting – ting – ro […]").

[86] Stierle: „Babel und Pfingsten", S. 73.

[87] Yvan Goll: *Paris brennt. Ein Poem nebst einem Postkartenalbum*. In: Yvan Goll: *Die Lyrik in vier Bänden*. Hg. v. Barbara Glauert-Hesse. Berlin: Argon 1996, S. 185-200, S. 197, v. 348-350 (im Folgenden Zitate mit entsprechender Versnummer im laufenden Text).

[88] Vgl. den Parallelabdruck der verschiedenen Fassungen in Ullmaier: *Yvan Golls Gedicht*, S. 14ff.; die spätere Fassung erschien 1924 in *Der Eiffelturm*, einer Sammlung von Golls Gedichten.

ten[s]" (v. 391), tatsächlich drei Auszüge aus Werken internationaler Dichter in den entsprechenden Sprachen, von dem Franko-Schweizer Blaise Cendrars, dem jüdisch-russischen Dichter Valentin Parnach und dem in Frankreich lebenden Chilenen Vicente Huidobro. Offensichtlich steht dabei das Bemühen im Vordergrund, den Eindruck des Fremden nicht zu verwischen. Von Huidobro übernimmt Goll nicht dessen thematisch nahe liegendes Gedicht *La Tour Eiffel*, das ebenso wie Cendrars' *Tour* auf Französisch verfasst ist, sondern eine einschlägige Stelle aus dem spanischen *Ecuatorial*;[89] beim Zitat aus Parnachs *Zifeleva Vashnya* ist der Eindruck schon optisch durch die kyrillischen Buchstaben gewahrt. Der Zusammenklang der Sprachen in ihrer Verschiedenheit soll die proklamierte Internationalität auch in die Dichtung selbst hineintragen[90] und entspricht darin zugleich der Montage-Ästhetik des gesamten Gedichts.

Paris brennt präsentiert sich sehr selbstbewusst als Summe bisheriger Avantgarde-Dichtung. Der Eiffelturm erscheint dabei als Emblem für Paris, als der Ort, an dem sich die modernistische Kunst der gesamten Welt konzentriert und vereint. Dies betrifft auch die Beziehung zu ästhetischen Vorläufern, neben den offenen Zitaten in der ersten publizierten Fassung insbesondere Apollinaires *Zone*. Ähnlich wie dieses ist *Paris brennt* zyklisch strukturiert durch den Ablauf eines Tages,[91] wobei am Ende allerdings der Sonnenaufgang „[f]ür morgen [...] abgesagt" (v. 434) ist. Apollinaires „soleil cou coupé" kehrt bei Goll aber in einem ganz ähnlichen Bild wieder, wenn zu Beginn von der Hinrichtung eines Mörders berichtet wird:

> Schon rollt
> Der Kugelkopf in goldne Sägespäne
> Rollt
> Nein steigt
> Hinter der Menschheit tückisch empor
> Rund
> Rot
> SONNE! (v. 53-60)

Die permanente rhetorische und typografisch unterstützte Steigerung und die kaskadenartige Folge der Bilder[92] sind typisch für die Atmosphäre des Ge-

---

[89] Vgl. Ebd., S. 161.

[90] Vgl. auch v. 401: „Berlitz-School: Akademie der Fünften Internationalen."

[91] Auf die Nähe zu *Zone* ist in der Sekundärliteratur wiederholt hingewiesen worden, vgl. u.a. Ullmaier: *Yvan Golls Gedicht*, S. 154f.; Matthias Müller-Lentrodt: *Poetik für eine brennende Welt. Zonen der Poetik Yvan Golls im Kontext der europäischen Avantgarde.* Bern u.a.: Lang 1997, S. 129f., der sich v.a. auf die religiösen Bezüge konzentriert.

[92] Im Folgenden heißt es „Die Sonne ist aber kein Totenkopf / Sie ist die Blüte des Löwenzahns / Haarschopf der Tippmamsell / Erstes Fenster in Montmartre / Diamant in meiner Krawatte!" (v. 62-66), später ist die Sonne u. a. ein Radfahrer im „gelben Sweater" (v. 119) oder eine Uhr

dichts, das Paris als ständig brodelnde – im übertragenen Sinn eben „brennende" – Metropole inszeniert, die in die gesamte Welt und sogar den Kosmos
ausstrahlt. Das Urteil Matthias Müller-Lentrodts, von seinem „pessimistischen
Schluss" her gelesen werde *Paris brennt* als ein „einzige[r] ‚Countdown‘ der
Stadt Paris" begreifbar, „die sich, unterbrochen von einigen bilderreichen,
poetischen Ritardando, auf ihre eigene Apokalypse zubewegt",[93] scheint mir
daher zu weit zu gehen. Das Apokalyptische ist in der Avantgarde jedenfalls
nicht einfach negativ besetzt, sondern auch Bedingung für den permanenten
Neuanfang.[94] Auch wenn die letzten Zeilen[95] zweifellos einen Kontrast zur
Aufgeregtheit des Vorhergehenden darstellen, bleibt es fraglich, ob das Gedicht sich in einer rein linearen Lektüre erschöpft oder nicht jene „bilderreichen […] Ritardando" ebenso entscheidend sein können. Einer geschlossenen
Deutung, die vom Ende her das Werk mit einer leitenden Sinnperspektive
überwölben könnte, steht bereits die offene Montage-Ästhetik von *Paris
brennt* entgegen.[96] Die Ästhetik des Schnitts, der harten Zusammenstellung
des Heterogenen, prägt allgemein die Bilder des Textes. Diese rufen nicht
nur thematisch fast alle zeitgenössischen Topoi der Modernität auf, sondern
machen das rasante Tempo der modernen Großstadt mit ihrer assoziativen
Abfolge zum Prinzip der ästhetischen Form selbst. Der bereits bei Apollinaire
herausgearbeitete transitorische Charakter der Stadt Paris greift auch bei Goll
weit über den eigentlichen Stadtraum hinaus, und wie dort folgt hier die Poetik der medialen Erschließung des Raums:

> Moskau drahtet nach Gomorrha
>
> REVOLUTION!
>
> Arbeiter im blauen Tramway-Tank erobern den Louvre
> Auf allen Caféterrassen blühn die Mai-Kokarden
> „Singers Nähmitrailleusen"
> Die Eisenbahner streiken
> Express-Züge ruhen in Tannenwäldern aus
> Vier Tage lang
> Aber es summen Radiogramme
> Bienen um den Eiffelturm

(v. 144).

[93] Müller-Lentrodt: *Poetik für eine brennende Welt*, S. 137.

[94] So ist die Zeile „Der Louvre-Friedhof stürzt ein" (v. 324) weniger Zeichen für einen „unauf-
haltsamen Degenerationsprozeß" der Zivilisation (Müller-Lentrodt: *Poetik für eine brennende
Welt*, S. 136) als Standardmotiv des avantgardistischen Anti-Traditionalismus seit dem ersten
futuristischen Manifest (vgl. Marinetti: „Manifest des Futurismus", in: Schmidt-Bergmann:
Futurismus, S. 76-80, S. 79).

[95] Vgl. v. 435-440: „Letzte / Rote Laterne / An der Trambahnstelle / Mein Herz / Lischt aus - //
Wieviel Uhr ist es?"

[96] Vgl. zur Montage: Ullmaier: *Yvan Golls Gedicht*, S. 165ff.

Fern funkt die Station Mont-Blanc
Diamantne Signale
„Kauft, Brüder, das Extrablatt!" (v. 264-276)

Selbst wo die Eisenbahnen, wie bei den Waffenstillstandsverhandlungen 1918
in Compiègne, in dunklen Wäldern still stehen, bleibt die drahtlose Telegrafie
geschäftig – auch hier wieder in einem idyllischen Bild mit dem Eiffelturm
verbunden. Paris und die übrige Welt gehen in ständigem Wechsel ineinander
über, so dass die Stadt im Text als Zentrum ständig fließender Nachrichten-
und Energieströme erscheint.

Ob daraus nun eine euphorische Beschwörung moderner Simultaneität
oder – eingedenk des Schlusses – die Desorientierung und Erschöpfung des
Subjekts spricht, lässt sich wahrscheinlich gar nicht abschließend beantwor-
ten, und nicht zuletzt darin dürfte die Modernität des Textes liegen. Auch das
„Preisdichten" auf dem Eiffelturm endet zweideutig:

Monsieur Eiffel schenkte jedem drei Aktien seiner Gesellschaft
Mäzen Prometheus
Paris brannte weiter (v. 392-394)

Der vom Erbauer des Eiffelturms verkörperte technische und wirtschaftliche
Fortschritt degradiert in seinem Mäzenatentum die künstlerische Avantgarde, die doch für sich in Anspruch nahm, ihrer Zeit voraus zu sein, zum bloß
schmückenden Beiwerk. Dass der Text hier ins Präteritum wechselt, kann als
Hinweis auf den nur noch retrospektiven Charakter seiner modernistischen
Vision gelesen werden. In *Paris brennt* zeichnet sich ab, dass Paris und der
Eiffelturm bereits zum Stereotyp des Modernen werden, wie auch das Gedicht
selbst den avantgardistischen Anspruch radikaler Neuheit nicht mehr wirklich
einlösen kann: „Indeed, by 1921, the spatial and formal dislocation of *Paris
brûle* was no longer new."[97] An der ästhetischen Qualität des Textes ändert
dies nichts, aber es zeugt von den „Aporien der Avantgarde",[98] denen die literarische Evokation des Eiffelturms am allerwenigsten entgehen kann.

Um 1920 fehlte auch dem Eiffelturm selbstverständlich die Neuheit und
damit das provokative Potential aus der Zeit seiner Errichtung. Golls Gedicht
zeigt noch, wie sehr er im Rahmen einer emphatischen Konzeption des Modernen steht, in den ihn zumindest in literarischer Hinsicht als erster Apolli-

---

[97] Eric Robertson: „,Notre œil quadruple.' Visuality and circularity in Yvan Goll's poetry", in:
Ders. / Robert Vilain (Hrsg.): *Yvan Goll - Claire Goll. Texts and contexts.* Amsterdam u.a.:
Rodopi 1997, S. 127-149, S. 133.
[98] Hans Magnus Enzensberger: *Die Aporien der Avantgarde*, in: Hans Magnus Enzensberger.:
Einzelheiten. Frankfurt am Main: Suhrkamp 1962, S. 290-315.

naire setzte, und den er heute selbst als nostalgische Reminiszenz kaum noch hervorrufen kann. Es ging hier aber nicht bloß darum, zu zeigen, wie sich die Wahrnehmung des Eiffelturms im Laufe der Jahre in der Dichtung verändert. Diese an sich belanglose Veränderung (irgendwann gewöhnen sich selbst die Dichter an ein Bauwerk) läuft parallel zur sich wandelnden Auffassung des Kunstwerks im Übergang von der Ästhetik des Fin de Siècle zur Avantgarde. Was am Ende des 19. Jahrhunderts mit der Metapher der Décadence noch in einer zeittypischen Gleichung als künstlerischer wie sozialer Zerfall gedeutet wurde,[99] der höchstens einen morbiden ästhetischen Reiz entfalten kann, wird in der Avantgarde mit einem weltumspannenden Pathos aufgeladen. Mögen die einzelnen Teile ein Eigenleben entfalten, das den Begriff des Werks aufsprengt – sie öffnen ihrem Anspruch nach die Kunst für die gesamte Wirklichkeit. Während im Diskurs der Décadence der Zerfall im Übergewicht des Einzelnen über den Zusammenhang des Ganzen gesehen wurde, tritt hier der funktionale, nicht klassisch-organische Zusammenhang der Teile des Werks in den Vordergrund. Ob man dies als Adäquation der Literatur an den materiellen Produktionsprozess lesen will oder als Zeichen eines gewandelten Kunstbegriffs im Zeichen funktioneller Schönheit (oder ob beides nicht zusammenhängt), ist dabei vielleicht nicht der zentrale Punkt. Das Verhältnis von Teilen und Ganzem jedenfalls wurde nicht nur kunstpolitisch gedeutet, sondern reflektierte in der Kunst auch Prozesse der räumlichen oder sozialen Dispersion. Coppées Ängste, der Eiffelturm werde zum Zeichen eines Niedergangs, zu dem dekadenter Luxus und soziale Revolution gleichermaßen beitragen, sind zweifellos paranoid; die ideologischen Anknüpfungspunkte seiner Schreckensvision finden sich anders gewendet aber in den politisch oder künstlerisch progressiveren Tendenzen der Jahrhundertwende. Dass politische und ästhetische Offenheit dabei keinesfalls zwingend zusammen fallen müssen, zeigt nicht zuletzt das Beispiel von Apollinaires Kriegslyrik und seiner chauvinistischen Schriften speziell während des Kriegs.[100] Doch wird bei ihm, wie auch im programmatischen Internationalismus Golls, Paris, und mit ihm der Eiffelturm, zum Zentrum der Welt als Raum der Zerstreuung, des Übergangs – sowohl räumlich wie ästhetisch und zeitlich, des Übergangs von der „Belle Époque" zum 20. Jahrhundert.

---

[99] Vgl. Kafitz: *Décadence in Deutschland*, S. 51.
[100] Bedenkt man freilich Apollinaires Biografie, der lange Zeit auch in Frankreich die Probleme eines Staatenlosen hatte, wird die Begeisterung für das Land, das ihn letztlich doch aufnahm (und dessen Staatsbürgerbegriff schon damals permissiver war als der heutige deutsche), durchaus etwas verständlicher.

Literatur

Apollinaire, Guillaume: *Zone*, in: Apollinaire, Guillaume: *Œuvres poétiques*. Hrsg. v. Marcel Adéma u. Michel Décaudin. Paris: Gallimard (Pléiade) 1956, S. 39-44.

Apollinaire, Guillaume: *Lettre-Océan*, in: Apollinaire, Guillaume: *Œuvres poétiques*. Hrsg. v. Marcel Adéma u. Michel Décaudin. Paris: Gallimard (Pléiade) 1956, S. 183-185.

Apollinaire, Guillaume: *Méditations esthétiques – Les peintres cubistes*, in: Apollinaire, Guillaume: *Œuvres en prose complètes*. Hrsg. v. Pierre Caizergues u. Michel Décaudin. Paris: Gallimard (Pléiade) 1977-1993, Bd. 2, S. 5-53.

Apollinaire, Guillaume: *Exotisme et ethnographie*, in: Apollinaire, Guillaume: *Œuvres en prose complètes*. Hrsg. v. Pierre Caizergues u. Michel Décaudin. Paris: Gallimard (Pléiade) 1977-1993, Bd. 2, S. 473-476.

Apollinaire, Guillaume: *L'Antitradition futuriste*, in: Apollinaire, Guillaume: *Œuvres en prose complètes*. Hrsg. v. Pierre Caizergues u. Michel Décaudin. Paris: Gallimard (Pléiade) 1977-1993, Bd. 2, S. 937-939.

Apollinaire, Guillaume: *Simultanisme-Librettisme*. in: Apollinaire, Guillaume: *Œuvres en prose complètes*. Hrsg. v. Pierre Caizergues u. Michel Décaudin. Paris: Gallimard (Pléiade) 1977-1993, Bd. 2, S. 974-979.

Apollinaire, Guillaume: *Le Flaneur des deux rives*, in: Apollinaire, Guillaume: *Œuvres en prose complètes*. Hrsg. v. Pierre Caizergues u. Michel Décaudin. Paris: Gallimard (Pléiade) 1977-1993, Bd. 3, S. 3-50.

Arbeitsgruppe Raum – Körper – Medium: [interaktiver Kommentar zu Apollinaires *Lettre Océan*]: http://www.raumtheorie.lmu.de/apollinaire/ (Zugriff 4.1.2017).

Asholt, Wolfgang: „Literatur in Frankreich zwischen *L'art pour l'art* und *Belle Epoque*", in: Wolfgang Asholt / Walter Fähnders (Hrsg.): *Arbeit und Müßiggang 1789 bis 1914. Dokumente und Analysen*. Frankfurt am Main: Fischer 1991, S. 279-290.

Bancquart, Marie-Claire: *Paris „Belle Epoque" par ses écrivains*. Paris: Adam Biro 1997.

Bancquart, Marie-Claire: *Paris „fin-de-siècle". De Jules Vallès à Rémy de Gourmont*. Paris: Editions de la Différence ²2002.

Barthes, Roland: *Der Eiffelturm.* Mit Fotografien v. André Martin. Übers. v. Helmut Scheffel. München: Rogner & Bernhard 1970.

Bauer, Roger.: *Die schöne Décadence. Geschichte eines literarischen Paradoxons.* Frankfurt am Main: Klostermann 2001.

Benjamin, Walter: *Gesammelte Schriften.* Hrsg. v. Rolf Tiedemann und Herrmann Schweppenhäuser. Frankfurt am Main: Suhrkamp 1991.

Benjamin, Walter: *Kleine Geschichte der Photographie,* in: *Gesammelte Schriften,* Bd. II.1, S. 368-385.

Benjamin, Walter: *Pariser Brief (2). Malerei und Photographie,* in: *Gesammelte Schriften,* Bd. III, S. 495-507.

Benjamin, Walter: *Das Passagen-Werk. Gesammelte Schriften,* Bd. V.

Benjamin, Walter: *Das Kunstwerk im Zeitalter seiner technischen Reproduzierbarkeit* (zweite Fassung), in: *Gesammelte Schriften,* Bd. VII.1, S. 350-384.

Benjamin, Walter: *Der Saturnring oder Etwas vom Eisenbau,* in: *Gesammelte Schriften,* Bd. V.2, S. 1060-1063.

Blachère. Jean-Claude: *Le modèle nègre. Aspects littéraires du mythe primitiviste au XXe siècle chez Apollinaire, Cendrars, Tzara.* Dakar u. a.: Nouvelles Editions Africaines 1981.

Bürger, Peter: *Theorie der Avantgarde.* Frankfurt am Main: Suhrkamp 1995.

Bohn, Willard: *The Aesthetics of visual poetry 1914-1928.* Cambridge u.a.: Cambridge Univ. Press 1986.

Carmona, Michel: *Eiffel.* Paris: Fayard 2003.

Coppée, François: *Sur la Tour Eiffel (Deuxième Plateau),* in: Coppée, François: *Œuvres complètes. Poésie.* Paris: Houssiane 1909, Bd. 4, S. 82-89.

Coppée, François: *À Joris-Karl Huysmans,* in: Coppée, François: *Œuvres complètes. Poésie.* Paris: Houssiane 1909, Bd. 4, S. 364 f.

Décaudin, Michel: *Le dossier d',,Alcools".* Genève: Droz 1996.

Einstein, Carl: *Negerplastik,* in: Einstein, Carl: *Werke.* Berliner Ausgabe. Hrsg. v. Hermann Haarmann und Klaus Siebenhaar. Berlin: Fannei & Walz 1994, Bd. 1, S. 234-252.

Enzensberger, Hans Magnus: *Die Aporien der Avantgarde*, in: Enzensberger, Hans Magnus: *Einzelheiten*. Frankfurt am Main: Suhrkamp 1962, S. 290-315.

Gerstner, Jan: *„die absolute Negerei ". Kolonialdiskurse und Rassismus in der Avantgarde*. Marburg: Tectum 2007.

Goll, Yvan: *Paris brennt. Ein Poem nebst einem Postkartenalbum*, in: Goll, Yvan: *Die Lyrik in vier Bänden*. Hrsg. v. Barbara Glauert-Hesse. Berlin: Argon 1996, S. 185-200.

Grimm, Jürgen: *Guillaume Apollinaire*. München: Beck 1993.

Grojnowski, Daniel: *„À rebours " de J.-K. Huysmans*. Paris: Gallimard (Folio) 1996.

Henke, Florian Alexander: *Topografien des Bewusstseins. Großstadtwahrnehmung, Erinnerung und Imagination in der französischen Literatur seit Baudelaire*. Dissertation Freiburg 2005.

Hillach, Ansgar: „Dialektisches Bild", in: Michael Opitz / Erdmut Wizisla (Hrsg.): *Benjamins Begriffe*. Frankfurt am Main: Suhrkamp 2000, Bd. 1, S. 186-229.

Huysmans, Joris-Karl: *Là-bas*. Paris: Plon 1891.

Huysmans, Joris-Karl: *À rebours*. Paris: Fasquelle 1974.

Huysmans, Joris-Karl: *Le Fer*, in: Huysmans, Joris-Karl: *L'art moderne. Certains*. Paris: Union Générale d'Editions 1975, S. 401-410.

Insausti, Gabriel: „The Making of the Eiffel Tower as a Modern Icon", in: Rui Carvalho Homem / Maria Fátima de Lambert (Hrsg.): *Writing and seeing. Essays on word and image*. Amsterdam u.a.: Rodopi 2006, S.131-143.

Jauß, Hans Robert: „Spur und Aura: Bemerkungen zu Walter Benjamins ‚Passagen-Werk'", in: Hans Robert Jauß.: *Studien zum Epochenwandel der ästhetischen Moderne*. Frankfurt am Main: Suhrkamp 1989 S. 189-215.

Jauß, Hans Robert: „Die Epochenschwelle von 1912: Guillaume Apollinaires *Zone* und *Lundi Rue Christine*", in: Jauß, Hans Robert: *Studien zum Epochenwandel der ästhetischen Moderne*. Frankfurt am Main: Suhrkamp 1989, S. 216-256.

Kafitz, Dieter: *Décadence in Deutschland. Studien zu einem versunkenen Diskurs der 90er Jahre des 19. Jahrhunderts*. Heidelberg: Winter 2004.

Kelley, David: „Defeat and Rebirth: The City Poetry of Apollinaire", in: Edward Timms / David Kelley (Hrsg.): *Unreal City. Urban experience in modern European literature and art.* Manchester: Manchester Univ. Press 1985, S. 80-96.

Koopmann, Helmut: „Roman", in: Sabine Haupt / Stefan Bodo Würffel (Hrsg.): *Handbuch Fin de Siècle.* Stuttgart: Kröner 2008, S. 343-368.

Kowitz, Vera: *La Tour Eiffel. Ein Bauwerk als Symbol und als Motiv in Literatur und Kunst.* Essen: Blaue Eule 1989.

Loyrette, Henri: „Der Eiffelturm", in: Pierre Nora (Hrsg.): *Erinnerungsorte Frankreichs.* München: Beck 2005, S. 113-133.

Malraux, André: *La tête d'obsidienne.* Paris: Gallimard 1974.

Marinetti, Filippo Tommaso: „Manifest des Futurismus", in: Hansgeorg Schmidt-Bergmann: *Futurismus. Geschichte, Ästhetik, Dokumente.* Reinbek bei Hamburg: Rowohlt 1993, S. 76-80.

Marinetti, Filippo Tommaso: „Technisches Manifest der futuristischen Literatur", in: Hansgeorg Schmidt-Bergmann: *Futurismus. Geschichte, Ästhetik, Dokumente.* Reinbek bei Hamburg: Rowohlt 1993, S. 282-288.

Möbius, Hanno: *Montage und Collage. Literatur, bildende Künste, Film, Fotografie, Musik, Theater bis 1933.* München: Fink 2000.

Mathieu, Caroline: *Gustave Eiffel, le magicien du fer.* Ausstellungskatalog. Paris: Skira-Flammarion 2009.

Mitroi, Anca: Apollinaire's *Zone*, Catholicism, and the Paradox of French Modernity. In: *Religion and the Arts* 13 (2009), S. 205-217.

Müller-Lentrodt, Matthias: *Poetik für eine brennende Welt. Zonen der Poetik Yvan Golls im Kontext der europäischen Avantgarde.* Bern u.a.: Lang 1997.

Robertson, Eric: „‚Notre œil quadruple.' Visuality and circularity in Yvan Goll's poetry", in: Robertson, Eric / Vilain, Robert (Hrsg.): *Yvan Goll - Claire Goll. Texts and contexts.* Amsterdam u.a.: Rodopi 1997, S. 127-149.

Roudaut, Jean: „En marge de *Zone*", in: *Magazine Littéraire* 348 (1996), S. 40-43.

Rubin, William (Hrsg.): *Primitivismus in der Kunst des zwanzigsten Jahrhunderts.* München: Prestel 1984.

Samaltanos, Katia: *Apollinaire. Catalyst for Primitivism, Picabia, and Duchamp.* Ann Arbor: UMI Research Press 1984.

Schöttker, Detlev: *Konstruktiver Fragmentarismus. Form und Rezeption der Schriften Walter Benjamins.* Frankfurt a. M.: Suhrkamp 1999.

Seitz, Fréderic: *La Tour Eiffel. Cent ans de sollicitude.* Paris: Belin-Herscher 2001.

Stierle, Karlheinz: „Babel und Pfingsten. Zur immanenten Poetik von Apollinaires *Alcools*", in: Rainer Warning / Winfried Wehle (Hrsg.): *Lyrik und Malerei der Avantgarde.* München: Fink 1982, S. 61-112.

Stierle. Karlheinz: *Der Mythos von Paris. Zeichen und Bewußtsein der Stadt.* München / Wien: Hanser 1993.

Szondi, Peter: „*Zone.* Marginalien zu einem Gedicht Apollinaires", in: Szondi, Peter: *Schriften.* Hg. v. Jean Bollack u.a. Frankfurt am Main: Suhrkamp 1978, Bd. II, S. 414-422.

Ullmaier, Johannes: *Yvan Golls Gedicht „Paris brennt". Zur Bedeutung von Collage, Montage und Simultanismus als Gestaltungsverfahren der Avantgarde. Mit einer Edition der Zagreber Erstfassung von 1921.* Tübingen: Niemeyer 1995.

Weich, Horst: *Paris en vers. Aspekte der Beschreibung und semantischen Fixierung von Paris in der französischen Lyrik der Moderne.* Stuttgart: Steiner 1998.

Woltermann, Wilhelm: *Guillaume Apollinaire und die Stadt.* Frankfurt am Main u.a.: Lang 1997.

Wyss, Beat: *Bilder von der Globalisierung. Die Weltausstellung von Paris 1889.* Frankfurt am Main: Insel 2010.

Todd Heidt

Two Tales of a City: Photographing Weimar Berlin

Introduction

Weimar Berlin, though short-lived at just fourteen years, is often cited as a veritable crucible of classical, urban modernity. Modernism and the artistic practices and movements which developed during that period are bound by "decisive links between the practices and ideas of the avant-garde movements of the twentieth century and the specific conditions and relationships of the twentieth-century metropolis".[1] Given Berlin's historical development, it is easy to see why these developments are so concentrated, and why Berlin has become so closely associated with modern art forms. Berlin quadrupled in size between 1871 and the 1920s. Along with the concomitant social, economic, cultural and technological shifts such massive urbanization engenders, the temporal compression of these developments in the German context generally, and in Berlin's context specifically, make Berlin a unique case. The much older European capitals of London and Paris, for instance, "only" doubled in population during this time period.[2] The sense, however, that Berlin was a unique case in its rapid modernization was already widespread during the Weimar Republic, and this notion has persisted in the historical imaginary of scholars and others to the present day. Karl Scheffler declared in 1910 that Berlin is "dazu verdammt: immerfort zu werden und niemals zu sein".[3]

By this logic, Berlin was a city progressing so rapidly into the future that the present has become challenging to perceive. In a similar fashion, Franz Hessel's "Heimatkunde" project, *Spazieren in Berlin*, declares the city difficult to discover, especially for a native. Therefore, Hessel decides, "Ich will mit der Zukunft anfangen" for the present of Berlin, – a city, "die immer unterwegs, immer im Begriff, anders zu werden, ist"[4] – is simply too difficult to describe. A sense of Berlin's constant and dramatic changes persists even today, creating a situation in which "the relationship between the city and its inhabitants has not evolved gradually, but has had to be repeatedly renegotiat-

---

[1] Williams, Raymond / Pinkney, Tony: *The Politics of Modernism. Against the New Conformists*. New York: Verso 1996, 37.
[2] Whyte, Iain Boyd / Frisbee, David: *Berlin Metropolis. 1880-1940*. Berkeley: University of California Press 2012, 1.
[3] Scheffler, Karl: *Berlin. Ein Stadtschicksal*. Berlin: Erich Reiss Verlag 1910, 267.
[4] Hessel, Franz: *Spazieren in Berlin*. Hg. von Moritz Reininghaus. Berlin: Verlag für Berlin Brandenburg 2011, 23.

ed with each generation".[5] Such writings and perspectives shed light not only on the perception of Berlin's rapid modernization, development and a certain resistance to representation, but also on the palpable desire of Weimar cultural critics to tarry precisely with this city, this culture of urban modernity, which they experienced, yet found difficult to articulate. The challenge of representing a city in flux simultaneously developed into an intense fascination with attempts at representing the city.

Indeed, such conflicted narratives and visions of the Weimar Republic were present at the very beginning. As one historian states, "the Republic came into the world almost by accident, and covered with apologies".[6] In the hectic period following World War I, the country seemed to be coming apart at so many seams, it was difficult to tell what would become of Germany. By November 9, 1918, the situation in Berlin had become desperate. With the country spinning out of control, Kaiser Wilhelm II was forced to abdicate and went into exile. It was decided that Friedrich Ebert, head of the SPD, would serve as Reich chancellor as the new government formed. With crowds gathering on the streets of Berlin, some feared this proclamation would not be enough to consolidate power and quell the rising tides of violent revolution. In an effort to force more meaningful consolidation of power (or at least the appearance thereof), Philip Scheidemann proclaimed a republic from the balcony of the Reichstag. Soon thereafter, Karl Liebknecht declared "Ich proklamiere die freie sozialistische Republik Deutschland," a republic modeled after the Soviet Union ironically announced on the balcony of the Stadtschloß only recently vacated by the Hohenzollerns.[7] In the absence of reassuring answers, factions on all ends of the political spectrum and at all levels of society were proposing their own vision as firm reality. With each faction jockeying for position in a power void, the Weimar Republic saw a time with "no societal consensus on how to move forward" in which "every minor difference becomes a cause of existential political battles".[8] No one was sure how the (hi)story of Germany would continue.

The now-legendary "doppelte Proklamation"[9] of the Weimar Republic stands as a cipher for the paradoxical challenges which await those interest-

---

[5]   Haxthausen, Charles / Suhr, Heidrun; "Introduction", in: *Berlin. Culture and Metropolis.* Minneapolis and Oxford: University of Minnesota Press 1990, xiv.
[6]   Gay, Peter: *Weimar Culture. The Outsider as Insider.* New York: Harper & Row 1968, 11.
[7]   Quoted in: Möller, Horst: *Die Weimarer Republik: Eine unvollendete Demokratie.* München: Deutscher Taschenbuch Verlag 2004, 26.
[8]   Weitz, Eric: *Weimar Germany: Promise and Tragedy.* Princeton: Princeton University Press 2007, 2.
[9]   Peukert, Detlev: *Die Weimarer Republik: Krisenjahre der klassischen Moderne.* Frankfurt am Main: Suhrkamp 1987, 27.

ed in this period. Neither Scheidemann nor Liebknecht were in any respect authorized or empowered to make such a proclamation. Each man stood at an opposing end of the political spectrum, perceiving the then-current situation in post-war Germany as radically different realities through opposing socio-political lenses. Their proclamations envision radically different fantasies of the German future as well. For each man, the realities of this period were shaped by their fantasies for its potential. To view this phenomenal moment in history as an expression of a cultural *zeitgeist* reveals more than simply a pair of discordant visions. Rather, this approach presents the scholar with the same narrative told twice over, shifted in voice and locus of enunciation (both metaphorically and geographically in this case), revised and rearticulated. This attempt at a founding myth became the now well-known narrative bifurcation of the Weimar Republic, exhibiting the fundamental fractures in the culture of this period.

Contributing to the ongoing examination of the Weimar Republic, I will analyze photographic attempts to capture Berlin in the late 1920s. Photography proves especially interesting as a medium since it is deceptively similar to our own experience and thus we often overlook its medial and generic conventions. Two photobooks will be analyzed, Laszlo Willinger's *100 x Berlin* (1929)[10] and Mario von Bucovich's *Berlin* (1928).[11] Each ostensibly seeks to present Berlin objectively in photographs meant to catalogue the city. Each presents a different Berlin, and couches Berlin in a very different historical arc, reshuffling the categories of historical continuity and modern progress, each offering fundamentally different readings of the city with the same ostensibly objective means of mechanical reproduction, the photograph. I argue that what is unique regarding Bucovich's collection is not its content, but rather the historiography of Weimar modernity cultivated over the past 90 years of scholarship, an historiography into which this collection of photographs does not easily fit. Bucovich's collection, and the face of Berlin it shows, is markedly unmodern, or even anti-modern, in style and approach, due in no small part to its highly comprehensive and spatially organized nature. Bucovich's collection pits our expectations against evidence, problematizing our notions of "modernity" and "modern art."

1928-29 saw the publication of several photobooks which attempted to capture the spirit of Berlin and Berlin's new architecture in photographic im-

---

[10] Willinger, Lazlo: *100 x Berlin*. Berlin: Gebrüder Mann Verlag 1997. [1929]. Print. Henceforce cited as Willinger

[11] Bucovich, Mario von: *Berlin*. Gesicht der Städte. Albertus-Verlag: Berlin 1928. Print. Henceforce cited as Bucovich

ages.[12] Both the photobooks under discussion where photographed by outsiders to Berlin. Willinger was a Hungarian-born photographer who would eventually flee Germany after 1933 and lead a successful career photographing Hollywood starlets. Von Bucovich was an Austrian-born photographer. He left Germany already in 1931, traveling to Spain, France, England, the United States and eventually settling in Mexico.[13] Both were outsiders, attracted to Berlin (like so many of their generation) because of its reputation, and driven out soon after. During their stays in the city, however, each was called upon to create a photobook documenting the city which so fascinated Germany at the time.

Contrary to the prevailing characterizations of Berlin during the Weimar Republic, what von Bucovich captures in his viewfinder is the site of a mundane modernity, marked by the conservative styles of Wilhelmine architecture and a (supposedly) outdated photographic praxis. In rediscovering this collection, I hope to enrich our perspective on Weimar modernity by suggesting a multiplicity of the modern experience. I do so in the larger context of a re-evaluation of Weimar culture. Ranging from Eric Weitz's recent history of Weimar Germany, to attempts such as Christian Rogowski's edited volume *The Many Faces of Weimar Cinema* to numerous other examples, I hope to include yet another dimension to our increasingly nuanced understanding of this time period. It is intended to serve as a palliative to the monolithically radical models of previous scholars, in which the culture of Weimar Berlin is consistently described in hyperbolic terms such as "dancing on the edge of the volcano", "outsiders as insiders" a "voluptuous disaster," "glitter and doom" or even just a period of a general "crisis of classical modernity." While characterizations of the Weimar Republic often include heterogenous summaries, ranging from Kirchner's Expressionistic canvases, to *Das Cabinet des Dr. Caligari* to Bertolt Brecht's *Die Dreigroschenoper*, these descriptions take as their examples consistently daring and avant-garde movements and cultural products. With this essay, I hope to include the mundane and aesthetically pedestrian to this radical constellation of movements, artists, images in order to re-situate Weimar visual culture in a broader range of cultural products and styles.

---

[12] In addition to the two under discussion, Sasha Stone published *Berlin in Bildern* in 1929. Additionally, the Albertus Verlag published a collection entitled *Berliner Architektur der Nachkriegszeit* in 1928.

[13] Already in 1931 Bucovich seems to have relocated to Paris. He even had custom letterhead produced for his Paris address, suggesting he at least planned to stay in Paris and not return to Berlin. In the letter, he formally withdraws his application for German citizenship, further indicating his lack of interest in returning. See Bucovich, Letter to Bezirksamt Tiergarten.

What makes this small body of photobooks interesting is the increasingly visual nature of modernity's media landscape. In this regard one hears most often of the rapid expansion of the film industry in the Weimar Republic, yet for every cinema ticket sold twenty periodicals were purchased, and many of these periodicals were the illustrated magazine which boomed in popularity at this time.[14] Fueled by new technologies for the reproduction and mass dissemination of images, photography came to prominence as a discursive medium at this time and "began, in large part through photoessays, to colonize areas of public discourse that theretofore had been almost exclusively the domain of written language".[15] Photographs became a means by which "photographers could narrate stories, engage in polemics, and have their say in key controversies".[16] Each of these two photographic collections on Berlin participate in just such discourses, representing aspects of Berlin which narrate and polemicize the urban experience and Berlin's past and present, proposing alternative readings of the trajectory of Berlin's urban history.

To further explore these collections, one must first engage with a number of preliminary questions. I'll first turn my attention to the interpretation of photographs as cultural artifacts capable of taking particular positions vis-à-vis their subjects, despite their ostensible realism and verisimilitude. With these considerations in mind, I'll then turn to an analysis of the collections of photographs, demonstrating the different Berlins which they capture, and especially the unique Berlin which Bucovich's collection captures.

Reading Photographs

Interpreting photographs requires special care. Surrounded by images in our daily lives – especially in our current, digitized world of information – we are bombarded constantly with images in a variety of media. Photographs mark the first time in human history at which such precise images of the real world could be mechanically reproduced. Such considerations were not lost on those living during the Weimar Republic: "Mit der Photographie war die Hand im Prozeß bildlicher Reproduktion zum ersten Mal von den wichtigsten künstlerischen Obliegenheiten entlastet, welche nunmehr dem ins Objektiv blickenden Auge allein zufielen".[17] For Benjamin, photography has empow-

---

[14] Cf. Magilow, Daniel: *The Photography of Crisis: The Photo Essay of Weimar Germany*. University Park: Pennsylvania State University Press 2012, 6.
[15] Ibid. 17.
[16] Ibid.
[17] Benjamin, Walter: "Das Kunstwerk im Zeitalter seiner technischen Reproduzierbarkeit", in: Walter Benjamin: *Illuminationen*. Frankfurt am Main: Suhrkamp 1977, 136-169, 138.

ered the eye alone to compose the image, free of the need for the translation of the image to the hand for reproduction as in painting, etchings, drawings or sculpture.[18] Their resemblance to the real world is striking, even as their manipulation, stylization and even polemicization can prove elusive. The basic premise seems to be: How can the eye manipulate; it merely perceives. As the camera functions as a mechanical eye, it too simply perceives.

Our relationship with images in general – and photographs in particular – comes from our deep attraction to them. As W.J.T. Mitchell has argued, our relationship with images is not unilateral. "The question to ask of pictures from the standpoint of poetics is not just what they mean or do but what they *want* – what claim they make upon us, and how we are to respond. Obviously, this question also requires us to ask what it is that we want from pictures".[19] When looking at historical images in an attempt to gain a greater understanding of this period "modernity," a number of determinants shape this relationship. We, as viewers, want very much to relate to the images for their informational content. These photographs exude veracity due to their medium alone. Photographs have been characterized as "certificate[s] of presence" functioning as a sort of "authentication" for places, people and events because of their mechanical objectivity.[20] When studying an historical period, the tendency to actively desire from photographs a measure of factual information and historical data is almost irrepressible. The photo is proof of a taking place, of the existence of an event, or the existence of certain material and historical conditions. These collections attempt just this, each cataloguing life in Berlin at a particular historical moment. And yet, if these pictures want something, as Mitchell argues, then I argue that the photographs of Willinger want to be read differently than those of Bucovich. The photographs of Willinger want to present to the viewer a certain Berlin, and Bucovich's photographs want to make visible a rather different Berlin. In their ostensibly direct recording of light and physical spaces, they articulate interpretations and re-presentations of Berlin which actually existed at a particular historical moment (1928 for Bucovich and 1929 for Willinger).

I use re-presentations quite purposefully, and would like to capitalize on this double entendre wavering between temporal re-presentation and medial

---

[18]   The double entendre of *Objektiv* is striking: the eye of the photographer composes the photograph by means of a view through the *Objektiv* of the camera, the objectivity / facticity of the photograph supported even in the German term for "lens."

[19]   Mitchell, W. J. T.: *What do Pictures Want? The Lives and Loves of Images*. Chicago: University of Chicago Press 2005, xv.

[20]   Barthes, Roland: *Camera Lucida. Reflections on Photography*. Translated by Richard Howard. New York: Hill and Wang 1981, 87.

representation. On the one hand, these photographers are not creating a new text or image (retouching and other manipulations to the images are kept to a minimum in these photobooks). What they do is select, enframe and reproduce visual impressions already extant in the world. These are impressions anyone wandering Berlin's streets could have experienced, but which are now presented again by the photographer. The images represent a specific historical moment locked in time and revisited with each viewer's gaze. On the other hand, the calculated framing and composition cast these images in an interpretational and representational light. For all the realism of photography in its mechanical reproduction of images, it is also rather artificially cropped and focused, in essence manipulating the appearance of real vision but ultimately restricting that vision in the photograph's composition. For our photographers, these individual choices regarding the composition of photographs are further compounded by their collection into books and in the unfolding of image after image in an order carefully selected by the photographer or an editor. These photographic projects record reality, collecting it, selecting representative images, and then present them in a specific order for the viewer to rediscover. The value of these projects rests in the experience of viewing them all, not singly. As Alfred Döblin writes in his introduction to Mario von Bucovich's *Berlin*, if one wished to see what Berlin looks like, "[...] man braucht [...] nur eine einzige Straße zu photographieren [...] 95 Prozent aller andern Straßen sehen ebenso aus" (in Bucovich IX). However, to gain true insight into the city comes with the unfolding of image after image as the viewer leafs through the book. Only then does one slowly get to know Berlin, for "Das Ganze hat ein Gesicht!" (Bucovich IX).

What Döblin does not account for is the possibility that Berlin has many faces. Döblin's assumptions are mired in a somewhat simplistic view of photography in which "Photographed images do not seem to be statements about the world so much as pieces of it, miniatures of reality that anyone can make or acquire".[21] It is the word "seem" which can prove so dangerous here. While photographs seem to be mere reproductions, they are always-already interpretations. Thus, we as viewers must further problematize the ostensibly facile relationship to images by investigating "Who or what is the target of the demand? desire? need expressed by the picture?" Alternatively, the question may be formulated "what does this picture lack; what does it leave out? What is its area of erasure? Its blind spot? [...] What does the frame or the boundary

---

[21] Sontag, Susan: *On Photography*. New York: Farrar, Straus and Giroux 1977, 14.

exclude? What does its angle of representation prevent us from seeing, and prevent it from showing?"[22]

Each of these collections present rather different Berlins, even at times when they present images of the same sites (or sights) in the city. These photographers and these collections, taken as a group, represent the attempt to manifest this theoretical point in their work. In creating these photo collections, each photographer is discursively creating a reality of Weimar Berlin in the collection of images on several levels. In the first instance, we must engage with images individually, their aporia and exclusions, and consciously engage with the Berlin(s) the collections present to and withhold from our view. In the next instance, we must acknowledge the arrangement of individual photographs into pairs on facing pages, series stretching over several pages and ultimately a book-length collection. This grouped presentation engenders a purposeful unfolding, similar to the montage of a film, in which the juxtaposition of images demands our interpretation of their relationships as suggested by the photographer and/or editor.

It is precisely this drive to document what was new and modern in Weimar Berlin which entails also an attempt to script and define the determinants of the modern experience in Germany. This drive to image-creation is also a means of creating an understanding of the experience of the Weimar Republic. Participating in an active form of self-evaluation and self-reflection, these photographic projects seek not only to capture what the urban experience of Berlin is like, they seek to create an interpretation of the city with their images. What we can read into these collections and their contradictions is the existence of *multiple modernities* as experienced, or at least as desired, by these photographers.

The First Tale of Berlin: Willinger's *100 x Berlin*

Willinger's book was released as one of a series by the Verlag der Reihe.[23] Attempting to undercut the growing market for such photobooks closely tied to the tourism industry, the series was intended to provide affordable books

---

[22] Mitchell, *What do Pictures Want*, 49-50.
[23] Interestingly, both Willinger's collection and von Bucovich's collection were published under the aegis of Oscar Camillo Recht. An Austrian immigrant, Recht founded the short-lived Verlag der Reihe after the collapse of the equally short-lived Albertus Verlag, which he co-owned and operated with the brothers Albert and Eberhard Frisch. Recht used the pseudonym C. O. Justh for publications at the Albertus Verlag. See Jaeger, Roland: "*Orbis Terrarum* und *Das Gesicht der Städte*: Moderne Photobücher über Länder und Metropolen", in: *Blickfang. Bucheinbände und Schutzumschläge Berliner Verlage 1919-1933*. Hg. von Jürgen Holstein. Berlin: Holstein 2005, 416-439, 423-433.

featuring high quality photographs.[24] Volumes were also published on Paris photographed by Germaine Krull, and on Munich shot by Ludwig Priess, all in 1929. As the title indicates, Willinger's book presents 100 photographs of Berlin, presenting the city as a modern utopia in its representation of the "Dynamik der Großstadt".[25] Sharp focus and repeated attention given to Berlin's industrial infrastructure abound. The photographs defy geography as an organizational principle, opting instead for clusters of images sharing compositional elements or subject matter. The images are almost euphoric in their presentation of Berlin's contemporary socio-economic development and the manner in which this development engenders the shifting socio-spatial landscape of the city wrought by industrialization.

Willinger's *100 x Berlin* engages with Weimar urban modernity, reveling in the architectural wonders brought to fruition in recent years. Willinger's collection also opens with a telling reference to the new architectural emblems which house broader symbols of urban modernity. Images of the Ullstein headquarters, Scherlhaus and Mossehaus open this collection with a perhaps wryly ironic reference to the very illustrated press which has fueled interest in such photobooks as that which the viewer holds. The significance of this choice is great, given the explosion in publishing and media which modern means of capturing and reproducing images brought to Berlin. Opening with this thematic (and not geographic) series of publishing giants also insinuates the organizational principles shaping Willinger's work. Geographically, the viewer has traversed nearly twenty kilometers in just a few images, with a clear emphasis on new buildings evincing the style of modern architecture tastes.[26] Willinger's tight framing and focus on individual buildings exhibits an almost indexical drive to document the variety of architecture present in the capital. Such a presentation exemplifies Berlin "als Utopie der Moderne"[27] combining elements of "europäischen Kulturgewissens und des amerikanischen Realismus".[28] This is hardly a walking tour of the city captured photographically; the space of the city simply is not the organizational principle according to which Willinger presents these photographs. True to our conception of modernism, Willinger's Berlin ultimately figures as a heterogenous mixtures of styles, a

---

[24] Jaeger, Roland: "Das billige Städtebuch von hoher Qualität", in: *Autopsie. Deutschsprachige Fotobücher von 1918 bis 1945*. Hg. von Manfred Heiting und Roland Jaeger. Göttingen: Steidl 2012, 218-223, 219f.

[25] Ibid. 221.

[26] The Scherlhaus and Ullsteinhaus had been recently built; the Mossehaus was an older structure, but was famously renovated by Erich Mendelssohn in 1921-23 to a much more modern look indicative of Neues Bauen.

[27] Jaeger, "Das billige Städtebuch…", 221.

[28] Vetter, Karl: Introduction: Willinger, *100 x Berlin*, v-viii. viii.

fractured cityscape which cannot be incorporated into an architectural master narrative of smooth, historical progress, much less a comprehensive view of the city which presents Berlin's spaces as coherent, connected and navigable.

(Willinger, Hallesches Tor)

Shots which do incorporate street scenes and the like are often dominated by new technologies and new architecture. Some examples include automobile traffic and raised train lines (Willinger 24), the train yards at Gleis Dreieck (Willinger 69) and the electrified lighted advertisements at night at the Haus Gourmenia (Willinger 91). Willinger's image of the Hallesches Tor (Willinger 25) is bifurcated by the elevated train line, creating two distinct zones of the image. On the lower half, automobiles and trains dominate. The upper half contains more traditional architecture, harkening back to Wilhelmine times. However, one should note the direction of traffic: modernity's inventions are invading the upper half of the image, spilling out into Berlin's historical center. In other images, as in Willinger's Charlottenburger Brücke (Willinger 29), traditional architecture is presented with the irrepressible modernity forcing its way into the image: The Mercedes-Benz hood ornament is clearly in the foreground. The presence of the hood ornament not only reminds to the reader of Willinger's unique perspective on this historical structure (zooming by in an automobile) but also frames the traditional architectural style in the context of the industrialized production modes fueling the consumption of modern luxuries such as automobiles, if not the mechanical wonder of the camera itself.

(Willinger, Charlottenburger Brücke)

Willinger's images and their juxtapositions carry this line of argument by slyly juxtaposing images on facing pages. While facing pages create a new context for each image, the architectural structure on each page is almost always spatially decontextualized from its location in the urban environment, suppressing other contexts and therefore interpretive frames in which to view the architecture. The newly constructed Funkturm (Willinger 32) is juxtaposed with the Siegessäule (Willinger 33), suggesting not only a sort of visual rhyme, but a chronological development. There can be no doubt as to the interpretation of this juxtaposition given Vetter's introduction. As Vetter states, the Funkturm – "das neue Wahrzeichen Berlins" – is "ein Kind der Technik. Imposant und doch in edelster Anmut, eine Dichtung aus Stahl und Schönheit.... Um seine Pfeiler weht ein Lied der Zukunft, das eine Siegeshymne ist" (Willinger VII). The technologies offered by this broadcasting tower render it literally a new type of monument to victory. Further ignoring a cohesive geography in favor of such juxtapositions which ecstatically celebrate modern inventions and technologies, Tempelhof airport (Willinger 75) and the Brandenburg Gate (Willinger 74) appear on facing pages as gateways to the city. Similarly, the Fischtalgrund (Willinger 70) housing complex is juxtaposed with the Charlottenburger Stadtschloß (Willinger 71), suggesting two alternative approaches to living spaces, economics, design and politics. In each case, Vetter's words could be repeated, and in each case Willinger's photographs render Berlin as a city in which the future is quickly erasing the function of past structures and technologies.

(Willinger, Funkturm und Platz der Republik)

(Willinger, Brandenburger Tor und Flughafen Tempelhof)

Partie de la Colonie Fischtalgrund à Zehlendorf   *Fischtalgrund Settlement, Zehlendorf*
Aus der Siedlung Fischtalgrund, Zehlendorf

Château de Charlottenburg   *Charlottenburg Castle*
Charlottenburger Schloß

(Willinger, Fischtalgrund in Zehlendorf und Charlottenburger Schloss)

This heterogeneous mixture is typical of the photobooks of this period. As Roland Jaeger states, "Zwar stand der das Stadtbild dominierende historische Baubestand weiterhin im Vordergrund, doch wurden nun auch Architektur-werke der Nachkriegszeit gezeigt, da sich die dynamische Großstadtentwick-lung neben den Verkehrsszenen anhand der modernen Architekturformen besonders augenfällig vermitteln ließ".[29] One clearly sees such tendencies in

---

[29]   Jaeger, "Orbis", 419.

the above examples, in which the old and the new are juxtaposed, but in which a certain passion and interest in new technologies, architecture, traffic and mechanization dominate the image of dynamic, urban progress. While some photobooks did in fact focus exclusively on new architecture,[30] Willinger's work does not. *100 x Berlin* frames older and newer buildings in combinations which, I argue, engender modes of historical thinking in terms of the fundamental "progress" of modernization, albeit a progress predicated on a series of dramatic ruptures. In comparing old and new, the juxtapositions suggest a progress in terms of social enfranchisement, and at times the Taylorist functionality of the city writ large embodied in the factories and docks of the city, as well as the fetishization of steel structures, power plants, radio towers and the like. Simultaneously, in isolating these structures from the urban contexts, Willinger also eschews portraying the urban context which binds these contradictory structures into one urban environment, even if it is a cacophonous and heterogeneous urban environment. Ultimately, the city itself escapes signification in these collections. The very title of *100 x Berlin* suggests an iterative attempt at capturing Berlin, but resulting in various different versions of the metropolis. The geographic and spatial leaps between photographs combine thematic elements of the city, or compositional characteristics of photographic framing and the play of light and shadow, rendering Berlin itself a collection of discrete, disparate and heterogeneous raw materials for the construction of an imagined space represented by the photographer.

Second Tale of the City: von Bucovich's *Berlin*

What is perhaps most astounding with regards to Bucovich's work is how seemingly un-modern it is in style and subject matter. Its soft focus drips with nostalgia which is out of phase during the heyday of *Neue Sachlichkeit*. The photographs in his collection "resist the provocation of modernity" while seeking to "compensate for the harsh realities of modern life" in his formal choices.[31] His style was so out of step with his contemporaries that a review in the *Frankfurter Zeitung* at the time lamented, "Das wirkliche Berlin ist ganz

---

[30] Interestingly, the Albertus Verlag, which published Bucovich's *Berlin*, published a book focused solely on new architecture one month after the Berlin volume: *Berliner Architektur der Nachkriegszeit*. See: Jaeger, "Orbis", 428. Similarly, the Verlag der Reihe released a book, *Moderne Pariser Bauten* in 1929 with a similar focus on new architecture. It was supposed to be released by the Albertus Verlag, but editor O. C. Recht brought the project over to the Verlag der Reihe after the collapse of the Albertus Verlag. See Jeager, "Das billige Städtebuch...", 223.

[31] Hake, Sabine: *Topographies of Class: Modern Architecture and Mass Society in Weimar Berlin*. Ann Arbor: University of Michigan Press 2008, 194.

anders. Es fehlt ihm nicht an prachtvollen Bauwerken, schönen Plätzen und einmaligen Straßen".[32] According to the reviewer, Bucovich's style had not only failed to capture Berlin as a whole, but also failed to capture the grandeur and beauty of Berlin's constituent parts.

Bucovich's images range in style and subject matter extensively. He supported himself as a photographer of Berlin nightlife and socialites (Bucovich 193), but also contributed to decidedly highbrow and serious photographic projects, despite the rather old-fashioned look often attributed to his images. In addition to his work being included in *Das deutsche Lichtbild* and *Deutscher Kamera-Almanach*[33] he also served as a jury member for an annual photography competition sponsored by *Das deutsche Lichtbild*.[34] A clear attempt to position photography as high art in the public sphere, the annual *Das deutsche Lichtbild* included introductory essays contributed by Lazló Maholy-Nagy, Reichskunstwart Edwin Redslob and other experts lauding the serious and aesthetically critical undertaking the photographs represented.[35] In combining the commercial with the artistic in his work, von Bucovich is rather typical of the period. Photography had just established itself as a profession in the mid-1920s, and "was open to new talent, even from among the lower classes or ethnic outsiders like Jews." In fact, "many photographers easily moved in and around journalism, advertising, and art, personifying the blurred lines the medium itself signified".[36]

Bucovich's extensive study encompasses 256 photographs of the city (and hardly any distinguishable faces). The photographs range in subject from architectural details and plays with light and shadow, to parks, street scenes, and even a few aerial photographs. To reinforce his photographic study of the city, a map is included in the opening. This proves handy as one soon realizes that this book is a veritable perambulation of the city, exploring the urban spaces district by district. Beginning at the Brandenburg Gate, Bucovich's tour leads east along Unter den Linden, to the neighborhoods surrounding the Alexanderplatz. Then the photos head south, zig-zaging back west, ending in

---

[32] Anonymous: "Berlin in Bildern", in: *Frankfurter Zeitung*. [73/97.] 6 Feb. 1929. 1. Microfilm.
[33] Cf. Jaeger, "Orbis".
[34] Windisch, H.: *Das deutsche Lichtbild. Jahresschau 1927*. Berlin: Verlag Robert und Bruno Schultz 1927, 128.
[35] Ibid. Xi-xii, vii.
[36] Weitz, *Weimar Germany*, 214. Bucovich's own background is ambiguous, but his biography matches the profile of many Central European Jewish photographers active during this period. For more on Bucovich's background and his potential masquerade as a Jewish photographer to gain greater acceptance and patronage, see Todd Heidt and Michael Berkowitz, "The Life of Mario von Bucovich: Perils, Pleasures and Pitfalls in the History of Photography", in: *Photography and Culture* 10.3 (2017), 247-266.

a sweeping loop along the Wannsee north through Tegel and Pankow, ending again at the Brandenburg Gate.

In opening and closing at the Brandenburg Gate, Bucovich casts his collection in a rather different light than that of Willinger. Bookending the collection in such a fashion creates a context for the intervening photographs which is inscribed with this historical perspective on the city, literally bringing both geographic and aesthetic closure to the collection. Berlin's rapid development and modern architecture are inserted into an urban environment which presents itself as suspended in an imperial style. It neither suggests a development nor a historicity of architectural phases (as is explicitly the point in Vetter's introduction to *100 x Berlin*), but presents a synchronic Berlin in all its heterogeneous and contradictory glory in 1928.

(Bucovich, Mossehaus)

The collection as a whole is described by Sabine Hake as a thoroughly "integrationist" perspective on Berlin. Comparing Bucovich's image of the Mossehaus to images by Willinger and Sasha Stone, Hake notes that Bucovich's image is characterized by "the successful integration of old and new by acknowledging Mossehaus's position next to an eighteenth-century building".[37] It is just such "successful integration" which flies in the face not only of prevailing photographic styles such as Willinger's, but also of our historiographic tendency to paint the cultural products of the Weimar Republic as uniformly fragmented and thus a reflection of the disorienting experience of Weimar modernity. From individual images to the tight geographic organization of the book as a whole, Bucovich presents the viewer with a Berlin rendered navigable and spatially coherent, the photographic fragments of the city knit together into a tapestry attempting a comprehensive overview. At points, Bucovich's photographs proceed almost step-by-step down a street or street-by-street through a neighborhood, exploring Berlin in a manner seeking to index the sights of the urban space.

(Bucovich, Friedrichstraße)

---

[37] Hake, *Topographies of Class*, 192.

Bucovich's work in general stands further back from his object of study and presents an urbanity in Berlin in a more hermeneutic dynamic between part and whole within individual photographs. Even the parts are linked to other spaces (with regard to their wider framing) and structures in the city, not de-contextualized as in Willinger's collection. Take for example the fractured yet slyly juxtaposed images of Willinger's collection. Within the image itself, the structures are framed so as to dissolve geographic connections to surrounding spaces and structures. As Sabine Hake notes, photographers during this period cultivated styles in which a "decontextualized view of architecture was achieved through a preference for photographs that are devoid of any signs of urban life (e.g., pedestrians, traffic) or are altered (e.g., through retouching or cropping) to minimize the presence of other urban structures or objects".[38] Steven Jacobs argues there is a certain aesthetic tendency toward what he terms *"amor vacui"* in urban photography. Originating in the early days of photography as a means of working around long exposure times, the tradition continued and "added a dimension of mystery to photography, and the images of uninhabited streets (resulting from the technical shortcomings) acquired symbolic meanings".[39] Both readings highlight the unnatural effect of such photographs, which concentrate themselves almost exclusively on specific architectural artifacts, and in the case of Willinger on structures which selectively portray a Berlin which has progressed into a state of urban architectural modernity based on architectural artifacts severed from their wider urban context.

---

[38] Ibid. 190
[39] Jacobs, Steven: *"Amor Vacui*: Photography and the Image of the Empty City", in: *History of Photography* 30.2 (2006), 107-118, 108.

(Bucovich, Stieglitz, Schloßstrasse, Titania-Palast)

In contrast, Bucovich's collection forces a recognition of the geographic context, and along with this context a rather different reading of urban modernity in Berlin. Bucovich's Mossehaus is captured in a much wider shot, diminishing its position in the composition and its architectural impact on the street more generally. What dominates in Bucovich's image of the Mossehaus is the canyon of the street which opens between buildings on either side, allowing a broad slice of light and sky into the urban environment. While Bucovich's image of the Friedrichstraße (Bucovich 123) includes a fragment of an electrified advertisement clearly in the foreground, the spires reaching high above the street also demand our visual attention. The title of Bucovich's image "Steglitz, Schloßstraße, Titania-Palast" (Bucovich 172) seems to focus in on the Titania-Palast, progressing from the general (neighborhood) to the increasingly particular (street and then building). The tripartite title, however, undermines the attempt at controlling the indeterminacy of images. Which of these three is the real focus on this photograph?[40] What's more, the Bauhaus-inspired tower

---

[40] In a similar fashion, Alfred Döblin's *Berlin Alexanderplatz. Die Geschichte des Franz Biberkopf* (1929) undermines itself. What is the focus? The Alexanderplatz neighborhood, or the biography of the titular character?

on the Titania-Palace offers a visual rhyme with the cupolas atop buildings further down the street. The length of the street contextualizes this modern structure within a more traditional architectural setting. The Titania-Palast appears in the foreground of the image; however, such architecture is not typical for the neighborhood. If anything, the visual rhyme mentioned above demonstrates a certain harmony of old and new, while suggesting this modern edifice was inspired by the extant structures in the neighborhood.

(Bucovich, Lietzensee)

Such combinations which run against the grain of the divisive and fragmented representational styles of Willinger and Stone appear throughout the book. For instance, Willinger presents the recently-completed Funkturm framed alone. Its steel structure dwarfs the landscape, rising up as an icon of modernity. Before his requisite image of the Funkturm presented alone in its iconic form (Bucovich 177), Bucovich contextualizes the structure's strikingly modern style somewhat ironically in a natural setting framed by tree branches, rising up behind the Lietzensee (Bucovich 176). Now it is the Funkturm which is dwarfed due to the perspective, nature trumping the steel structure wrought of modern, industrial building methods.

Bucovich's work recontextualizes architecture, both in his individual images marked by a larger perspective on streets, squares and buildings and in his geographic organization of images throughout the book. He thereby turns the allegory of Berlin's modernization on its head, demonstrating that the examples of modern architecture included – when viewed in their geographic and urban contexts – are not the emblematic aesthetic feats of modernity fetishized by other photographers which now define Berlin, but parts of a larger urban reality which dwarfs their scale and significance. While the influence of *Neues Bauen* is seen, the context of traditional architecture still dominates the cityscape.

Conclusion

Photographing the same time and place, these photographers have discovered and presented very different Berlins to the viewer. As Roland Jaeger has described it, "Soweit die Photobücher damals 'Deutschland' zum Gegenstand hatten, spielte die 'Wiederentdeckung' des eigenen 'Kulturerbes' an Landschaft und Baudenkmälern für die nationale Identitätsstiftung nach der Katastrophe des Weltkrieges eine zentrale Rolle"[41].[42] Following a devastating defeat in World War I and under a new form of government, German cultural output of the Weimar Republic was often highly self-reflexive, seeking to demarcate an identity for Germany amidst new social, economic, political and cultural realities. Photobooks represent an intervention in contemporary debates attempting to uncover this modern Germany, and especially a modern Berlin, which escaped facile definition. This attempt at discovering Germany's real narrative – stretching from the "doppelte Proklamation" to the radicalization of the political spectrum leading to Hitler's ascent to power – underscores just how diverse the experience of modernity was, and how diverse the many interpretations were. Overdetermined interpretations of the Weimar Republic

---

[41] Jaeger. "Orbis", 417,

[42] Indeed, the fact that none other than Reichskunstwart Redslob wrote an introduction for the book on *Berliner Architektur der Nachkriegszeit* is indicative of this close connection between visually representing the modern city by modern means (photography) and the attempt to capture an official, new German identity tied to the landscapes and cityscapes. As Nadine Rossel discusses his role in the Weimar Republic: "[Redslob] was to be involved in all areas of cultural state representation." (140) Again, Germans are attempting to embed identity in terms of a geographic locus and a connection to their surroundings. Such attempts have a long history in the German context ranging from the 19th century, through the Weimar Republic and, of course, during the Third Reich.

as simply a period which led to the Third Reich are on the wane, but much remains to be done to discover the multifaceted responses to German urban modernity. Attempts at understanding its own historical moment preoccupied much of the cultural output of the Weimar Republic. In these two examples we are faced with dramatically different answers to the basic question, "What is Weimar Berlin like?"

Modernity certainly rears its head in the form of its architectural impact on the visual experience of Berlin. A certain historical imaginary cultivated in scholarly literature, coupled with a persistent sense of modernity as overwhelming crisis crashing over the Berlin of the 1920s, has rendered Weimar Berlin and the cultural production emanating from that time and place a perhaps overinflated locus of pure modernity in the popular and scholarly imagination. From the Weimar Republic to today a pervasive focus on the most spectacular aspects of life and culture have attracted the most attention. However, to truly contextualize why and in what manner these aspects of Weimar are spectacular, Bucovich's more mundane Weimar modernity provides a broader image into which the more avant-garde work can be incorporated.

The differences between these collections emphasize the following: Despite their ostensible objectivity, these photobooks are interpretive in nature, crafting an image of the city tailored to the experience or perspective of the photographer, rather than mere recordings of the city. Keeping W.J.T. Mitchell's guiding questions in mind these photographs want to be read in different ways. In their photographic process of selection (or exclusion) of subject matter, the framing of that subject matter, and the juxtaposition and order of images in the book, these collections propose alternate realities of Berlin in 1928 and 1929. In recording specific buildings, squares, streets and neighborhoods, these photographs construct an image of urban modernity as much as they record a real, existing city. They project an image as much as they record an image. For Willinger, this city is a collection of modern improvements upon older models, juxtaposed and competing regimes of living spaces, economics, society and government. Technological progress is repeatedly foregrounded in the almost fetishistic portrayal of modern architectural feats like the Funkturm, or the Großkraftwerk Rummelsberg. Bucovich's more integrationist approach (to follow Hake's line of thinking) contains these modern wonders, yet incorporates them into a much larger and more comprehensive Berlin in which older architecture still dominates the cityscape. He does so in his framing of individual shots and in the organization of the book as a whole. The Berlin of Bucovich's collection contains the tensions as well, yet that collection also emphasizes the resolution of these tensions by highlighting functional or visual similarities in single photographs, rather than playing structures off each other in separate photographs.

By incorporating Bucovich's mundane modernity and middle-of-the-road approach not only to photographic techniques, but also to his subject matter and framing of the city, we tease out the aspects which make the more spectacular cultural products of the Weimar period spectacular in the first place. Focusing on the avant-garde art scene is important, yet it is sometimes forgotten to study the context in which such art was considered avant-garde in the first place, the mundane cultural production against which the avant-garde saw itself rebelling.

Literature

Anonymous: "Berlin in Bildern", in: *Frankfurter Zeitung*. [73/97.] 6 Feb. 1929. 1. Microfilm.

Barthes, Roland: *Camera Lucida: Reflexions on Photography*. Translated by Richard Howard. New York: Hill and Wang 1981.

Benjamin, Walter: "Das Kunstwerk im Zeitalter seiner technischen Reproduzierbarkeit", in: Walter Benjamin, *Illuminationen*. Frankfurt am Main: Suhrkamp 1977, 136-169.

Bucovich, Mario von: *Berlin*. Gesicht der Städte. Albertus-Verlag: Berlin 1928. Print.

Bucovich, Mario von: *Berlin 1928. Das Gesicht der Stadt*. Hg. Hans-Werner Klünner. Berlin: Nicolai Verlag, 1992. Print. Incomplete Rpt. of *Berlin 1928*.

Bucovich, Mario von: Letter to Bezirksamt Tiergarten. 6 July 1931. MS. Landesarchiv Berlin.

Döblin, Alfred: "Geleitwort", in: von Bucovich, *Berlin* VII-XII.

Gay, Peter: *Weimar Culture. The Outsider as Insider*. New York: Harper & Row 1968.

Hake, Sabine: *Topographies of Class: Modern Architecture and Mass Society in Weimar Berlin*. Ann Arbor: University of Michigan Press 2008.

Hajos, E.M. und L. Zahn: *Berliner Architektur der Nachkriegszeit*. Hg. von Dr. Leopold Zahn, Mit einer Einführung von E. Redslob, Reichskunstwart. Berlin: Albertus-Verlag 1928.

Haxthausen, Charles / Suhr, Heidrun; "Introduction", in: *Berlin. Culture and Metropolis*. Minneapolis and Oxford: University of Minnesota Press 1990, xi-xxiii.

Hessel, Franz: *Spazieren in Berlin*. Hg. von Moritz Reininghaus. Berlin: Verlag für Berlin Brandenburg 2011.

Jacobs, Steven: "*Amor Vacui*: Photography and the Image of the Empty City," in: *History of Photography* 30.2 (2006), 107-118.

Jaeger, Roland: "Das billige Städtebuch von hoher Qualität", in: *Autopsie. Deutschsprachige Fotobücher von 1918 bis 1945*. Hg. von Manfred Heiting und Roland Jaeger. Göttingen: Steidl 2012, 218-23.

Jaeger, Roland: "*Orbis Terrarum* und *Das Gesicht der Städte*: Moderne Photobücher über Länder und Metropolen", in: *Blickfang. Bucheinbände und Schutzumschläge Berliner Verlage 1919-1933*. Hg. von Jürgen Holstein. Berlin: Holstein 2005. 416-439.

Magilow, Daniel: *The Photography of Crisis. The Photo Essay of Weimar Germany*. University Park: Pennsylvania State University Press 2012.

Mitchell, W.J.T: *What do Pictures Want? The Lives and Loves of Images*. Chicago: University of Chicago Press 2005.

Möller, Horst: *Die Weimarer Republik: Eine unvollendete Demokratie*. München: Deutscher Taschenbuch Verlag 2004.

Peukert, Detlev: *Die Weimarer Republik: Krisenjahre der klassischen Moderne*. Frankfurt am Main: Suhrkamp 1987.

Rossel, Nadine. "Visualizing the Republic: State Representation and Public Ritual in Weimar Germany", in: *Weimar Culture Revisited*. Ed. By John Alexander Williams. New York: Palgrave McMillan 2011, 139-160.

Scheffler, Karl: *Berlin. Ein Stadtschicksal*. Berlin: Erich Reiss Verlag, 1910.

Sontag, Susan: *On Photography*. New York: Farrar, Straus and Giroux 1977.

Stone, Sasha: *Berlin in Bildern*. Berlin: Epstein 1929.

Vetter, Karl. Introduction: Willinger, v-viii.

Weitz, Eric: *Weimar Germany: Promise and Tragedy*. Princeton: Princeton University Press 2007.

Whyte, Iain Boyd / Frisbee, David: *Berlin Metropolis. 1880-1940*. Berkeley: University of California Press 2012.

Williams, Raymond / Pinkney, Tony: *The Politics of Modernism: Against the New Conformists*. New York: Verso 1996.

Willinger, Laszlo: *100 x Berlin*. Berlin: Gebrüder Mann Verlag, 1997. [1929]. Print.

Windisch, H: *Das deutsche Lichtbild. Jahresschau 1927*. Berlin: Verlag Robert und Bruno Schultz 1927.

Flemming Finn Hansen

Der ‚Wahrsager‘.
Vaterländerei, Nationalgefühl und Nationalismus im Denken Georg Brandes'

In einem Brief an Georg Brandes nennt Friedrich Nietzsche Brandes den „guten Europäer und Cultur-Missionär"[1]; in seiner Antwort billigte Brandes besonders den ersten Ausdruck.[2] Von seinen Vorlesungen über die „Hauptströmungen der europäischen Literatur im 19.Jahrhundert" bis zu seinem Tode im Jahre 1927 füllte Brandes diese Rolle des guten Europäers aus, für den das Problem des Nationalismus immer mehr an Bedeutung gewann. Von seiner linksliberalen Position aus entwickelte er eine Sicht auf den Nationalismus, die um die Jahrhundertwende durchaus originell war. Von ihm wohl kaum zur Kenntnis genommen, gibt es in der Geschichte der marxistischen Theorie eine umfassende und besonders am Anfang des 20. Jahrhunderts sehr intensive Diskussion der sogenannten ‚nationalen Frage‘. Ich werde kurz Grundgedanken dieser Debatte resümieren, die inhaltlich, in der Diskussion der Gefahren und Möglichkeiten des Nationalismus, obwohl mit anderer politischer Perspektive, an Brandes Positionen erinnert.

Einleitende Bemerkungen

Die ‚nationale Frage‘ taucht bereits bei Marx und Engels auf, erhält neue und zentrale Bedeutung um 1900 mit den Debatten in der II. Internationale, besonders zwischen Rosa Luxemburg und Lenin. Sie verstärkt sich in den zwanziger und dreißiger Jahren mit dem Rückfall in den Ultranationalismus des aufkommenden Faschismus/Nationalsozialismus und der theoretischen Reaktion darauf, setzt sich fort im Weltkrieg mit der Bildung ‚nationaler‘, überpolitischer Widerstandsbewegungen und mit der ‚postkolonialen‘ Entwicklung nach dem Zweiten Weltkrieg, mit der Bildung vieler neuer, unabhängiger Nationalstaaten. Wie bei Brandes handelt es sich in der marxistischen Debatte um eine Analyse der Zweideutigkeit des Nationalismus, um die Frage, ob ‚Nationalismus‘ immer als eine reaktionäre bürgerliche Ideologie einzuschätzen ist, immer irrational und gefährlich ist, oder ob an ihm aus der Sicht der unterdrückten Klassen auch ein nützlicher und rationeller Kern heraus-

---

[1] Brief Friedrich Nietzsches an Brandes vom 2. Dezember 1887, in: *Correspondance de Georg Brandes*, Band 3, S. 441.
[2] Brief Georg Brandes an Friedrich Nietzsche, ebd., S. 443.

gearbeitet werden kann. Die zentrale Frage in der marxistischen Debatte lautet, ob der Klassenkampf respektive der ökonomische Kampf den Vorrang vor dem nationalen hat (so weitgehend Marx und Engels im letzten Drittel des 19. Jahrhunderts, wenn sie den politisch-wirtschaftlichen Fortschritt der Kolonisierung etwa Indiens durch England diskutieren; wenn sie den ungarischen und polnischen Kampf um nationale Selbständigkeit als politisch und wirtschaftlich progressiv, den Nationalismus vieler anderer slawischer Völker dagegen als reaktionär einschätzen) – oder umgekehrt: ob die ‚nationale Frage' weitgehend als eine prinzipiell irrationelle zugunsten der Rationalität des politischen und wirtschaftlichen Kampfes abgelehnt werden muss (Rosa Luxemburg); oder aber ob die ‚nationale Frage', wenn nicht den Vorrang vor dem Klassenkampf hat, so doch ein wichtiger Bestandteil dieses Kampfes ist; ob der Kampf für nationale Selbständigkeit nützlich und politisch rationell sein kann, insofern er ein wichtiger Ansatzpunkt für die revolutionären Kräfte ist. So unterschied Lenin um 1913-14 in Russland oder anderen großen Vielvölkernationen den demokratischen Nationalismus des unterdrückten Proletariats vom reaktionären Nationalismus der Bourgeoisie; jener könne Bündnispartner unter den Völkern und Arbeitern der unterdrückten und sich nach Selbständigkeit sehnenden Nationen finden und dadurch scheinbar den Nationalismus der Bourgeoisie, in Wirklichkeit aber deren Stellung im Klassenkampf schwächen; zeitweilig und taktisch bedingt, als Übergangsstufe, betrachtete Lenin also den Nationalismus als progressiv und rationellen Zwecken dienend (z.B. in Aufsätzen wie „Kritische Bemerkungen zur nationalen Frage"; „Das revolutionäre Proletariat und das Selbstbestimmungsrecht der Nationen"; „Über das Selbstbestimmungsrecht der Nationen").

Theoretiker wie Ernst Bloch (*Erbschaft dieser Zeit*) oder Antonio Gramsci (*Notizbücher*) korrigieren und kritisieren in den dreißiger Jahren den rationalistischen Ökonomismus des ‚reinen' Klassenkampfes und rücken das irrationelle Regressionspotential der Ideologien, die übergebliebenen, gefühlsmäßigen Vorstellungen und Bewusstseinsformen, Traditionen und Institutionen, die ‚Ungleichzeitigkeiten' (Bloch) ins Blickfeld, durch welche die herrschende Klasse breite Volksschichten ideologisch an sich bindet und so kulturell-geistig ihre ‚Hegemonie' stärkt und begründet; sie versuchen Wege aufzuweisen, wie ideologische Konzepte wie ‚Volk', ‚Rasse' oder ‚Nation' dazu genutzt werden könnten, einem Wechsel der ‚Hegemonie' herbei zu führen.

Bereits in den *Hauptströmungen* betont Brandes die Beschränktheit einer isolierten, bloß nationalen Literatur und die Bedeutung der gegenseitigen Beeinflussung der europäischen Literaturen. Er stellt in den *Hauptströmungen* die europäische Literaturgeschichte als ein großes geschichtsphilosophisches Drama des Fortschritts dar. Die einzelnen Autoren, Werke und Nationalliteraturen werden umfassenden geistigen Wellenbewegungen, dem dialektischen Wechselspiel von Reaktion und Fortschritt zugeordnet, das in Brandes Darstellung den Gang der europäischen Geistesgeschichte konstituiert. In der Einleitungsvorlesung bekannte Brandes sich zur freien Forschung und zum freien Gedanken, zur Idee des Fortschritts und zum Kampf gegen die Reaktion.[3] Er wollte die hinter der europäischen Entwicklung, im Sumpf der Reaktion steckengebliebene dänische Literatur durch den frischen Strom liberaler, fortschrittlicher Gedanken aus den großen europäischen Ländern beleben, indem sie anfangen sollte, gesellschaftliche Probleme zur Debatte zu stellen.[4] Brandes meinte, eine wahrhaft lebendige Literatur müsse dem gesellschaftlichen Fortschritt dienen, müsse religiöse Dogmen in Frage stellen, eine Freiheit jenseits der Klassenunterschiede und der herkömmlichen Moralvorstellungen entdecken.[5]

Mit diesem Programm wurde Brandes Wegbereiter des sogenannten ‚modernen Durchbruchs' in Skandinavien, forderte aber auch die konservativen Machthaber heraus. Bereits nach wenigen Jahren war seine gesellschaftliche Lage so unmöglich geworden, dass er Dänemark im Jahre 1877 verlassen musste. Die fast sechs Jahre, die er daraufhin in Berlin verbringt, bilden eine entscheidende Zäsur in seinem Leben. Es sind die Jahre, in denen er seine Stellung als europäischer Kulturvermittler begründet. Neben seinen Arbeiten zur europäischen Literatur im allgemeinen stellte er in diesen Jahren vor allem eine Reihe moderner skandinavischer Autoren wie J. P. Jacobsen, Kierkegaard und Ibsen dem deutschen Publikum vor und trug entscheidend zum Erfolg skandinavischer Literatur in Deutschland bei; umgekehrt versuchte er durch seine Zeitungsbeiträge zum Verständnis der Dänen für Deutschland beizutragen. Im Jahre 1885 erschienen diese Beiträge gesammelt unter dem Titel *Berlin som tysk Rigshovedstad* (eine deutsche Übersetzung erschien erst 1989). Die Einleitung des Buches drückt Brandes Programm der Förderung des Fortschritts aus, hier durch Förderung der Völkerverständigung und Bekämpfung des nationalen Vorurteils. Dort schreibt er:

> Wir Dänen kannten in den letzten fünfzig Jahren in der Regel nur die
> unfreundliche Seite Deutschlands, die sich politisch gegen uns wand-

[3]   Vgl. Brandes, Georg: *Hovedstrømninger i det nittende Århundredes Litteratur 1-6.* Kopenhagen: Jespersen & Pios Forlag, 1966, I, S. 13-16.
[4]   Vgl. ebd., S. 17-18.
[5]   Vgl. ebd., S. 26-27.

te. Heutzutage werde wahrscheinlich nicht nur ich es als unabdingbar empfinden, unseren mächtigsten Nachbarn aus dem innersten Zentrum heraus kennenzulernen. Das ist jedenfalls der kürzeste Weg, um Einseitigkeit und Vorurteil zu überwinden, zwei Mächte, die zwar offenbar die Vaterlandliebe steigern, dem Vaterland selbst aber sicheren Schaden zufügen.[6]

Dieser Gedanke wird noch dreißig Jahre später erneut aufgegriffen und weiter entwickelt. Während des Ersten Weltkrieges führt Brandes einen öffentlichen Briefwechsel mit dem französischen Politiker Georges Clemenceau, in dem der Konflikt zwischen nationalistischem Vorurteil und aufklärerischer Wahrheitsliebe noch einmal zur Sprache kommt. Brandes geht in dem Briefwechsel auf die Frage Clemenceaus ein, warum Dänemark sich nicht an der Seite der Alliierten am Weltkrieg beteiligt, und auf die von Clemenceau gestellte Frage nach der möglichen Wiedereingliederung der 1864 verlorenen Herzogtümer in Dänemark. Brandes betont, es könne Dänemark nicht darum gehen, die Herzogtümer mit ihrer überwiegend deutschen Bevölkerung wiederzugewinnen, sondern nur um die nationale Selbstbestimmung der Dänen in Nordschleswig, die in friedlicher Vereinbarung mit Deutschland und nicht durch dessen Demütigung erreicht werden müsse.[7] Brandes betont, von zentraler Bedeutung sei ihm die ‚Wahrheit', die inhaltlich durch deren Gegner, den im Kriege hochschäumenden Chauvinismus, bestimmt wird; er beklagt, dass die ‚Wahrheitsliebe' im Kriege verschwindet.[8] Die ‚Wahrheit' ist aus seiner Sicht das erste Opfer des Nationalismus und des Krieges. Brandes meint, es sei die Berufung des Schriftstellers und des Publizisten, ein Hohepriester der Wahrheit zu sein; wer als Schriftsteller und Publizist nicht immer für diese spreche, sei in dieser Rolle eine Fehlbesetzung. Er dürfe dieses Ideal niemals leugnen, auch den Vorurteilen seines Volkes oder seiner Klasse zuliebe nicht. Er müsse sich an die einfache Wahrheit halten, auch wenn er in Friedenszeit

---

[6] Die ausführlichen Zitate folgen: Brandes, Georg: *Berlin als deutsche Reichshauptstadt. Erinnerungen aus den Jahren 1877-1883*. Aus dem Dänischen von Peter Urban-Halle. Hrsg. v. Erik Christensen und Hans-Dietrich Loock. Berlin: Colloquiums Verlag 1989, hier S. 2.

[7] Vgl. Brandes: „Aabent Brev til Georges Clemenceau" und „Svar til Georges Clemenceau", in: Brandes, Georg: *Udvalgte Skrifter. Tiderne Skifter*, Kopenhagen 1987, Band 9, S. 68-77; hier S.68; S.72. Der vollständige Briefwechsel zwischen Brandes und Clemenceau, in: Brandes: *Correspondance de Georg Brandes*, Band I, S.103-26.

[8] Ebd. S.74. Was Brandes unter ‚Wahrheit' und ‚Wahrheitsliebe' versteht, bringt sein Aufsatz „Der Wahrheitshass" zum Ausdruck. Ein Denken, das sich auf ‚Wahrheit' beruft, muss ein aufgeklärtes, in nationaler und religiöser Hinsicht vorurteilsfreies, jedem Glaubensfanatismus abholdes Denken sein, denn umgekehrt ist ‚Wahrheitshass' für Brandes um die Jahrhundertwende etwas, was gar nicht unter diesem Namen erscheint, sondern als „Höflichkeit, Rücksicht, Taktgefühl, Pietät, Vaterlandsliebe, Schonung des Glaubens anderer Menschen; oder sie heißt rücksichtslose Freiheitsliebe oder tiefe Religiosität oder notwendige Politik, aber immer erscheint er als Liebe zum Schönen und Guten." (Brandes, Georg: „Sandhedshadet", in: Brandes, Georg: *Samlede Skrifter*,Band 15, S. 477-481, hier S. 481).

vom Getöse des Geschwätzes und in Kriegszeiten vom Donner der Kanonen überwältigt werde.[9] Diesem Ideal einer dem Nationalismus widersprechenden Wahrheit gemäß betont Brandes seine eigene Unparteilichkeit, das Bewusstsein, sowohl Frankreich und England wie nicht zuletzt Deutschland geistig sehr viel schuldig zu sein.[10] So verweist er auf Recht und Unrecht beider Seiten im Weltkrieg: Deutschland habe zwar Kriegsverbrechen begangen, und die Unterdrückung von Polen, Franzosen und Dänen würden durch einen deutschen Sieg fortgesetzt werden; andererseits könne er jedoch nicht unbedingt den Sieg der Alliierten wünschen, denn er würde die Stärkung Russlands, die Stärkung der europäischen Reaktion und der Unterdrückung vieler Völker bedeuten.[11]

Das Problem des Nationalismus nach der deutschen Reichsgründung

Die in dem Buch *Berlin som tysk Rigshovedstad* gesammelten 67 Artikel ergeben das Bild einer widerspruchsvollen Reichshauptstadt, die den liberalen Demokraten Brandes zugleich fasziniert und abstößt. Einerseits bedrückende Reaktion und Nationalismus, mit Polizeiherrschaft und Militarismus – andererseits eine moderne, kosmopolitische Metropole in starker urbaner und industrieller Entwicklung begriffen. Brandes hebt Berlin als ein Wissenszentrum hervor, in dem Wissenschaftler von Weltruf lehren, und das Künstler, Forscher und Studenten aus der ganzen Welt anzieht. Auf dem Gebiet der Wissenschaft, so Brandes, gebe es keine Stadt, in der kühner, vorurteilsfreier und vollständiger als in Berlin gedacht werde.[12] Er moniert aber die jubelnden und Vaterlandslieder singenden Massen beim Einzug des Kaisers (vgl. BR 239-245); den Kult um Moltke oder Bismarck (vgl. BR 60-78; 85-94); die abgöttische Verehrung des Offiziers und der Uniform (vgl. BR 419-426). Er beobachtet eine hierarchische Gesellschaft, durch starkes Kasten- und Klassenbewusstsein, ja Klassendünkel gekennzeichnet, in der das Leben eines Menschen ohne Rangabzeichen kaum einen Wert hat (vgl. BR 303-309). Er empört sich über die scharfe Unterdrückung der Arbeiterbewegung und über das Elend der großen Mehrheit in der Stadt (BR 426-427); spottet über den Konservatismus und den impotenten, kaisertreu gewordenen Liberalismus.

---

[9] Vgl. „Aabent Brev til Georges Clemenceau" und „Svar til Georges Clemenceau", in: Brandes, Georg: *Udvalgte Skrifter. Tiderne Skifter*, Kopenhagen 1987, Band 9, S. 68-77; hier S. 77.
[10] Vgl. ebd. S. 76-77.
[11] Vgl. ebd. S. 74.
[12] Vgl. Brandes, Georg. *Berlin som Tysk Rigshovedstad*. Kopenhagen: P. G. Philipsens Forlag, 1885, S. 233. Im Folgenden jeweils unter Angabe der Seitenzahlen zitiert mit der Sigle BR.

Er beobachtet den aufkommenden Antisemitismus und erwähnt den Angriff Pastor Stöckers auf ihn persönlich (vgl. BR 372-80). Er findet, dass in der Kunst und Kultur das Salonmäßige überwiegt, klassizistische Leere, nationalistische Überheblichkeit und „Servilität", Untertanengeist und Vergötterung des Kaiserreichs, findet nichts als „Chauvinismus und Kaiseranbetung und Bismarckanbetung" (BR 238) und entdeckt in der zeitgenössischen deutschen Literatur keine kritische, über das Nationale hinaus reichende Perspektive, sondern eine Beschränkung auf das Intime und Lokale, auf das Idyllische; sie scheint ihm alles in allem „tot", zumindest aber „leer" (BR 233).

In dem zentralen Artikel „Der Konservatismus" warnt Brandes vor den Folgen des chauvinistischen, repressiven Nationalismus, der scheinbar das Vaterland stärkt, während es gerade aus der Sicht von Brandes die kosmopolitischen Haltungen der oppositionellen Gruppen sind, die dieses lebendig erhalten. Er beschreibt ein Deutschland, das gegenwärtig scheinbar durch die Unterdrückung jeder Opposition unüberwindbar stark dasteht; ein Land, in dem der Liberalismus – verstanden als „Freiheitsliebe im englischen Sinne" (BR 432) – bald ausgestorben sein wird, und das er aufgrund seiner nationalistischen Selbstherrlichkeit trotz der scheinbaren Blüte auf eine künftige Katastrophe zutreiben sieht:

> Dann wird Deutschland einsam, isoliert und bei seinen Nachbarn verhaßt in der Mitte Europas ein Bollwerk des Konservatismus sein. Drumherum, in Italien, Frankreich, Rußland und Skandinavien wird dann eine Generation mit kosmopolitischen Idealen herangewachsen sein, die intensiv damit beschäftigt ist, diese Ideale zu verwirklichen; Deutschland aber wird alt und verblüht daliegen, bis zu den Zähnen bewaffnet, gepanzert und gerüstet mit allen Mord- und Verteidigungswaffen der Wissenschaft. Große Auseinandersetzungen und Kriege werden folgen.[13]

Für Brandes wird das Ergebnis eines solchen großen Krieges unter allen Umständen schrecklich sein; ein deutscher Sieg würde bedeuten, dass Europa im Verglich mit Amerika so würde, wie es Europa jetzt im Vergleich mit Asien sei. Auch die Alternative scheint ihm so schrecklich, dass er sie kaum zu erwähnen wagt: „Aber wird Deutschland überwunden, dann…". (BR 454) Andererseits entdeckt Brandes eine positive, die Gesellschaft vitalisierende Seite des Nationalismus, die angesichts der von ihm angeprangerten Schlaffheit und Richtungslosigkeit in Dänemark vorbildhaft wirkt; ein Gedanke, den er später weiterentwickeln wird. Mit dem Vorbehalt, dass es sich um Eigenschaften handelt, die dem nationalistischen Vorurteil dienen und die doch niedriger

---

[13] Brandes, *Berlin*, S. 453-454.

stehen als die Liebe zur Wahrheit, zu Ideen, die nicht an Vaterland und Religion gebunden sind, drückt er seine Bewunderung für die Energie, Festigkeit und Zielstrebigkeit der Deutschen, ihr hohes Pflichtbewusstsein aus (vgl. BR 148-151). So bedeuten der Elitismus und der strenge Kastengeist auch, dass Brandes überall, auch im Offizierskorps, höchste Bildungsmaßstäbe vorfindet (vgl. BR 121-122). Er hebt Berlin als eine kosmopolitische ‚Weltstadt' hervor, weltoffen und ausländerfreundlich. In den Abendgesellschaften trifft Brandes Künstler, Wissenschaftler und Politiker aus aller Welt. Toleranz und hohe Bildung findet er aber nicht allein in den Oberschichten der Gesellschaft, sondern auch in der Arbeiterklasse und -bewegung, auf deren Wachstum er hofft. Er bemerkt, dass die Arbeiterbewegung ihren Abscheu gegen Rassen- oder Religionsvorurteile und gegen antijüdische Gesetzgebung ausgesprochen hatte (vgl. BR 379); in Berlin sei jede von den Machthabern inszenierte antijüdische Hetze an der „hohe[n] Bildungsstufe der Arbeiterklasse" gescheitert (BR 430).

Am 1.Februar 1883 feiert Brandes mit vielen deutschen Künstlern, Intellektuellen und Wissenschaftlern gemeinsam seinen Abschied von Berlin. In seiner Abschiedsrede betont er die tiefe Gemeinschaft zwischen Dänemark und Deutschland. Dänemark könne sich niemals geistig von Deutschland trennen, allein aus dem Grunde, dass Skandinavien andauernd unter dem Einfluss des politischen und geistigen Lebens in Deutschland stünde; es käme auch den kleinen Staaten im Norden zugute, wenn in Deutschland „neue Gedanken reifen, wenn große, fortschrittliche Reformen ausgedacht und verwirklicht werden", aber auch umgekehrt: „siegt die politische und geistige Reaktion, werden üble Leidenschaften aufgepeitscht, herrschen Gewalt und Verfolgungswahn, spüren wir im Norden die Wirkungen sofort" (BR 554):

> Herrscht hier Licht, kann bei uns das Dunkel leichter vertrieben werden; herrscht in Deutschland freie und edle Menschlichkeit, verlieren im Norden gewisse kleine Leute, die gern das Geistesleben unterjochen würden, Mut.[14]

Nation und Europa bei Heine, Nietzsche und Ibsen

Nach seinen Erfahrungen mit dem einerseits kosmopolitischen und fortschrittlichen, andererseits reaktionären und nationalistischen Berlin, spielt die Reflexion über den Nationalismus und dessen Beziehung zum Kosmopolitismus auch in der literaturwissenschaftlichen Arbeit Brandes eine wichtige

---

[14]   Brandes, *Berlin*, S. 575.

Rolle. Um nur einige Beispiele hervorzuheben: die Behandlung Heines in „Das junge Deutschland", die Nietzsches in der Abhandlung über „Aristokratischen Radikalismus" und die Henrik Ibsens. Dabei arbeitet Brandes methodisch die Stellung zum Nationalen und dessen Dialektik, dessen Doppelheit als Hemmung und Förderung bei jeder der drei Persönlichkeiten heraus. Alle drei seien Aristokraten, die im Widerspruch zum Patriotismus ihrer Landsleute stünden und sich zu ‚Europäern' entwickelten.

Die Ironie Heines sieht Brandes als Ausdruck eines Widerspruchs zwischen einer unbezweifelbaren Liebe zu Deutschland und dem Begriff der „Partei". „Partei", erläutert Brandes, meint „die großen allgemeinen Gedanken der Menschheit"; es sei die Aufgabe des Dichters, „diese Weltgedanken als ein zweites und größeres Vaterland als das partikuläre Vaterland darzustellen"; seinem Volk tue er einen großen Dienst „indem er dessen Horizont über die Schranken des Vaterlandes in das zweite Vaterland hinein erweitert".[15] Diese Aufgabe habe Heine erfüllt; im Gegensatz zum kalten, engherzigen Patriotismus des gewöhnlichen Deutschen habe Heine einen weiter gedachten Patriotismus entwickelt, der „(das Herz) erwärmt und erweitert (…), damit es durch die Liebe zum Vaterland hindurch das ganze Reich der Zivilisation umfasst".[16]

Nietzsche scheint in dieser Frage Brandes nicht nur ein radikaler Aristokrat, sondern ein radikaler Kosmopolit, ein ‚Europäer' zu sein; Nietzsche habe wie „die entwickelte Menschheit" in Europa den Glauben an die Bedeutung der Nationen und der nationalen Kulturen verloren, es gäbe für Nietzsche nur eine europäische; so wie bei Heine der „Patriot" der Gegner war, so bei Nietzsche der (deutsche) „Bildungsphilister", der der geborene engstirnige Nationalist ist. Brandes betont dabei die „Modernität" Nietzsches, die Überwindung aller nationalen, kulturellen oder religiösen Vorurteile.[17]

Auch Ibsen stellt Brandes als einen Dichter dar, der am Anfang ganz von der Nationalromantik eingenommen gewesen sei, und der erst zum großen Dichter wurde, als er im Stande war, das Nationale zu überwinden und kosmopolitische, allgemeinmenschliche Freiheitsgedanken, lebendig dargestellt, in sein Werk zu integrieren – also je „moderner" er wurde[18]. Formelhaft fasst

---

[15] Brandes, *Hovedstrømninger*, VI, S. 186.
[16] Ebd., S. 188-189.
[17] Vgl. Brandes, Georg; „Friedrich Nietzsche. En Afhandling om Aristokratisk Radikalisme", in: Brandes, Georg: *Samlede Skrifter*, Band 7, S. 596-664, hier S. 600-602.
[18] Brandes, Georg: „Henrik Ibsen", in: Brandes, Georg: *Samlede Skrifter*, Band 3, S. 237-354, hier. S. 295. In dem Aufsatz über „Henrik Ibsen und seine Schule in Deutschland" (1980) bezeichnet er diese Idee genauer und vertritt die kontroverse These, Ibsen hätte in Deutschland so großen Erfolg gehabt, weil sein Werk die Möglichkeit der Verbindung zweier moderner Richtungen, des Sozialismus und des Individualismus, verkörpere. Geistesgeschichtlich träfe diese Verbindung genau die Bedürfnisse der verschiedenste oppositionellen Kreise im auto-

Brandes zusammen: „Ibsen ist ebenso ausgeprägt ein europäischer Geist, wie Bjørnson trotz seiner kosmopolitischen Bildung national ist".[19]

‚Volksgeist' und ‚Vaterländerei'

Zwei entgegengesetzte Vorstellungen von Nationalität und Nationalgefühl beherrschen den Nationalitätsdiskurs der ersten Hälfte des 19. Jahrhundert: einerseits die von der französischen Aufklärung und der französischen Revolution ausgehende Vorstellung von der ‚Nation', die aus politisch bewussten Bürgern besteht, die sich ohne Ansehung der Person, ihrer Rasse, Religion oder ethnischen Herkunft um eine ‚Nation' versammeln, die eine ist, sofern sie allen ihren Bürgern dieselben politischen und universellen Menschenrechte einräumt; andererseits die von Herder und der deutschen Romantik ausgehende Vorstellung von der ‚Nation', deren Träger nicht das politische, sondern das naturhafte, ethnische ‚Volk' ist, dessen ‚Volksgeist' in dessen ‚Kultur' zum Ausdruck kommt. Noch in den bürgerlichen Revolutionen 1848-49 sind diese beiden Richtungen miteinander verbunden. In der zweiten Hälfte des Jahrhunderts wird aber die rationalistisch-universalistische Auffassung der Nation immer mehr von der Auffassung der Nation als einer ethnisch-kulturellen Einheit verdrängt. Brandes vertritt auch in der Frage des Nationalismus den aufgeklärten Standpunkt, scheint ihn aber mit dem nationalromantischen verbinden zu wollen. Einerseits ist er Gegner eines Nationalgefühls, das auf der Vorstellung von einem ewigen, unveränderlichen „Volksgeist" beruht, und in partikularistischer Vergötterung des eigenes „Volkes" verharrt.[20] Dabei ist sich Brandes durchaus bewusst, dass diese Art Nationalgefühl eine politisch repressive Funktion hat.

Andererseits bedeutet sein kritisch-aufgeklärter Standpunkt nicht, dass er ein Vorläufer der modernen „Dekonstruktion" der Nation als einer „imaginären Gemeinschaft"[21] wird. Brandes scheint nicht den Begriff des ‚Volks-

---

ritären Deutschland. (Vgl. Brandes, Georg: „Henrik Ibsen. I Tyskland", in: Brandes, Georg: *Samlede Skrifter*, Band 17, S.- 228-253).

[19] Brandes, „Henrik Ibsen", S. 308-310.

[20] Besonders gegen Ende des 19. Jahrhunderts wurde die nationalromantische Vorstellung von dem organisch gewachsenen, einheitlichen Volk durch ‚moderne', pseudowissenschaftliche Rassenbegriffe ergänzt und radikalisiert, die die Einheit von Volk, Rasse und Sprache postulierten und die Mischung mit fremden, ‚niedrigeren' ‚Rassen', vor allem den Juden, ablehnten. In mehreren Aufsätzen um die Jahrhundertwende kritisierte Brandes diese Art des Nationalismus und die ihm zu Grunde liegende Vorstellung von der rassischen Reinheit des Volkes und wies mit vielen Beispielen die Bedeutung der Völkermischung für die Stärke eines Volkes nach. Er verwies auf die Tatsache, dass viele der bedeutendsten und zugleich typischsten Männer und Frauen eines Volkes gemischter Herkunft waren (Siehe dazu in den Literaturangaben die Aufsätze über „Raceteorier", „Den ariske race" und „Nationalisme").

[21] Benedict Anderson: *Imagined Communities. Reflections on the Origin and Spread of Nationa-*

geistes' als solchen abzulehnen; ein Begriff wie ,Danskhed' (,Dänischtum')
scheint ihm durchaus eine kulturell und historisch gewordene Wirklichkeit
auszudrücken. Er fühlt sich an dänische Kultur, Literatur, Sprache und Geschichte gebunden, befürwortet und vermittelt aber ein ,offenes' und dyna-
misches Nationalgefühl, das zwar, immer noch dem nationalromantischen
Denken verpflichtet, vom ,Wesen' des einzelnen Volkes und dessen Kultur
ausgeht, dieses aber in ein Wechselspiel mit den Nationalkulturen anderer
Völker bringen will. Als Gegenentwurf zu dem von Brandes als ,Vaterlände-
rei' bezeichneten reaktionären Nationalgefühl gibt es für ihn ein Nationalgefühl, das vor allem von den unterdrückten, um ihre Emanzipation ringenden
Schichten getragen wird; ein Nationalgefühl, das dadurch von entsprechenden
Tendenzen in anderen Völkern unmittelbar begriffen und unterstützt wird, mit
ihnen zusammenfließt.

In der sogenannten Provisorienzeit (1877-1894), in der das Parlament au-
ßer Kraft gesetzt war, und Dänemark durch provisorische Haushaltsgesetze
von der konservativen Regierung autoritär regiert wurde, aber auch in den
Jahren um die Einführung des Parlamentarismus im Jahre 1901, hält Brandes
mehrere politische Reden, in deren Zentrum der Begriff des Nationalgefühls
steht. In „Nationalgefühl" (1894) scheint ihm das Problem nicht ein Übermaß,
sondern ein Mangel an produktivem Nationalgefühl zu sein. Brandes stellt
dar, wie in Dänemark tiefer Pessimismus und nationale Untergangsstimmun-
gen nach der Niederlage im Kriege 1864 herrschten.[22] Er will nachweisen,
dass die angeblich nationale Politik der herrschenden konservativen Kreise
in Wirklichkeit der Nation und dem Nationalgefühl schade; überall in Europa
habe man mit Verachtung von den Verfassungsbrüchen der dänischen Regierung und der Unterwürfigkeit der Dänen gesprochen (vgl. NG 190). Die großen Rüstungs- und Befestigungsprojekte, die den Gegensatz zu Deutschland
verschärften, hätten die Lage noch schlimmer gemacht. Diese mit schallenden
„Hornsignalen, mit Appellen an Vaterlandsliebe, Mannesmut und Fahne" er-
folgreich propagierten Projekte hält Brandes für „unpatriotisch" und für den
Ausdruck eines „irregeleiteten Nationalgefühls", das Dänemark direkt in die
Katastrophe führen könnte (NG 199). Eine wirklich „patriotische Tat" (NG
189) führten dagegen diejenigen aus, die politischen Realismus verbreiteten,
über die internationalen Verhältnisse sachlich informierten, Unkenntnis und
nationalistisches Wunschdenken zurückdrängten. Die Konservativen, meint

---

lism. New York London: Verso 2006 (Revised Edition).
[22] Brandes, Georg: „Nationalfølelse", in: Brandes, Georg: *Samlede skrifter*, Band 12, S. 187-
204, hier S. 188 und 191. Im Folgenden jeweils unter Angabe der Seitenzahlen zitiert mit der
Sigle NG.

Brandes, hätten den Liberalen stets das Recht auf den Dannebrog, auf die nationale Fahne nehmen wollen; sie hätten bis jetzt immer den Rückenwind des Nationalgefühls gehabt, während die Liberalen als Realisten, die andauernd vor einer Konfrontation mit Deutschland warnen und daher ein stark antideutsch ausgerichtetes Nationalgefühl bekämpfen müssten, als „antinational" gegolten hätten; die Liberalen hätten es auch verschmäht, in die leeren Hochrufe auf Dänemark einzustimmen (vgl. NG 199).

Vor allem aber wirft Brandes der konservativen Regierung vor, dass ihre repressive Politik die Grundlagen eines produktiven Nationalgefühls zerstört hat, das nicht in dessen äußeren Symbolen, in Fahnen und vaterländischen Reden und Liedern schwelgt. Brandes meint, der politische Druck habe die freien Persönlichkeiten zerstört, habe deren Mut, Aufrichtigkeit und Selbstvertrauen vernichtet; unter dem Druck sei das Rechtsempfinden und die Liebe zur Freiheit dahingeschwunden (vgl. NG 196-197). Unter solchen Verhältnissen würden Apathie und Pessimismus trotz aller vaterländischen Phrasen gestärkt. Dagegen betrachtet Brandes eine dynamische Gesellschaft, deren Bürger empfinden, dass sie eine große Zukunftsperspektive haben, als Grundlage für ein echtes Nationalgefühl (vgl. NG 187).

Brandes vertritt einen dritten, „synthetischen" Standpunkt jenseits des konservativen „irregeführten und karikierten" Nationalgefühls und des daraus antithetisch hervorgerufenen Anti-Nationalismus der Liberalen (vgl. NG 199-200), bzw. des Internationalismus der Arbeiterbewegung. Er meint, ein „überströmendes Nationalgefühl" (NG 198) sei im Grunde zu bejahen, wenn es einer jungen Generation ein Ziel für ihre Bewegung gibt. Brandes findet es anscheinend falsch, Partikularismus und Universalismus, Nationalgefühl und Kosmopolitismus gegen einander auszuspielen. Es gibt für ihn unter den gegebenen Umständen einen natürlichen Weg vom Nationalgefühl zum Kosmopolitismus, wobei das erstere als die Voraussetzung des letzteren betrachtet wird: „Das Weltbürgergefühl ist nicht nur sehr wohl möglich auf der Grundlage des Nationalgefühls, sondern auch unnatürlich ohne dieses"; man könne sich als Europäer oder Weltbürger empfinden, aber als „selbstverständlich" betrachtet er es, dass „man zunächst Däne ist" (NG 199). Brandes behauptet, man solle sich nicht scheuen, ein starkes Nationalgefühl zu fördern, insofern ein solches in sich „das Tragende und Sammelnde" hat, das „das junge Geschlecht braucht"; das dem Volk in seiner geistigen Entwicklung forthilft, ihm hilft „Werte" und „Kultur" zu schaffen (vgl. NG 200). Von einem solchen Nationalgefühl und einer solchen Kultur führt der Weg Brandes' Meinung nach zum Kosmopolitismus, weil der Maßstab der Qualität dieser Kultur ihre

Fähigkeit ist, anderen Völkern zu helfen, neue „Kulturwege" im Sinne der Förderung universalistischer Aufklärung zu erschließen; so nennt Brandes als dänische Beispiele Heimvolk- und Arbeiterhochschulen sowie die freie Rechtshilfe für Mittellose (vgl. NG 200).

Brandes Reden mit Bezug zum Nationalismus

Die Reden in Sorø 1902 und auf Møn 1904 sind thematisch eng verbunden. In beiden zählt Brandes die drei Bewegungen auf, die den Sieg im Verfassungskampf errungen haben und damit ein neues, demokratisches Nationalgefühl begründen können: die Arbeiterbewegung und die beiden heterogenen Richtungen der liberalen Partei, einerseits die Bauern mit ihrer Bindung an die Heimvolkshochschulen und damit an Grundtvig, andererseits die Intellektuellen. Besonders mit der Gegensätzlichkeit dieser beiden Gruppen setzt Brandes sich auseinander, wobei er diese Gegensätzlichkeit nicht als eine zwischen der negativ bewerteten, irrationalen Nationalromantik und der Aufklärung darstellt. Beide Bewegungen, behauptet Brandes, glaubten an die Aufklärung, hätten aber zwei verschiedene Lichtgötter. Derjenige Grundtvigs und der Heimvolkshochschulen sei Loki aus der nordischen Mythologie, durch Schlauheit, Mutterwitz und Humor charakterisiert. Diesem volkstümlichen Loki stellt Brandes ein anderes, universalistischeres Licht der Aufklärung entgegen: „Unser Lichtgott dagegen ist Prometheus, der den Göttern das Feuer raubte und damit der ganzen Menschheit Licht brachte"; jedoch fordert Brandes die Freiheit für beide Spielarten der „Aufklärung", „Freiheit der nordischen Aufklärung wie der allgemeinmenschlichen Kultur".[23] Brandes behauptet, es gäbe keinen entscheidenden Gegensatz zwischen dem Kulturbegriff der Intellektuellen und dem Bildungsbegriff und der Bildungsarbeit Grundtvigs und der Heimvolkshochschulen; diese hätten die kulturelle Grundlage des gegenwärtigen Dänemark geschaffen, die auch die Grundlage der liberalen Intellektuellen sei, hätten „auch uns die Bahn gebrochen" (TS 438). Er betont jedoch, das Weltbild und der Blick der Intellektuellen seien tiefer und reichten weiter als diejenigen Grundtvigs und der Heimvolkshochschulen (vgl. TS 438). Brandes hebt den romantischen Nationalismus Grundtvigs hervor: für diesen sei Dänemark der Mittelpunkt der Welt, und die Dänen seien Gottes auserwähltes Volk. Die Intellektuellen dagegen hätten eine realistische Auffassung von der Kleinheit Dänemarks (vgl. TS438). In seinen

---

[23] Brandes, Georg: „Tale i Sorø", in: Brandes, Georg: *Samlede Skrifter*, Band 15, S. 436-440. hier S. 439. Im Folgenden jeweils unter Angabe der Seitenzahl zitiert mit der Sigle TS.

Schlussworten beschwört Brandes jedoch rhetorisch die Einheit der Gegensätze, die Möglichkeit einer Synthese, einerseits der nationalromantischen Vergötterung des dänischen Volkes, der dänischen Natur und der nordischen Mythologie und andererseits der modernen, rationalistischen Vorstellungen von Volk, Nation und Nationalgefühl. Diese Synthese sieht Brandes in dem Kampf um eine Verfassung verwirklicht, der sowohl eine Wiederbelebung der demokratischen Ideale der europäischen Revolutionen von 1848 als auch eine Wiederbelebung des Volksgeistes bedeutet:

> Bauern, Arbeiter, Studenten! Ein neues Jahrhundert ist angebrochen. In diesem werden wir das neue Dänemark bauen. Wir wollen es bauen auf der alten Grundlage des alten Dänemark, das um uns in seiner Junischönheit glänzt (...). Die Grundlage dieses neuen Dänemark soll die Verfassung vom 5.Juni sein, der Geist von 1848 (...) ein stolzes Haus werden wir bauen, und immer wird das dänische Volk Herr im eigenen Hause bleiben. (TS 439)

In der Rede auf Møn spricht Brandes von dem „gesunden Nationalgefühl" und den beiden Eigenschaften, die diesem zu Grunde liegen müssten: Nüchternheit und Begeisterung müssten beide vorhanden sein, müssten zusammenwirken und sich ausgleichen. Nur so könne sich ein Volk entwickeln.[24] Kritisch vermerkt er, dass es im Charakter des dänischen Volkes liege, sowohl langsam und schwerfällig, ohne Fähigkeit zur Begeisterung, als auch anfällig für religiöse und nationale Schwärmerei zu sein. Von diesem Volk fordert er, es müsse „durch und durch" von „Nüchternheit" geprägt werden: „Nüchternheit in seiner Lebensart und seinem Weltbild, in seiner Selbsteinschätzung, in seinem Patriotismus"; es müsse sich daher „voll Ekel" sowohl „von der hysterischen Vaterlandsliebe wie von der hysterischen Religiosität abwenden" (TM 441).[25]

---

[24] Brandes, Georg: „Tale på Møen", in: Brandes, Georg: *Samlede Skrifter*, Band 15, S. 440-45, hier S. 440. Im Folgenden jeweils unter Angabe der Seitenzahl zitiert mit der Sigle TM.

[25] Diese Formulierungen kehren in dem Aufsatz „Hvad er dansk Folkekarakter?" (1901) wieder, wo Brandes den dänischen „Volkscharakter" zu charakterisieren versucht. Mit scharfer historischer Dialektik vermeidet er es, einen statischen „Volksgeist" festzulegen, pendelt er zwischen ironischer Distanz und einfühlender Zustimmung, zwischen Gegenwartszustand und Zukunftsmöglichkeiten, charakterisiert er negative Konsequenzen und positive Entwicklungsmöglichkeiten desselben Charakterzuges. Er spricht von dem Phlegma der Dänen, ihrer Langsamkeit und Trägheit, ihrer passiven Natur. Positiv gesehen bedeute dies Ausdauer, Geduld und Widerstandskraft, habe aber zugleich negative historische Konsequenzen: die allzu große Geduld mit der langjährigen inneren Unterdrückung, verbunden mit einer Starrköpfigkeit, die zu außenpolitischen Katastrophen geführt habe. Brandes stellt eine gewisse „Weichheit" des Volkscharakters fest, die sich als Formlosigkeit manifestieren, in Rohheit umschlagen könne. Ohne Zweifel seien die Dänen aber ein hochbegabtes Volk, das sich mit größtem Eifer bilde. Den dänischen Volkscharakter betrachtet Brandes als gefühlvoll und empfindsam – Eigenschaften, die er aber ironisch umkehrt und sich dabei von Kreisen und Ideologien des Volkes distanziert, über die er in den öffentlichen Reden zur gleichen Zeit versöhnlicher gesprochen hatte; das Übergewicht des Gefühls im dänischen Volkscharakter manifestiere sich in einflussreichen religiösen Volksbewegungen, in Grundtvigianismus und

Brandes scheint sich vorzustellen, dass sich die Völker – herrschten solche Werte in jedem Lande – gegenseitig helfen und verständigen. So würde auch das dänische Volk „sich immer wieder erneuern, entwickeln und bereichern in innerer Selbständigkeit und in dem Gefühl der Gemeinschaft mit anderen Völkern" (TM 445). Brandes stellt dies als eine gesunde, auf „Nüchternheit" beruhende, patriotische Begeisterung, als eine „Vaterlandsliebe moderner Art" dar, die er als Gegensatz zu der eines Grundtvig betrachtet – also zu der nationalromantischen Vaterlandsliebe, in deren Zentrum das „Volk" mit seinem partikulären „Volksgeist" stand. Dieser Vaterlandsliebe gegenüber ist die von Brandes entworfene ‚dynamisch', indem sie das zweite oder verlängerte Vaterland außerhalb des geographischen hat. Sie fördert eine gegenseitige Beeinflussung der Völker, so dass die fortschrittliche Ideen eines Volkes von anderen Völkern aufgenommen und weiterentwickelt werden – ebenso wie entsprechende Ideen aus anderen Ländern im eigenen Lande aufgenommen und weiterentwickelt werden können.[26] Die Rechte nationaler oder ethnischer Minderheiten rücken hier in den Mittelpunkt als ein Sonderfall dieser modernen, übernationalen Vaterlandsliebe. Als sein Ideal stellt sich Brandes eine Lage vor, in der es einerseits in Dänemark „neben dem Nationalgefühl" auch „einen wachsamen Sinn für alles Fremde" gibt, so dass wenn im Ausland „irgendein Talent oder Genie" auftaucht, aber unbeachtet bleibt, so „sollte man darüber von Dänemark aus aufgeklärt werden"; in der andererseits weltweit bekannt ist, dass in dem kleinen Dänemark „Frisind", Freiheitsliebe herrscht, dass hier Männer leben,

> bei denen alle gekränkten Einzelindividuen oder alle unterdrückten Völker Mitgefühl finden könnten; Männer, die ihre Stimme erheben würden, um für sie einzutreten (…) Polen und Finnen, Ruthenier, Georgier und Armenier, alle sollten sie wissen, dass in Dänemark Freiheitsliebe und Gerechtigkeitssinn wohnen. (TM 443)

Innerer Mission. An beiden Bewegungen betont Brandes die Ächtung von Verstand und Rationalität und meint, dies beweise, dass der dänische Volksgeist „auf der jetzigen Entwicklungsstufe" in weiten Kreisen „der Vernunft unzugänglich", jeder Irrlehre, jedem religiösen Phantasiegebilde und jeder religiösen Autorität aber zugänglich sei (Vgl. Brandes, Georg: „Hvad er dansk Folkekarakter?" in: Brandes, Georg: *Samlede Skrifter*, Band 15, S.64-68).

[26] In der Rede zum Verfassungstag am 5. Juni 1884 sagt Brandes über die Beziehung zwischen „fremder" und „nationaler" Kultur: „Die gegenwärtige Zielsetzung" sei „die Einführung großer, neuer, reicher Kulturgedanken in das dänische Geistes- und gesellschaftliche Leben, gleichgültig ob diese Gedanken dänischer oder fremder Herkunft sind, wenn sie bloß wahr und uns angemessen sind". Brandes bekennt, er wünsche sich durchaus, solche dänische Kulturgedanken könnten das Ausland beeinflussen, aber das Entscheidende sei ihm der Prozess des gegenseitigen Kulturaustausches, denn eine besondere, abgekapselte dänische Kultur in ihrer Reinheit scheint ihm wie „[e]ine alte Jungfer, die keine Kinder kriegen kann, unfruchtbar weil unbefruchtet" (Brandes, Georg: „Tale på Grundlovsdagen" (5. Juni 1884), in: Brandes, Georg: *Udvalgte Skrifter*, Band 9, S.7-8, hier S. 8).

Wenn im Ausland eine „große Ungerechtigkeit" wie die Dreyfus-Affäre passiert, sollte es auch in Dänemark „wachsame Augen und wachsame Geister geben, die die Bedeutung des Geschehens schneller als sogar die hervorragendsten Franzosen begreifen würden" (TM 443).

Brandes Beschäftigung mit Sønderjylland

Die Beschäftigung Brandes mit „Sønderjylland" ist ein Sonderfall dieses erweiterten Nationalgefühls. Als Ergebnis der Niederlage im Kriege 1864 hatte Dänemark 40 % des Territoriums der aus Dänemark, Schleswig und Holstein bestehenden ‚Gesamtmonarchie' verloren. Rund 200.000 Dänen lebten im preußischen Nordschleswig, in einem Gebiet, das nach dänischem Sprachgebrauch „Sønderjylland" heißt. Bereits 1883, in seiner Berliner Abschiedsrede, hatte Brandes kurz auf die Unterdrückung der Dänen in Nordschleswig aufmerksam gemacht.. Zwanzig Jahre später, anlässlich der verschärften Germanisierungspolitik des Oberpräsidenten von Schleswig-Holstein Georg von Köller – er bekleidete dieses Amt von 1897 bis 1901 – nahm Brandes in einer Reihe von Aufsätzen und Reden den Faden wieder auf. Seine „Rede an die deutschen Studenten" rief in Deutschland zahlreiche Proteste hervor, da Brandes angeblich versucht hatte, deutsche Studenten gegen ihren Staat und ihr Volk aufzuhetzen. In Deutschland habe, sagt Brandes, ein starker Imperialismus die Oberhand gewonnen, als dessen Ergebnis die nicht-deutschen Völker im Kaiserreich als zweitrangig betrachtet würden. Die verschärften Übergriffe gegen die Minderheiten, ihre Kultur und Sprache, würden von der Mehrheit der deutschen Bevölkerung einschließlich der konservativ gewordenen akademisch gebildeten Schichten gebilligt.[27] Brandes meint, in früheren Zeiten seien „Humanismus" und „Deutschland" fast synonym gewesen (TT 68), so wie unter der europäischen Studentenschaft „Menschheitsideale" herrschten (TT 66).

In der Entwicklung der Moderne beobachtet Brandes aber einen eigentümlichen Widerspruch: Es gebe einen immer schnelleren und umfassenderen technologischen Fortschritt, mit „völkervereinigenden Erfindungen und Verkehrsmitteln", der aber im Widerspruch zum Vordringen „nationaler Ideale" stehe, so dass die Kluft, sogar zwischen verwandten Nachbarvölkern, nicht überbrückt, sondern immer größer werde (TT 66). Brandes fordert die deutschen Studenten auf, sich auf die humanistischen Ideale der Vergangenheit zu

---

[27] Brandes, Georg: „Til de tyske Studenter", in: Brandes, Georg: *Samlede Skrifter,* Band 17, S. 64-68, hier S. 66. Im Folgenden jeweils unter Angabe der Seitenzahlen zitiert mit der Sigle TT.

besinnen. Er meint, sie könnten durchaus ihren Nationalstolz behalten, sollten ihn aber differenzieren. Offenbar spricht er auch hier, indem er die Kluft zwischen zwei Arten von Nationalgefühl aufreißt und zugleich zu überwinden sucht, von der Möglichkeit eines aus dem unmittelbaren Nationalgefühl wachsenden, universalistischen Gefühls für das Fremde als zweites Vaterland. Dadurch kann das angeborene erste einerseits zwar bejaht, andererseits aber nicht mehr ausschließlich als Einheit gesehen werden. Brandes ist offenbar der Meinung, die deutschen Studenten sollten bei der Entwicklung eines neuen deutschen Nationalgefühls auf der Grundlage der Besinnung auf weitgehend vergessene humanistische Traditionen auch zwischen Unterdrückern und Unterdrückten im eigenen Lande wie im Ausland unterscheiden lernen. Brandes findet, den ersteren müsse ihre Abneigung gelten, den letzteren ihre Zuneigung; er gibt den Studenten zu bedenken, dass „ ein kräftiges deutsches Nationalgefühl" in einer solchen Form erscheinen kann, dass es „sich mit Wohlwollen kleineren Kulturvölkern gegenüber vereinbaren lässt, und daher mit einem lebendigen Widerwillen gegen deren brutale oder barbarische Unterdrücker" (TT 68).

Um die Jahrhundertwende veröffentlichte Brandes zwei große Aufsätze über „Die Bedeutung Süd-Jutlands für die dänische Kultur" und „Das Dänentum in Süd-Jutland". Ich werde mich mit dem letztgenannten auseinandersetzen, der viele Gedanken aus dem späteren Aufsatz bereits beinhaltet. Dieser aus dem Jahre 1899 stammende, im selben Jahr ins Deutsche übersetzte Aufsatz ist wie der spätere durch eine Doppelheit des nationalen Diskurses gekennzeichnet, ist aber noch schärfer im Ton. Zunächst hebt Brandes den Kulturaustausch zwischen Deutschland und Dänemark hervor; auf weiten Strecken des Aufsatzes nimmt er diesen kosmopolitischen Ausgangspunkt jedoch zurück und argumentiert, sich von Deutschland scharf abgrenzend, eher national bis nationalistisch, um am Ende die Versöhnung der Gegensätze zu versuchen. Kosmopolitisch argumentiert er, wenn er betont, dass es in jedem Land einen erlesenen Kreis der besten Elemente des Volkes gibt, die bereit sind, sich für die Sache eines unterdrückten Nachbarstammes einzusetzen. In diesem Sinne wendet Brandes sich an „die besten Männer Deutschlands", die durchaus das Recht der Dänen in Nordschleswig auf sprachliche und kulturelle Autonomie verstanden und akzeptiert hätten;[28] ebenfalls hebt Brandes nicht persönlich genannte Männer in Dänemark hervor, die nach dem Krie-

---

[28] Brandes, Georg: „Danskheden i Sønderjylland", in: Brandes, Georg: *Samlede Skrifter*, Band 12, 205-219, hier S. 207. Im Folgenden jeweils unter Angabe der Seitenzahlen zitiert mit der Sigle DS.

ge von 1864 „aus purem Vaterlandssinn" versucht hätten, Deutschland versöhnlich und positiv darzustellen. Gegen die vererbte „Vaterländerei" hätten diese Männer den Standpunkt vertreten, man müsse Deutschland erforschen, seine vielen großen Persönlichkeiten sehen und begreifen, um dadurch zur Verständigung mit den Deutschen zu kommen (vgl. DS 216-217). Ebenfalls kosmopolitisch argumentiert Brandes, wenn er betont: „Keiner wird leugnen, dass unsere Kultur der deutschen sehr viel schuldet", und weiter von der Dankbarkeit spricht, die „alle hier bei uns, die wir in die Schule Deutschlands gegangen sind", empfinden (DS 208-209). Andererseits betont er aber den Gegensatz zwischen Deutschland und Dänemark. Er stellt „Übergriffe" gegen die dänischen Nordschleswiger, ja geradezu „Grausamkeiten" der Deutschen fest – vor allem eine sprachliche Germanisierung, da dänische Kinder und Jugendliche mit nationalistischen Lesebüchern und Liedern verdeutscht und dänische Volksversammlungen, Farben, Fahnen, Dänisch als Schrift- und Umgangssprache verboten werden. Mit allen Mitteln werde die Ausrottung des Dänentums in Nordschleswig betrieben (vgl. DS 207-208). Gerade die leidenschaftliche und ungebrochene Art, mit der die Nordschleswiger an ihrer Kultur unter dem preußischen Druck festhalten, scheint für Brandes der Ausdruck eines schönen und idealistischen Nationalismus zu sein (vgl. DS 207) – Beweis einer selbständigen dänischen Kultur mit einem eigentümlichen nationalen Gepräge; einer Kultur, die keinesfalls eine „Nebensonne" (DS 208) der deutschen sei. Er scheint sich auf die Vorstellung von einander gegenüberstehenden, autonomen, wesenhaften „Volksgeistern" zu berufen, wenn er Dänemark und Deutschland einander schematisch gegenüberstellt, ihre Sprache, ihre Kultur und ihren Volkscharakter als grundverschieden beschreibt (vgl. DS 209-212).

Seinem eigenen Ausgangspunkt widersprechend grenzt Brandes sich jetzt scharf von Deutschland ab: „Stark und bedeutungsvoll ist dänischer Genius nur hervorgetreten, wo er sich von der Anleitung der deutschen Kultur emanzipiert hat, oder wo er von ihr unberührt ist"; er meint, dass – verglichen mit der eher neutralen Bedeutung englischer oder französischer Einflüsse – „nichts so gefährlich für das eigentümliche Gepräge und die Eigenart dänischer Nationalität wie Deutsch" (DS 211) sei. Brandes betont, besonders im Laufe des 19. Jahrhunderts hätten dänische Schriftsteller und Künstler immer mehr Einfluss auf Deutschland gehabt. Die Gegenwart betreffend stellt er in einem überraschend nationalistischen Ton die dänische Kultur, besonders die Malerei und Literatur, höher als die deutsche (vgl. DS 209-211); vor allem durch die Heimvolkshochschulen herrsche eine tiefgehende Bildung unter den dänischen Bauern und im Volk im allgemeinen, die der deutschen elitären Kultur weit überlegen sei. Die Bedeutung der dänischen Gegenwartskultur sieht Brandes vor allem in ihrer modernen Ausrichtung, in dem Bildungshunger breitester Volksschichten und in dessen Befriedigung (vgl. DS 212-213). Wiederum kosmopolitisch argumentierend betont Brandes den progressiven Einfluss dänischer Kultur auf die deutsche (vgl. DS 220-221); unübersehbar habe besonders Dänemark großen Anteil an der „Erneuerung, die in den letzten Jahren in den Lebenskräften Deutschlands stattgefunden hat" (DS 215).

Die um die Jahrhundertwende verschärfte Unterdrückung der Dänen in Nordschleswig hat Brandes Hoffnung auf das Ergebnis des Austausches zwischen deutschen und dänischen Eliten widerlegt. Den deutschen Nationalismus mit all der Gewalt, mit der er die Dänen germanisieren will, stellt er als in Wirklichkeit hohl und impotent dar; dagegen scheint ihm der Nationalismus der Minderheit und des kleinen Volkes lebendiger, dynamischer, stärker die Verbindung von Nationalgefühl und Kosmopolitismus zu verkörpern. Brandes behauptet, die Dänen würden sich immer mehr zu einem freien Volk mit entsprechenden Tugenden entwickeln. Als die größte unter diesen Tugenden nennt er „Frisind": dieser ungefähr als „Freiheitsliebe" zu verstehende Sinn verachte „Vaterländerei (...) Polizeiwillkür, die Herrschaft der Uniform, den Untertanengeist" und umfasst die Auffassung, dass jeder ein Recht auf freie Selbstentfaltung seiner Persönlichkeit habe (DS 218-19); dazu gehöre auch das Gefühl der „Gleichheit, die den noch anderswo herrschenden Kastengeist abgeschüttelt" habe (DS 219). Von der von „Frisind" erfüllten dänischen Kultur behauptet Brandes, sie sei stärker und überlegener, weil sie einerseits in die Tiefe des Volkes, andererseits so weit hinauf reiche, dass das nationale Interesse allgemeinmenschlich werde; diese Kultur habe „den politischen Grundstandpunkt vermenschlicht" (DS 219).

Weitere Einlassungen zum Nationalismus

In Aufsätzen wie „Gegenwartszivilisation" und „Rechte und Pflichten des Schwächeren" kehrt Brandes diese Darstellung aber ironisch um, so dass unklar bleibt, ob und wo er einen bereits verwirklichten Idealzustand darstellt, und wo er diesen Zustand als eine lange noch nicht erreichte Entwicklungsstufe dem Leser vor Augen stellt. Man dünke sich in Dänemark besonders Deutschland überlegen, sei in Wirklichkeit jedoch sehr europäisch und sehr deutsch geworden; die Dänen beriefen sich immer darauf, dass sie die Schwächeren seien, aber auch sie hätten nationale und ethische Pflichten missachtet.

Tatsachen wie die in Dänemark verbreitete, barbarische Prügelstrafe oder die beschämende, ausbeuterische Kolonialpolitik Grönland und Island gegenüber machten die Proteste über die Unterdrückung der Nordschleswiger heuchlerisch, gäben dieser eine relative Berechtigung.[29]

Wenn Brandes in dem Aufsatz „Nutidscivilisation" die Gegenwartszivilisation Anfang des zwanzigsten Jahrhunderts überblickt, sieht er überall einen reaktionären Nationalismus vordringen. Ideen der Aufklärung wie die Rechte der Schwächeren, wie Humanität und Menschenrechte waren vom Nationalismus zunehmend in Frage gestellt worden. Anfang des 20. Jahrhunderts entwickelt dieser sich immer militanter zum Imperialismus der großen Nationen hin. Im Zuge dieser Entwicklung werden die universalistischen Ideen der Aufklärung zugunsten der Herrschaft des Rechts des Stärkeren, des Vaterlandes geächtet. So gibt Brandes in den beiden Aufsätzen eine Reihe von Beispielen für die immer brutalere Unterdrückung der Minoritäten in ganz Europa. Der ‚Wahrsager' Brandes wird so immer mehr ein einsamer Rufer in der Wüste. Sein Leben lang war und blieb er ein liberaler Individualist, dessen Grundwert die Liebe zur Freiheit und Wahrheit war. Diese Grundhaltung bestimmte seine wechselnden Haltungen zum Nationalismus: Der junge Brandes dachte ausgesprochen kosmopolitisch, wollte Hauptströmungen der europäischen Kultur nach Dänemark lenken, um die nationale Zurückgebliebenheit zu überwinden. Die Jahre in Berlin stärken, differenzieren aber auch seinen Kosmopolitismus. Der Nationalismus wird für ihn in dieser Zeit als Problem konkret und erfordert eine dialektische Haltung. Jedenfalls erwägt Brandes bei aller Kritik auch die positiven Seiten eines Nationalismus, der produktiv wird und, insofern er von aufgeklärten, kosmopolitischen Ideen durchzogen ist, gemeinsame Werte schafft. Anscheinend kann aus der dialektischen Sicht Brandes der Nationalismus ebenso gut kosmopolitisch wirken, wenn er ein Volk, und vor allem dessen große Persönlichkeiten, belebt, ihnen Entwicklungsmöglichkeiten verschafft, während umgekehrt der Liberalismus zu einem passiven Glauben an das Volk, an den demokratischen Durchschnitt herabsinken kann und so nicht mehr belebend wirkt, sondern ein Hindernis für den Fortschritt wird. Dies erklärt seine scheinbaren Schwankungen zwischen liberalen und anti-liberalen Äußerungen. So forderte er in der „Rede zum Verfassungstag" 1884 liberal und kosmopolitisch die Offenheit fremden Kulturgedanken gegenüber, betont aber gleichzeitig provozierend seine Abkehr von Grundvorstellungen des Liberalismus: „Ich bin kein Demokrat (…)

---

[29] Brandes, Georg: „Den Svageres Ret og Pligt", in: Brandes, Georg: *Samlede Skrifter* Band 17, S. 68-73, *hier S. 71.*

glaube nicht an die Bedeutung der Entscheidungen der Mehrheit". Er sei ein aufrichtiger und unbeirrbarer Parteigänger der Opposition, weil sie Recht habe, nicht weil sie die Mehrheit sei. Er werde „dem Volk dienen, nicht aber der Demokratie", die er „das kleinere Übel" aller bekannten Staatsformen nennt. Sie scheint ihm aber keinesfalls ein höchstes Gut; denn „vom Einzelnen, nicht von der Volksmasse oder der Macht dieser Volksmasse" stamme „jeder entscheidende Fortschritt".[30]

Nicht weniger provokant und sich scheinbar von nicht mehr belebenden Grundideen des Liberalismus und des „modernen Durchbruchs" abkehrend, stellt er Nietzsche als Mittel gegen die Stagnation der liberalen politischen Ideen dar. Man sei bei denselben bekannten Lehren stehengeblieben, „gewissen Vererbungstheorien, ein bisschen Darwinismus, ein bisschen Frauenemanzipation, ein bisschen Glücksmoral, ein bisschen Freidenkerei, ein bisschen Anbetung des Volkes, und so fort".[31] Brandes Beschäftigung mit Nietzsche markiert eine wichtige Stufe in seinem dialektischen Denkprozess, eine Beschäftigung, die auch für das Neudenken des Nationalismusproblems von Bedeutung wird. Die Auseinandersetzung mit Nietzsche stärkt sein „perspektivisches" Denken gerade auch in der Frage des Nationalgefühls. Brandes nimmt teilweise die Auffassung Nietzsches an, dass es keine absoluten Werte oder Wahrheiten gibt, dass ‚Werte' relativ sind und geschaffen werden, um immer wieder von neuem auf ihre belebende, produktive Wirkung hin überprüft zu werden. Dagegen können die ‚Wahrheiten' sowohl der Konservativen wie der Liberalen sich abnutzen und dadurch unproduktiv, ‚unwahr' werden. Dies erklärt die scheinbaren Sprünge in der Auffassung Brandes, auch in der Frage des Nationalismus, wo er zeitweilig Grundvorstellungen sowohl des konservativen als auch des liberalen Nationalgefühls kritisch auf ihre Produktivität überprüft und sich von beiden distanziert, um daraus am Ende ‚synthetisch' eine neue produktive Wertvorstellung zu bilden, einen ‚demokratischen Nationalismus'.

Abschließende Bemerkungen

Obwohl die Klassenkampfperspektive dem liberalen Brandes fern war, hat sein Denken Parallelen zur zeitgenössischen marxistischen Debatte und nimmt Positionen der späteren vorweg. Wie nach ihm Bloch und Gramsci hat bereits Brandes einen starken Sinn für die gesellschaftliche Funktion ‚regres-

---

[30] Brandes, Georg: „Tale på Grundlovsdagen" (5. Juni 1884), in: Brandes, Georg: *Udvalgte Skrifter*, Band 9, S.7-8, hier S. 7-8.
[31] Brandes, „Aristokratisk Radikalisme", *S. 643*.

siver', ,irrationaler' Vorstellungen. Zu einer solchen wird der Nationalismus aus machtpolitischen Gründen leicht bei den Herrschenden. Er beobachtet die Verbreitung dieser auf Hegemonie zielenden Vorstellung in den unterschiedlichsten Formen in den verschiedenen gesellschaftlichen Schichten und die Formen des Widerstandes gegen sie. Brandes überlegt, ob es möglich sei dieses rein ideologisch fundierte Streben nach Hegemonie durch Distanzierung oder dadurch zu brechen, dass die unterdrückten Schichten an der Machtausübung partizipieren. Vor allem in Berlin erfährt er, dass der Kampf gegen die Hegemonie des reaktionären Nationalismus von der Arbeiterklasse ausgeht; wenn er Jahre später die Möglichkeit des Funktionswandels des Nationalismus zu einem demokratischen Nationalismus erörtert, betont er deutlich, dass dieser nur durch das Zusammenwirken der Arbeiterklasse mit anderen von der nationalen Hegemonie ausgeschlossenen Schichten wie der Intellektuellen und der Bauern möglich sei.

Brandes Wende zum ,demokratischen Nationalisten', seine ,Vaterlandsliebe moderner Art' um die Jahrhundertwende kann nicht allein als ein vor allem rhetorisch und taktisch bedingter Versuch betrachtet werden, die Konservativen aus dem nationalen Diskurs zu verdrängen, ihre Hegemonie zu unterwandern und einen die heterogenen Bewegungen der Opposition vereinigenden nationalen Diskurs zu schaffen, um einen Hegemoniewechsel herbeizuführen; anscheinend handelt es sich um eine ernst gemeinte Strategie, deren erste Keimform in die Berliner Jahre zurückreicht. So scheint die von ihm vertretene ,Vaterlandsliebe moderner Art' zum Teil auf historischer und kultureller Wirklichkeit, auf den politischen Erfahrungen und Lebenserfahrungen der heterogenen Oppositionsbewegungen zu beruhen, die in dieser neuen Vaterlandsliebe synthetisiert werden: einerseits der an dänischen Volksgeist, dänisches Volksleben, dänische Natur und Sprache gebundene romantische Nationalismus der Bauern und der Heimvolkhochschulen, andererseits die aufgeklärte, rationalistische, internationalistische und kosmopolitische Perspektive der Intellektuellen und der Arbeiterbewegung. Das nationale Pathos Brandes in den Sorø- und Møn-Reden ist nur zum Teil als rhetorisch und zweckbedingt zu verstehen; diese Art von Nationalismus scheint Brandes wichtig im Sinne des ,Perspektivismus' Nietzsches, also im Sinne einer Vorstellung, die teilweise eine Illusion sein mag, aber eine produktive, die die Energie des Volkes und des Einzelnen zusammenführt, ihr eine Richtung gibt, ,Werte' schafft und auf diese Weise ,wahr' wird.[32]

---

[32] Dieser Gedanke des Perspektivismus und die damit verbundene Relativierung der ,Wahrheit', die Bejahung der produktiven Illusionen findet man häufig im Spätwerk Nietzsches

Mehrere Gründe lassen sich für die intensive Beschäftigung Brandes'
mit „Sønderjylland" um die Jahrhundertwende anführen: erstens gibt es zu
diesem Zeitpunkt eine verstärkte Germanisierungspolitik in Nordschleswig.
Zweitens ist Brandes Interesse ein Sonderfall seiner besonderen Form des
Nationalismus, der im Fremden das zweite, imaginäre Vaterland sucht, den
Kampf für die Freiheit einer unterdrückten Minderheit im Ausland als Ver-
längerung desselben Kampfes im eigenen Lande sieht und ihn so als etwas
betrachtet, das auf das „eigentliche" Vaterland positiv zurückwirken kann.
Drittens kann man von einem persönlichen Legitimationsbedürfnis sprechen.
Sehr gegen seinen Willen wurde Brandes, der sich als ‚Däne' empfand, in den
Jahren um die Jahrhundertwende verstärkt von Feinden wie von ‚Freunden',
von Antisemiten wie von Zionisten, als „Jude" identifiziert.[33] Um sich zwecks
Abwehr dieser Attacken in den nationalen Diskurs einzuschalten, schien
nichts geeigneter, als sich gerade mit jener unterdrückten dänischen Minderheit zu identifizieren, die unmittelbar im Zentrum des nationalromantischen
Nationalgefühls stand. Brandes versucht, mit seinen gewählten Landsleuten
diesseits und jenseits der Grenze innerhalb des nationalen Diskurses auf der
Grundlage unmittelbarer nationaler Gefühlsvorstellungen zu kommunizie-
ren, um diese Vorstellungen dann rationell, historisch und kosmopolitisch zu
durchleuchten und zu relativieren.

Dieser Versuch, sich mit dem ‚Dänischen' zu identifizieren und zugleich
seinen eigenen kosmopolitischen Rationalismus ins ‚Dänische' zu bringen,

(z.B. in den ersten Abschnitten von *Jenseits von Gut und Böse*). Dass Brandes diesen Gedan-
ken gekannt und positiv aufgenommen hat, geht aus der Diskussion mit dem Philosophiepro-
fessor Harald Høffding anlässlich von Brandes Vorlesungen und seines Aufsatzes über den
„Aristokratischen Radikalismus" hervor. Høffding hatte heftig gegen Nietzsches angebliche
Ablehnung der Wahrheit und Befürwortung der Illusion protestiert (Vgl. Høffding, Harald.
„Demokratisk Radikalisme", in: *Tilskueren* (1888), Jahrgang 6, S. 849-872, hier besonders
S. 850-851 und S. 866-868). In seiner Antwort weist Brandes an Hand von Nietzsche-Zitaten
aus *Die Genealogie der Moral* und *Die fröhliche Wissenschaft* nach, dass diese Darstellung
des Perspektivismus unzutreffend ist; Nietzsche bejahe zwar dem Leben und dem Macht-
willen nützliche Illusionen, erkenne diese Illusionen aber nur als vorläufig gültig an, da die
spätere Überprüfung ihrer Wahrheit oder Unwahrheit erforderlich sei; Brandes scheint beide
Seiten der Stellung Nietzsches zur Wahrheitsproblematik zu bejahen (vgl. Brandes, Georg:
„Det store Menneske, Kulturens Kilde", in: *Tilskueren* (1890), Jahrgang 7, S. 1- 25, hier besonders S. 8-10).

[33] Brandes reagierte einerseits auf den Antisemitismus der Jahrhundertwende mit mehreren
Aufsätzen zum Begriff der Rasse und der Rassenreinheit. Andererseits kamen seine kritische
Stellungnahme zum Zionismus, seine Ablehnung eines partikularistischen jüdischen Nationa-
lismus und seine Befürwortung der Assimilation und des Kampfes um die Einbürgerung in
das jeweils gewählte Vaterland in dem Aufsatz „Zionismen" beispielhaft zum Ausdruck; seine
Stellungnahme hatte deutlich die Funktion, sich gegen die Identifikation als „Fremder", als
„Jude" abzuschotten und seine Identität als „Däne" zu stärken. (Vgl. Brandes, Georg: „Zionis-
men", in: Brandes, Georg: *Samlede Skrifter*, Band 18, S. 407-12. Zur Differenziertheit und zur
Entwicklung seiner Stellungnahme zum Judentum und zum Zionismus siehe auch: Knudsen:
Jørgen. *Magt og Afmagt I. 1896-1914*. Kopenhagen: Gyldendal, 1998, S. 47-66)

gelingt aber nur zum Teil. Gelegentlich scheint Brandes in den „Sønderjylland"-Aufsätzen in einen nationalistischen, antideutschen Ton zu verfallen. Wo er das dialektische Gleichgewicht von emotionaler Identifikation und ironischer Distanz nicht ganz halten kann, versucht er dieses Gleichgewicht wiederzugewinnen, indem er in anderen Texten, wie zum Beispiel in „Rechte und Pflichte des Schwächeren", scheinbar sich selbst widerspricht und ins andere Extrem verfällt, also das gerade Gegenteil von dem behauptet, was er in den „Sønderjylland"-Aufsätzen über die Dänen und ihre hohe Kultur sagt. Die Extreme hängen aber zusammen wie zwei Seiten derselben Strategie. Seine Aufsätze über Sønderjylland sind – wie auch seine politischen Reden – zum Teil als Perlokution zu verstehen, als ein Sprechakt, der nur zum Teil einen tatsächlichen Zustand schildert, den Dänen aber vor allem das Vorbild eines noch zu verwirklichenden Gesellschaftszustandes vor Augen hält. Die überraschend kritische Distanz in anderen, gleichzeitig entstandenen Texten ist kein Selbstwiderspruch, sondern drückt dieselbe Strategie der Aufklärung aus, hier nur mit dem Mittel der Kritik weitergeführt. Die Extreme sind Ausdruck einer Linie: Ob Brandes das Nationale bejaht oder kritisch beurteilt, immer geht es ihm, dem rational Denkenden, um die Möglichkeit der individuellen Freiheit, um die Freiheit des kritischen Gedankens. Allerdings wird diese individualistische Gesinnung immer aristokratischer: Brandes sieht ungefähr ab 1900 keine große Volksbewegung mehr, wie z.B. die Arbeiterbewegung, die nicht von der Vaterländerei verblendet wäre und die den Nationalismus hätte zurückdrängen können. Sein Anhaltspunkt wird immer mehr „der große Mensch" als Quelle der Kultur; seine einzige Hoffnung, der Entwicklung Einhalt zu gebieten, immer mehr die Kommunikation zwischen den aufgeklärten Eliten aller Nationen. Diese kosmopolitische Hoffnung ging 1914 im Donner der Kanonen unter.

Literatur

Anderson, Benedict. *Imagined Communities: Reflections on the Origin and Spread of Nationalism*. New York London: Verso 2006 (Revised Edition).

Brandes, Georg: *Samlede Skrifter I-XVIII*. Kopenhagen: Gyldendal 1899-1910.

Brandes, Georg: *Udvalgte Skrifter 1-9*. Hrsg. v. Sven Møller Kristensen. Kopenhagen: Tiderne Skifter 1984.

Brandes, Georg: *Berlin som Tysk Rigshovedstad*. Kopenhagen: P. G. Philipsens Forlag 1885.

Brandes, Georg: *Berlin als deutsche Reichshauptstadt. Erinnerungen aus den Jahren 1877-1883*. Aus dem Dänischen von Peter Urban-Halle. Hrsg. v. Erik Christensen und Hans-Dietrich Loock. Berlin: Colloquiums Verlag 1989.

Brandes, Georg. *Hovedstrømninger i det nittende Århundredes Litteratur 1-6*. Kopenhagen: Jespersen & Pios Forlag 1966.

Brandes, Georg. *Correspondance de Georg Brandes*: Lettres choisies et annotées par Paul Krüger. Kopenhagen: Rosenkilde & Bagger 1952-1966.

Brandes, Georg: „Danskheden i Sønderjylland", in: Brandes, Georg: *Samlede Skrifter*, Band 12, S. 205-219.

Brandes, Georg: „Den ariske race", in: Brandes, Georg: *Samlede Skrifter*, Band 18, S. 347-351.

Brandes, Georg: „Den Svageres Ret og Pligt", in: Brandes, Georg: *Samlede Skrifter*, Band 17, S. 68-73.

Brandes, Georg: „Det store Menneske, Kulturens Kilde", in: *Tilskueren* (1890), Jahrgang 7, S. 1- 25.

Brandes, Georg „Friedrich Nietzsche. En Afhandling om Aristokratisk Radikalisme", in: Brandes, Georg: *Samlede Skrifter*, Band 7, S. 596-664.

Brandes, Georg: „Henrik Ibsen", in: Brandes, Georg: *Samlede Skrifter*, Band 3, S. 237-354.

Brandes, Georg: „Henrik Ibsen. I Tyskland", in: Brandes, Georg: *Samlede Skrifter*, Band 17, S. 228-253.

Brandes, Georg: „Hvad er dansk Folkekarakter?", in: *Samlede Skrifter*, Band 15, S. 64-68.

Brandes Georg: „Nationalisme", in: Brandes, Georg: *Samlede Skrifter*, Band 15, S. 347-350.

Brandes, Georg: „Nationalfølelse", in: Brandes, Georg: *Samlede skrifter*, Band 12, S. 187-204.

Brandes, Georg: „Raceteorier", in: Brandes, Georg: *Udvalgte Skrifter*, Band 8, S.164-170.

Brandes, Georg: „Nutidscivilisation", in: Brandes, Georg: *Samlede Skrifter*, Band 17, S.34-38.

Brandes, Georg: „Sandhedshadet", in: Brandes, Georg: *Samlede Skrifter* Band 15, S. 477-481.

Brandes, Georg: „Sønderjyllands betydning for dansk Kultur", in: Brandes, Georg: *Samlede Skrifter*, Band 12, S. 236-252.

Brandes, Georg: „Tale på Møen", in: Brandes, Georg: *Samlede Skrifter*, Band 15, S. 440-445.

Brandes, Georg: „Tale i Sorø", in: Brandes, Georg: *Samlede Skrifter*, Band 15, S. 436-440.

Brandes, Georg: „Tale på Grundlovsdagen" (5. Juni 1884), in: Brandes, Georg: *Udvalgte Skrifter*, Band 9, S.7-8.

Brandes, Georg: „Til de tyske Studenter", in: Brandes, Georg: *Samlede Skrifter,* Band 17, S. 64-68.

Brandes, Georg: „Aabent Brev til Georges Clemenceau" und „Svar til Georges Clemenceau" , in: Brandes, Georg: *Udvalgte Skrifter,* Band 9, S. 68-77.

Brandes, Georg: „Zionismen", in: Brandes, Georg: *Samlede Skrifter*, Band 18, S. 407-12.

Høffding, Harald. „Demokratisk Radikalisme", in: *Tilskueren* (1888), Jahrgang 6, S. 849-72.

Knudsen, Jørgen. *Magt og Afmagt I. 1896-1914*. Kopenhagen: Gyldendal, 1998.

Matthias Bauer

Symbol, Mythos, Seismogramm. Literarische Rückblicke auf das Wien von (vor)gestern bei Hilde Spiel, Stefan Zweig und Hermann Broch

Wien ist eine nostalgische, im Ersten Bezirk geradezu museal anmutende und doch höchst vitale Stadt. Ihre Attraktivität für Touristen aus Nah und Fern besteht nicht zuletzt darin, dass diese Stadt alle Annehmlichkeiten des 21. Jahrhunderts mit den Empfindungen einer Zeitreise ins ausgehende 19. Jahrhundert verbindet. Wer heutzutage die Ringstraße mit ihren bestens konservierten Prachtbauten entlang flaniert, eines der traditionsreichen Kaffeehäuser besucht, einen Fiaker am Stephansplatz oder vor der Hofburg besteigt oder gar am Opernball teilnimmt, taucht in die Vergangenheit, die Vergangenheit des Habsburgerreiches im Fin-de-siècle ein, als noch kaum jemand etwas von den Katastrophen des 20. Jahrhunderts ahnen konnte.

Im Rückblick auf die lange Amtszeit des vorletzten Kaisers, die von 1848 bis 1916 dauerte, und im Bewusstsein der Zäsur des Ersten Weltkriegs, dessen Ende mit der Abschaffung der Monarchie zusammenfiel, sparen viele kulturhistorische Darstellungen der Donaumetropole – fasziniert von der Wiener Moderne, die noch vor der Jahrhundertwende entstand – die Zeit zwischen 1918 und 1933 und somit auch die Vorgeschichte des Zweiten Weltkriegs aus. Deutlich anders verfuhr Hilde Spiel in ihrem Epochengemälde *Glanz und Untergang. Wien 1866-1938* (Erstausgabe 1987), das die Linien bis zur Shoa zieht. Das ,Abendrot', das im letzten Kapitel dieses Buches über der Stadt liegt, ist gleichwohl der Widerschein ehemaliger Größe und somit nostalgisch gefärbt. Zu dieser Stimmung passt die Schlafwandler-Metapher, die von Hermann Broch inauguriert und noch unlängst von Christopher Clark benutzt wurde, um zu erklären, wie Österreich in den Ersten Weltkrieg taumelte. Bei Spiel taucht diese Metapher allerdings nur zwischen den Zeilen auf, wenn die mit dem Attentat in Sarajewo einsetzende Entwicklung als ,unwirklich' apostrophiert wird:

> Dieser Weltkrieg, der nach fünfzig Jahren relativen Friedens ausgebrochen war, kam den meisten Menschen zunächst so unwirklich vor, daß niemand die volle Bedeutung der Ereignisse zu fassen vermochte – nicht einmal die Staatsmänner, Politiker und Generäle, die sie selbst in Gang gesetzt hatten.[1]

---

[1] Hilde Spiel, *Glanz und Untergang. Wien 1866 – 1938*. Autorisierte Übersetzung aus dem Englischen von Hanna Neves. Mit Photographien von Franz Hubmann. München: Kremayr & Scherlau Zweite, ergänzte Auflage 1988. [1987], hier S. 184. Im Folgenden jeweils unter

Am Ende führte das sinnlose Gemetzel zu einer völligen Umkehr der politischen Verhältnisse in Russland, Österreich und Deutschland. Soweit es die k. u. k. Monarchie betrifft, stürzte im November 1918 „eine Dynastie, die in Europa, und zuweilen auch in Übersee, ohne Unterbrechung nahezu siebeneinhalb Jahrhundert geherrscht hatte" (GU 194) – eine heute unvorstellbar lange Zeit, die erklären kann, warum vor 1914 so viele Menschen von der Ewigkeit des Habsburgerreichs überzeugt waren. Dass dieses Reich trotz des Ausgleichs zwischen Österreich und Ungarn im Februar 1867 und des folgenden wirtschaftlichen Aufschwungs doch nicht von Dauer sein könnte, lag für sie außerhalb des Vorstellbaren. Dennoch starb die Monarchie – symbolisch bereits mit Franz Joseph I; der neue, letzte Kaiser

> entließ alsbald seinen Generalstabschef Conrad von Hötzendorf, berief das Parlament wieder ein, das 1914 nach Hause geschickt worden war, und verkündete eine Amnestie für alle Slawen – doch es half nichts mehr. Sein Reich und Thron waren zum Untergang verurteilt. (GU 195)

Allein, dem realhistorischen Untergang folgte eine bemerkenswerte Wiederauferstehung. Hilde Spiel jedenfalls behauptet:

> Der ‚habsburgische Mythos', wie ihn der – im ehemaligen österreichischen Seehafen Triest geborene – italienische Germanist und Historiker Claudio Magris nennt, erschien in der Literatur. Nicht nur Lernet-Holenia, Joseph Roth und, auf seine kritischere Weise, Robert Musil ließen sich von ihrer Phantasie in die Doppelmonarchie zurückversetzen: auch eine Anzahl weiterer Autoren sonnte sich nunmehr in einem Klima, das milder und oft skurriler gewesen war als die Gegenwart. (GU 222)

Gemünzt ist diese Aussage auf retrospektiv angelegte Romane wie *Der Mann ohne Eigenschaften* (Teilpublikation ab 1930), *Radetzkymarsch* (1932) oder *Die Standarte* (1934). Magris hatte wohl auch diese Werke im Blick, zielte mit der Kritik des ‚habsburgischen Mythos', die er 1963 in seiner Dissertation formuliert hatte, aber beileibe nicht nur auf die Literatur der Zwischenkriegszeit. Eine im Internet leicht zugängliche, jüngere Rezension verdeutlicht die Problematik dieser Kritik. Magris, so heißt es dort, unterstelle der österreichischen Literatur weniger

> eine Arbeit *am* Mythos, was freilich eine selbstreflexive Tätigkeit wäre, als vielmehr eine fortwährende Arbeit *des* habsburgischen Mythos [...] entlang eines Zeitprofils, das von Maria Theresia bis in die

---

Angabe der Seitenzahl zitiert mit der Sigle GU.

50er Jahre des 20. Jahrhunderts reicht. Argumentativer Dreh- und An-
gelpunkt ist die gescheiterte 1848er Revolution in Wien, die für alle nachfolgenden Schriftstellergenerationen eine Versöhnung mit der
Dynastie einläutete und zu zahlreichen literarischen Apotheosen derselben führte. Zusätzliches Profil erlangt die anachronistische ‚höhere
Idee‘ (Werfel) des dynastischen und zugleich supranationalen Staates
durch die Gegenüberstellung mit der deutschen Ideologie des Natio-
nalstaates. Kronzeugenstatus für das Auf- und Fortleben des Mythos
beanspruchen neben Joseph Schreyvogel, Grillparzer und Stifter auch
Spätgeborene wie Doderer und Rezzori.[2]

Hilde Spiel hingegen hebt weder auf die höhere Idee der supranationalen
Doppelmonarchie noch auf ihre Juxtaposition mit dem Zweiten Kaiserreich
unter preußischer Ägide – also auf die reaktionäre politische Implikatur des
‚habsburgischen Mythos‘ – ab, und sie hat auch nur die Zwischenkriegszeit
im Blick. Ihr geht es ausschließlich um das milde, wenn auch oft skurril ak-
zentuierte Klima der Lebenswelt, die von den Autoren dieser Zeit angeblich
beschworen wurde. Zu ihnen zählt sie neben den bereits genannten Albert
Paris Gütersloh und Fritz von Herzmanovsky-Orlando, die sich im Genre von
Fabel und Farce versuchten. (vgl. GU 222)

Seismografische Gedächtnisbildung

Im Folgenden soll das Augenmerk auf zwei non-fiktionale Texte verlagert
werden, die erst später entstanden, aber komplementär veranschaulichen, wie
man das vermeintliche Faszinosum der Ringstraßenzeit, in der das junge Wien
und der alte Kaiser, Moderne und Antimoderne gleichzeitig gleichermaßen
prägend für das geistige Klima in Österreichs Hauptstadt waren, literarisch
potenzieren respektive de-potenzieren kann. Stefan Zweig rekonstruiert in
seinen 1942 erstmals publizierten ‚Erinnerungen eines Europäers‘ *Die Welt
von Gestern* und kommt dabei nicht ohne Verklärungen aus; Hermann Brochs
1947/48 verfasste, aber erst 1955 veröffentlichte Studie *Hofmannsthal und
seine Zeit* dekonstruiert ernüchtert gerade die symbolische Auffassung der
Geschichte, die dort entsteht, wo Traum und Leben, Wunsch und Wirklichkeit
scheinbar bruchlos ineinanderfließen. Beide Bücher machen die Signatur der
Epoche am Weichbild von Wien und am Lebensgefühl der Wiener fest; beide
Bücher setzten in der Art, wie dieses Bild akzentuiert wird, die doppelte Erschütterung durch den Ersten und den Zweiten Weltkrieg voraus.

---

[2] Sven Achelpohl, „Eine Welt von gestern - ein Mythos von heute? Über Claudio Magris' *Der
habsburgische Mythos in der modernen österreichischen Literatur*" literaturkritik.de Rezensionsforum URL: http://literaturkritik.de/id/3725 (zuletzt eingesehen am 16.4.2017)

Schon aus diesem Grund findet man in Zweigs Memoiren und in Brochs Studie, wenn überhaupt, nur noch Sedimentspuren des ‚habsburgischen Mythos‘. So nostalgisch die ‚Erinnerungen eines Europäers‘ beginnen, so nachhaltig fokussieren sie alsbald auf die Spaltung von Kultur und Gesellschaft. Für Broch ist die Welt von gestern ohnehin nur noch die Welt von *vor*gestern und die Zwischenkriegszeit eine Zeit, in der ein Dichter wie Hugo von Hofmannsthal zunehmend anachronistisch wirken musste. Die Distanz gegenüber dem Kaiserreich, die bei Broch noch stärker ausgeprägt ist als bei Zweig, lässt beide Autoren eher mit Ironie als mit Nostalgie auf die soziale, politische und symbolische Ordnung der k. u. k. Monarchie zurückblicken. In dieser Hinsicht bietet sich vor allem *Der Mann ohne Eigenschaften* als Vergleichsfolie an. Dort firmiert der untergegangene Vielvölkerstaat bekanntlich als ‚Kakanien‘ und wird folgendermaßen charakterisiert: „Man handelte in diesem Land – und mitunter bis in den höchsten Graden der Leidenschaft und ihren Folgen – immer anders, als man dachte, oder dachte anders, als man handelte."[3] – „Es war seiner Verfassung nach liberal, aber es wurde klerikal regiert. Es wurde klerikal regiert, aber man lebte freisinnig. Vor dem Gesetz waren alle Bürger gleich, aber nicht alle waren eben Bürger."[4] Soweit es die Ironie der Geschichte betrifft liegt diese darin, dass ‚Kakanien‘ im Prinzip zwar ein Land für Genies war,[5] leider jedoch eine Bürokratie hatte, die „Genie und geniale Unternehmungssucht an Privatpersonen, die nicht durch hohe Geburt oder einen Staatsauftrag dazu privilegiert waren, als vorlautes Benehmen und Anmaßung"[6] empfand.

Wenn dieses Bild von einem Land im permanenten performativen Widerspruch das Ergebnis einer literarischen Legendenbildung darstellt, so stimmt diese Legende, diese Auslegung der rezenten Historie, offenkundig nicht mit der Lesart überein, die dem ‚habsburgischen Mythos‘, so wie ihn Magris aufgefasst hatte, eingeschrieben ist. Musil überführt die Rivalität von Deutschland und Österreich in eine letztlich obsolete ‚Parallelaktion‘, die ausschließt, dass man die Vergangenheit verklärt. Hervorgehoben wird stattdessen das zwiespältige „Gefühl der unzureichenden Gründe der eigenen Existenz",[7] das die Einwohner von ‚Kakanien‘ mit ihrem Staat verband. Aus dieser psychologischen Exposition folgt nicht nur die Kontingenz der Doppelmonarchie, son-

---

[3] Robert Musil, *Der Mann ohne Eigenschaften*. Roman. Herausgegeben von Adolf Frisé. Bd. I. Erstes und Zweites Buch. Reinbek bei Hamburg: Rowohlt 1986. [1933], hier S. 34.
[4] Ebd., S. 33.
[5] Vgl. ebd., S. 35.
[6] Ebd., S. 33.
[7] Ebd., S. 35.

dern auch die ihrer realhistorischen Katastrophe: Wenn es keine zureichenden Gründe dafür gibt, dass etwas existiert, ist dessen Auflösung einerseits mehr als wahrscheinlich, andererseits aber auch nicht zwingend.

Der merkwürdige Schwebezustand aller Verhältnisse, der aus dieser Gefühlslage resultiert, wird von Musil immer wieder anhand von Gleichnissen aus der Physik, insbesondere aus der Thermodynamik, erläutert, die mit Bewegungs- oder Entwicklungsabläufen rechnet, die lange Zeit keine eindeutige Richtung erkennen lassen, dann aber – aufgrund sich aufsummierender Verzweigungs- und Kippmomente – eine unaufhaltsame Drift erhalten, die ins Chaos führt. Diese Eigendynamik unterläuft jeden Versuch der Steuerung und Stabilisierung. Musil, so scheint es, ersetzt die vergleichsweise vage Schlafwandler-Metapher, die zur Mythenbildung verführt, durch eine ratioïde Konzeption. Sein Romanessay veranschaulicht die Kinematik historischer Prozesse mit Hilfe einer Gleichnisrede, die beständig hin- und herläuft zwischen der präzisen Terminologie der Naturwissenschaft, die eigentlich nicht geeignet ist, gesellschaftliche Zustände und Entwicklungen darzustellen, und der um Anschaulichkeit bemühten Schilderung solcher Zustände und Entwicklungen, die gemeinhin von der Literatur gemäß ihrer Rolle als Reflexionsinstanz der Lebenswelt in ihrer Geschichtlichkeit erwartet wird.

Eine solche Diskursformation führt zu einer Form der narrativen Gedächtnisbildung, die man als ‚seismografisch‘ bezeichnen könnte, da sie kleine Risse im sozialen Gefüge, größere Mentalitätseinschnitte und tektonische Verwerfungen mit dem Verzögerungseffekt ‚ver-zeichnet‘, mit dem traumatische Erfahrungen zu Bewusstsein gelangen, kognitiv verarbeitet und kommuniziert werden – eine Verzögerung, die zugleich Distanz schafft und so die Bedingung der Möglichkeit jener konstruktiven Ironie abgibt, die Musils ‚Kakanien‘-Darstellung durchgehend bestimmt.

Doppelte Erschütterung

Der seismografische Charakter der literarischen Gedächtnisbildung, die sich stets post festum vollzieht, lässt sich – weniger subtil als bei Musil, aber womöglich noch traumatischer grundiert – auch in den ‚Erinnerungen eines Europäers‘ erspüren, beschreibt Zweig *Die Welt von Gestern* doch in der furchtbaren Gewissheit, dass der Zweite Weltkrieg die friedliche Vereinigung Europas, die nach dem Ersten Weltkrieg immerhin möglich gewesen war und der sich der Autor leidenschaftlich angenommen hatte, bis auf Weiteres vollkommen unmöglich gemacht hatte.[8]

Dieser psychologische Zusammenhang, der am Ende der Buchlektüre offenkundig wird, bleibt im Vorwort zunächst dadurch verschleiert, dass Zweig den Eindruck erweckt, sich primär um eine ‚szenografische‘ Gedächtnisbildung zu bemühen. Er behauptet nämlich, im Text lediglich die Rolle „des Erklärers bei einem Lichtbildervortrag" zu spielen: „die Zeit gibt die Bilder, ich spreche nur die Worte dazu, und es wird eigentlich nicht so sehr mein Schicksal sein, das ich erzähle, sondern das einer ganzen Generation […]." (WG 9) Deutlich markiert wird hier der Anspruch, einen Beitrag zum sozialen Gedächtnis, zur intergenerationellen Erinnerung zu leisten; kaschiert wird hingegen die poietische Leistung des Verfassers. Als Zeitzeuge will er zwar erzählen und erklären, keinesfalls jedoch Hersteller, Urheber der Szenen sein, die dem Leser vor Augen gestellt werden. Die Reproduktion der Zeit leistet diese scheinbar selbst.

Auf der einen Seite handelt es sich hier um eine leicht durchschaubare Mystifikation, da die Zeit in diesem Sinne nicht agieren kann; auf der anderen Seite steckt in dem, was der Leser auf Anhieb bloß für eine façon de parler halten mag, ein tieferer Sinn. Denn Zweig rekonstruiert die Welt von gestern im Exil, im Bewusstsein einer Verlusterfahrung, die er angesichts von Hitlers Anspruch, ein Tausendjähriges Reich errichten zu wollen, für sich persönlich als irreversibel ansehen musste: „[…] die eigentliche Heimat, die mein Herz sich erwählt, Europa, ist mir verloren, seit es sich zum zweiten Mal selbstmörderisch zerfleischt im Bruderkriege." (WG 10)

Der in Wien aufgewachsene, vor den Nationalsozialisten erst nach London und dann nach Südamerika geflüchtete Schriftsteller hatte somit auf äußerst schmerzhafte, bittere Art und Weise erfahren müssen, dass sich die Geschichte tatsächlich reproduziert. Das aber bedeutet, dass Zweig die untergegangene Welt des Kaiserreichs in der Doppelbelichtung durch die Katastrophe des Ersten Weltkriegs erscheint, die der Zweite wiederholt: „Ich allein bin Zeitgenosse der beiden größten Kriege der Menschheit gewesen und habe sogar jeden erlebt auf einer anderen Front, den einen auf der deutschen, den andern auf der antideutschen." (WG 13)

Das Ausmaß der Erschütterung durch diese beiden Katastrophen wird vollends deutlich, wenn Zweig die Welt von gestern auf die erstaunliche For-

---

[8] Stefan Zweig, *Die Welt von Gestern. Erinnerungen eines Europäers.* Köln: Anaconda 2013. [1942], hier S. 572. Im Folgenden jeweils unter Angabe der Seitenzahl zitiert mit der Sigle WG.

mel bringt: „[…] es war das goldene Zeitalter der Sicherheit. Alles in unserer tausendjährigen österreichischen Monarchie schien auf Dauer gegründet und der Staat selbst der oberste Garant dieser Beständigkeit." (WG 17) Weiter heißt es: „Niemand glaubte an Kriege, an Revolutionen und Umstürze. Alles Radikale, alles Gewaltsame schien bereits unmöglich in einem Zeitalter der Vernunft." (WG 18) Dramaturgisch betrachtet ist die Formel vom goldenen Zeitalter der Sicherheit die Bedingung der Möglichkeit ihrer umfassenden Erschütterung. Der ‚plot‘ der Memoiren läuft denn auch, ausgehend von den ersten feinen Rissen im Generationenverhältnis, darauf hinaus das zunächst allmähliche und sich dann überstürzende Zerbrechen der Gewissheiten aufzuzeigen, die Zweigs Eltern noch für unumstößlich hielten.

Indirekt enthüllt Zweig diese Erzähldramaturgie, wenn er nur wenige Seiten, nachdem er die trügerische Formel vom ‚goldenen Zeitalter der Sicherheit‘ eingeführt hat, erklärt, es sei für alle, die das Wort ‚Sicherheit‘ inzwischen aus ihrem Vokabular gestrichen hätten, billig, im Nachhinein den Idealismus der Generation zu belächeln, die annahm, dem technischen Fortschritt müsse der moralische Aufstieg der Menschheit folgen (vgl. WG 21). „Heute, da das große Gewitter sie längst zerschmettert hat, wissen wir endgültig, dass jene Welt der Sicherheit ein Traumschloss gewesen. Aber doch: meine Eltern haben darin gewohnt wie in einem steinernen Haus." (WG 22)

Der Kitt, der dieses Haus wie die Gesellschaft insgesamt zusammenhielt und es einer jüdischen Familie erlaubte, sich in Wien heimisch zu fühlen, war für Zweig der leidenschaftliche Drang zum Kulturellen (vgl. WG 29 f. und 31).

> Aufnahmswillig und mit einem besonderen Sinn für Empfänglichkeit begabt, zog diese Stadt die disparatesten Kräfte an sich, entspannte, lockerte, begütigte sie; es war lind, hier zu leben, in dieser Atmosphäre geistiger Konzilianz, und unbewusst wurde jeder Bürger dieser Stadt zum Übernationalen, zum Kosmopolitischen, zum Weltbürger erzogen. (WG 32)

So beschreibt Zweig den genius loci der Donaumetropole, in der sich die Gesinnungsart des Vielvölkerstaates – discordia cordans – reflektiert. Tatsächlich bezeichnet Zweig die Kultur der Stadt als „eine Synthese aller abendländischen Kulturen" und fügt hinzu: „wer dort lebte und wirkte, fühlte sich frei von Enge und Vorurteil. Nirgends war es leichter Europäer zu sein […]." (WG 46)

Konfrontiert man dieses Stadt- und Epochengemälde mit dem Bild, das die historische Forschung gezeichnet hat, könnte die Diskrepanz kaum größer sein. Denn die Unterschrift zu diesem Bild lautet gemeinhin, dass in Wien und Österreich zu dieser Zeit die „Triebgrundlage des Dritten Reichs" (Walter Jens) im Entstehen begriffen war, also die Antithese zu aller abendländischen Kultur wie zu jeder Idee einer friedlichen Verständigung in Europa. Zweigs Erinnerung, „selbst als Lueger als Führer der antisemistischen Partei Bürgermeister der Stadt wurde, [...] weder in der Schule noch auf der Universität noch in der Literatur jemals die geringste Hemmung oder Missachtung als Jude erfahren zu haben", (WG 47) mutet angesichts der Erfahrungen, die Arthur Schnitzler, Sigmund Freud und ihre Väter bereits vor Luegers Aufstieg am selben Ort machen mussten, geradezu unglaublich an, passt aber bestens zum Plan der seismografischen Gedächtnisbildung. Sie verlangt die Exposition einer Welt, die noch nicht aus den Fugen geraten ist – einer Welt, die, scheinbar verlässlich, in sich ruht und in der es zumindest gleichwahrscheinlich ist, dass sie im Lot bleibt oder ins Strudeln gerät.

Erste Risse bekommt Zweigs Gemälde, als es im zweiten Kapitel seiner Erinnerungen um ‚Die Schule im vorigen Jahrhundert' geht. Sie war, wie der Autor unumwunden einräumen muss, „ein kalter Lernapparat [...] und das Kasernenhafte des Umgangs war es, was uns unbewusst erbitterte" (WG 54). Erst nach der Matura wurde Zweig der tiefere Grund dieses Umgangs klar: „Die Welt vor uns oder über uns, die alle ihre Gedanken einzig auf den Fetisch der Sicherheit einstellte, liebte die Jugend nicht oder vielmehr: sie hatte ein ständiges Misstrauen gegen sie." (WG 58) Die Risse, die das Gemälde erhält, rühren also von einer Kluft zwischen den Generationen her: Zwischen den Jungen, die vielleicht damals schon ahnten, wie sehr das vorherrschende Sicherheitsbedürfnis jeder Neuerung entgegenstand, und den Alten, die sich, wie die Lehrer in der Schule, „sklavisch an das Schema" (WG 56) der Lehrpläne und an die Überlieferung hielten, aus der sie einen Fetisch machten. Jedenfalls lag die „wahre Mission" der staatlichen Erziehung weniger daran, „uns vorwärtszubringen als uns zurückzuhalten, nicht uns innerlich auszuformen, sondern dem geordneten Gefüge möglichst widerstandslos einzupassen, nicht unsere Energie zu steigern, sondern sie zu disziplinieren und zu nivellieren" (WG 61) – mit den allseits bekannten Folgen für die Entwicklung des Aggressionstriebs wie für seine militärische Verwendung. Musils *Törleß* (1906) ließ diesen Zusammenhang, wiederum mit seismografischem Gespür für sich unterschwellig anbahnende Verwerfungen und Erschütterungen, frühzeitig ahnen.

Zweig hingegen leitet aus seiner Schulzeit eine Abneigung gegen alles Autoritäre, Apodiktische und Dogmatische (vgl. WG 62) sowie eine Vorliebe für jene Schriftsteller ab, die nicht auf dem Lehrplan standen: Nietzsche, Strindberg (vgl. WG 65) und Kierkegaard (WG 67). Seine Darstellung legt es nahe, von einem strukturellen Gegensatz zwischen dem „künstlerischen Humus der Stadt" (WG 87) Wien und den Erziehungsinstanzen des Staates auszugehen, auf den die Jugend reagierte, indem sie die unorthodoxen Erneuerer der Kultur verehrte, darunter Gustav Mahler und Adolf Loos. Überlagert wird dieser Gegensatz jedoch von einer Prozesslogik der zunehmenden Radikalisierung und Polarisierung:

> Alle die unterirdischen Risse und Sprünge zwischen den Rassen und Klassen, die das Zeitalter der Konzilianz so mühsam verkleistert hatte, brachen auf und wurden über Abgründe und Krieg. In Wirklichkeit hatte in jenem letzten Jahrzehnt vor dem neuen Jahrhundert der Krieg aller gegen alle in Österreich schon begonnen. (WG 98 f.)

Spätestens an dieser Stelle wird das erzähldramaturgische Kalkül, dem Zweig in seinem Rückblick auf die Welt von gestern folgt, offensichtlich. Es setzt auf den Kontrast zwischen dem Sicherheitsgefühl der Elterngeneration und der eigenen Verunsicherung, auf die Kluft zwischen Frieden und Krieg, Inklusion und Exklusion. Just auf der Universität – also dort, wo die neue, die Welt von morgen bestimmende Elite ausgebildet wird – begegnet Zweig und anderen Sprösslingen wohlsituierter jüdischer Familien eine „Lust an der Aggressivität und gleichzeitige Lust an der Hordenservilität" (WG 135) rechtsgesinnter Corpsstudenten, die sich alsbald verbindet mit der „Pest des Rassenreinheitswahns, der unserer Welt verhängnisvoller geworden ist als die wirkliche Pest in früheren Jahrhunderten." (WG 249) Allein: Zweig nahm diese Verbindung wie viele seiner Zeitgenossen wohl wahr, aber lange nicht ernst, nicht ernst genug. Sein Empfinden war eher davon bestimmt, dass die Welt zu Beginn des 20. Jahrhunderts schöner und freier, weiter und schneller wurde durch all die grenzüberschreitenden Techniken, die größtenteils zwar schon im 19. Jahrhundert erfunden worden waren, nun aber massentauglich wurden und eine entsprechende Breitenwirkung entfalten konnten: Telegraph und Telefon, Dampflokomotive und Automobil, Photographie, Phonographie und Kinematographie (vgl. WG 262). Die allgemeine Erweiterung von Bewegungsradius und geistigem Horizont wurde in Zweigs Generation mit Zuversicht quittiert:

> [...] wir waren überzeugt, dass die geistige, die moralische Kraft Europas sich triumphierend bekunden würde im letzten kritischen Augenblick. Unser gemeinsamer Idealismus, unser im Fortschritt bedingter Optimismus ließ uns die Gefahr verkennen und verachten. (WG 270)

Mit anderen Worten: die Prozesslogik der politischen Radikalisierung und Polarisierung wurde ihrerseits überlagert respektive verdeckt durch eine „tonische Welle von Kraft" (WG 266), wie Zweig die seine Zeitgenossen mitreißende Energie der Welterneuerung nennt. Nur unter dieser Voraussetzung lässt sich die „seelische Atmosphäre" (WG 278) in Österreich, unmittelbar vor Ausbruch des Ersten Weltkriegs nachvollziehen, wie Zweig sie schildert:

> Jener Sommer 1914 wäre auch ohne das Verhängnis, das er über die europäische Erde brachte, uns unvergesslich geblieben. Denn selten habe ich einen erlebt, der üppiger, schöner, und fast möchte ich sagen, sommerlicher gewesen. Seidenblau der Himmel durch Tage und Tage, weich und doch nicht schwül die Luft, duftig und warm die Wiesen, dunkel und füllig die Wälder mit ihrem jungen Grün; heute noch, wenn ich das Wort Sommer ausspreche, muss ich unwillkürlich an jene strahlenden Junitage denken, die ich damals in Baden bei Wien verbrachte. (WG 288)

Selbst wenn man unterstellt, das nachträgliche Wissen um die folgende Katastrophe habe den Sommer 1914 zu jener sprichwörtlichen Ruhe vor dem Sturm verklärt, die alle Anzeichen einer Idylle aufweist, liegt das entscheidende Moment doch darin, dass den Menschen damals, Zweig zufolge, selbst nach dem Attentat von Sarajewo jedes seismografische Gespür für das sich Anbahnende abging:

> Einer sagte dem anderen die unerwartete Nachricht weiter. Aber um der Wahrheit die Ehre zu geben: keine sonderliche Erschütterung oder Erbitterung war von den Gesichtern abzulesen. Denn der Thronfolger war keineswegs beliebt gewesen. (WG 290)

Sogar der Kaiser, der zugunsten des Ermordeten nicht hatte abdanken wollen, weil er ihn für einen „gefährlichen Narren" hielt (zit. n. GU 186), war nur mäßig betroffen. Umso erstaunlicher mutet der jähe Umschwung in „einen Zustand der Überreizung" (WG 313) an, in den alle Krieg führenden Völker alsbald gerieten. Zweig erklärt diesen Umschwung mit der Rolle der Intellektuellen. Er stellt fest:

> Nun liegt es in der menschlichen Natur, dass sich starke Gefühle nicht ins Unendliche prolongieren lassen, weder in einem einzelnen Individuum noch in einem Volke, und das weiß die militärische Organisation. Sie benötigt darum eine künstliche Aufstachelung, ein ständiges ‚doping' der Erregung, und diesen Aufpeitschungsdienst sollten – mit gutem oder schlechtem Gewissen, ehrlich oder aus fachlicher Routine – die Intellektuellen leisten, die Dichter, die Schriftsteller, die Journalisten. Sie hatten die Hasstrommel zu schlagen und schlugen sie kräftig, bis jedem Unbefangenen die Ohren gellten und das Herz erschauerte. Gehorsam dienten sie fast alle in Deutschland, in Frank-

reich, in Italien, in Russland, in Belgien der ‚Kriegspropaganda' und damit dem Massenwahn und Massenhass des Krieges, statt ihn zu bekämpfen. (WG 313 f.)

Und der Weltbürger Zweig? Stand er tatenlos, angewidert beiseite? Hilde Spiel hat daran erinnert, wie viele Schriftsteller und Dichter Zuflucht entweder im k. u. k. Kriegsarchiv oder im Kriegspressedienst fanden, „[…] darunter Rainer Maria Rilke, Franz Werfel und der große Reporter Egon Erwin Kisch aus Prag, Alfred Polgar, Felix Braun, Franz Theodor Csokor, Hans Müller und Emil Lucka." (GU 193). Über Stefan Zweig heißt es bei Spiel:

> Stefan Zweig, ein überzeugter Pazifist, dem 1917 die Übersiedlung in die neutrale Schweiz gelingen sollte, arbeitete gleichfalls zeitweilig im Kriegsarchiv, wo er sich nicht scheute, gemeinsam mit F. K. Ginzkey und R. H. Bartsch einen schaurigen Bericht über *Die russische Invasion in Galizien* zusammenzubrauen. (GU 193)

Zweig gehörte also, zumindest anfangs, selbst zu den Verstrickten. Sein Versuch, von Zürich aus einen Schriftsteller-Kongress für den Frieden abzuhalten, scheiterte. In seinen Memoiren datiert er den Beginn seines publizistischen „Kampfes gegen den Verrat der Vernunft an die aktuelle Massenleidenschaft" (WG 317) allerdings bereits auf die ersten Kriegswochen zurück, als jedes Gespräch in dummen Phrasen endete wie: „Wer nicht hassen kann, der kann auch nicht richtig lieben" (WG 316) – „Da blieb nur eines: sich in sich selbst zurückziehen und schweigen, solange die andern fieberten und tobten." (WG 316)

Einer der wenigen Gleichgesinnten, auf die Zweig stets setzen konnte, war Georg Brandes, der ihn bei seinen Aufenthalten in Österreich regelmäßig besuchte. (vgl. WG 459) Brandes war gleich auf die ersten Veröffentlichungen des jungen Autors aufmerksam geworden, wie dieser in seinen Memoiren stolz berichtet (vgl. WG 174). Der Däne erzählte Zweig von seinen Begegnungen mit Walt Whitman, Gustave Flaubert, Charles Dickens, Richard Strauss und Richard Wagner (vgl. WG 226). Während des Ersten Weltkrieges wurde er in seiner eigenen Heimat wegen seiner neutralen, dem Pazifismus geschuldeten Haltung heftig angegriffen.[9]

Was Brandes und Zweig als Kriegsgegner verband, trennte sie zugleich von der Mehrheit ihrer Zeitgenossen – auch von denen, die nicht nationalistisch oder gar rassistisch gesinnt waren. Obwohl die anfängliche Kriegsbe-

---

[9] Vgl. Harald Wolbersen, *Georg Brandes und der Erste Weltkrieg: zur Positionierung eines europäischen Intellektuellen im „Krieg der Geister"*. Uelvesbül: Der andere Verlag 2009.

geisterung der Mehrheit mehr und mehr einem lähmenden Erschrecken über das qualvolle Massensterben an den Fronten wich, zog sich die Katastrophe unerträglich lange hin. Als Zweig endlich aus der Schweiz nach Österreich zurückkehren konnte, erlebte er an der Grenzstation „eine aufregende Minute" (WG 376). Ein entgegenkommender Zug versetzte die anwesenden Polizisten und Beamten in Unruhe; auf dem Perron sammelten sich Schaulustige, durch die eine „fühlbare Bewegung" (WG 377) ging, als ein breiter Salonwagen durch den Bahnhof fuhr:

> Da erkannte ich hinter der Spiegelscheibe des Waggons hoch aufgerichtet Kaiser Karl, den letzten Kaiser von Österreich und seine schwarzgekleidete Gemahlin, Kaiserin Zita. Ich schrak zusammen: der letzte Kaiser von Österreich, der Erbe der habsburgischen Dynastie, die siebenhundert Jahre das Land regiert, verließ sein Reich! Obwohl er die formelle Abdankung verweigert, hatte die Republik ihm die Abreise unter allen Ehren gestattet oder sie vielmehr von ihm erzwungen. […] Es war ein historischer Augenblick, den ich erlebte – und doppelt erschütternd für einen, der in der Tradition des Kaiserreichs aufgewachsen war, der als erstes Lied in der Schule das Kaiserlied gesungen […]. Ich hatte unzählige Male den alten Kaiser gesehen in der heute längst legendär gewordenen Pracht der großen Feierlichkeiten […]. ‚Der Kaiser', dieses Wort war für uns der Inbegriff aller Macht, allen Reichtums gewesen, das Symbol von Österreichs Dauer, und man hatte von Kind an gelernt diese zwei Silben mit Ehrfurcht auszusprechen. Und nun sah ich seinen Erben, den letzten Kaiser von Österreich, als Vertriebenen das Land verlassen. (WG 377 f.)

Hier liegt zweifellos eine Reminiszenz an den ‚habsburgischen Mythos', an die nunmehr verblichene Aura von Macht und Größe vor. Dass die zufällige Begegnung mit dem letzten Kaiser für Zweig ‚doppelt erschütternd' war, weil er seine Kindheit und Jugend in der k. u. k. Monarchie verbracht hatte und sich in diesem Moment nicht nur der Historizität des Kaisertums, sondern auch der seiner eigenen Existenz innewurde, ist psychologisch durchaus verständlich. Im Kontext der ‚Erinnerungen eines Europäers' wiegt diese nostalgische Empfindung freilich wenig im Vergleich zu der doppelten Erschütterung des Verfassers durch zwei Weltkriege und die sinnlose, barbarische Vernichtung von Minderheiten, die sein politisches Lebenswerk wie seine Hoffnung auf eine bessere Welt zunichtegemacht hatte. Die für Zweig entscheidende Katastrophe war der erneute Absturz in Menschenverachtung, Völkerhass und Rassenwahn.

Symbol und Seismogramm

Mit der Wendung vom Kaiser als ,Symbol von Österreichs Dauer' lieferte Zweig seinen Lesern 1942, vierundzwanzig Jahre nach dem Untergang der Habsburger-Dynastie, die Stichworte, die Hermann Broch fünf, sechs Jahre später in der Studie *Hofmannsthal und seine Zeit* aufgreifen und zu einem Epochengemälde verdichten sollte, das als Doppelporträt von Dichter und Kaiser angelegt ist. Wurde Zweig die Unvernunft, die seine Landsleute bereits im Fin-de-siècle ergriffen hatte, eigentlich erst so richtig mit dem Ausbruch des Ersten Weltkriegs aufgrund der Begeisterung deutlich, mit der sie ins Feld zogen, bahnte sie sich für Broch zumindest im Rückblick bereits wesentlich früher an: „Das so rationale 19. Jahrhundert hatte bereits allenthalben begonnen sich zu irrationalisieren, nicht zuletzt in seiner Maschinen- und Produktionsberauschtheit."[10]

Der Fortschrittsoptimismus, der Zweig noch in der ersten Dekade des 20. Jahrhunderts davon abhielt, die Gefahren zu erkennen, die sich aus der zunehmenden Politisierung und Radikalisierung der Gesellschaft ergaben, war aus Brochs Sicht mithin nicht etwa das Gegenstück, sondern die genaue Entsprechung der grassierenden Unvernunft. Sie schuf für ihn ein Wert-Vakuum, über das sich die Zeitgenossen mit Gemütlichkeit hinwegzutäuschen beliebten. So jedenfalls kann man die Bemerkung verstehen, mit der sein Kapitel über ,Die fröhliche Apokalypse Wiens um 1880' einsetzt:

> Auch in Wien beherrschte das Wert-Vakuum die Jahre von 1870 bis 1890, aber die waren hier eher die Backhendl- und nicht wie in Deutschland die Gründerzeit, und sie wurden daher so leicht genommen, wie es sich für ein Vakuum geziemt (HZ 46)

Der Unterschied könnte kaum größer sein: Während Zweig die Epoche vor dem Ersten Weltkrieg, die im Wesentlichen mit der Amtsdauer des vorletzten Kaisers von 1848 bis 1916 zusammengefallen war, zum ,goldenen Zeitalter der Sicherheit' stilisiert, ist der alle Gewissheiten untergrabende Umsturz vom Idealismus in den Nihilismus und Zynismus für Broch bereits um 1880 eine unumkehrbare historische Tatsache. Die ,Maschinen- und Produktionsberauschtheit' mochte die Zeitgenossen über das entstandene Wert-Vakuum hinwegtäuschen, sie war aber, genau genommen, nur das seelische Pendant zu dem Dekor, von dem sich erst Adolf Loos mit aller Entschiedenheit absetzen

---

[10] Hermann Broch, *Hofmannsthal und seine Zeit. Eine Studie.* Herausgegeben und mit einem Nachwort versehen von Paul Michael Lützeler. Frankfurt am Main: Suhrkamp 2001. [1955], hier S. 26. Im Folgenden jeweils unter Angabe der Seitenzahl zitiert mit der Sigle HZ.

sollte, als er das Ornament zu einem Verbrechen erklärte.[11] Folglich lautet Brochs Urteil über das Wien der Backhendl-Zeit:

> Es war nämlich weit weniger eine Stadt der Kunst als der Dekoration par excellence. Entsprechend seiner Dekorativität war Wien heiter, oft schwachsinnig heiter, aber von eigentlichem Humor oder gar von Bissigkeit und Selbstironie war da wenig zu spüren. An literarischer Produktion war außer einem gefälligen Feuilletonismus so viel wie nichts vorhanden; der Heimgang Stifters und Grillparzers, die den einzigen gewichtigen Beitrag Österreichs zur deutschen und damit zur Weltliteratur geliefert hatten und nun ohne Nachfolge geblieben waren, berührte fast niemanden. (HZ 47 f.)

Die Problemlage, auf deren Exposition es Broch in seiner Studie ankam, besteht nun darin, dass der Aufschwung, den Kunst und Literatur, Architektur und Musik im Fin-de-siècle erlebten, nichts an dem Vakuum zu ändern vermochte, in dem die Monarchie verharrte. Broch schreibt:

> Je älter Franz Joseph I. wurde, desto mehr tauchte er in das Vakuum seiner Berufung ein, desto identischer fühlte er sich mit dem Staat, dessen Todesschicksal an sein eigenes gebunden war, und dessen isolierte Abstraktheit er ebendarum mitzutragen hatte. Habsburgisch in seinem Sinn für kühl-unnahbare, hierarchische Würde, seinem hervorstechendsten Charakterzug, ergab sich ihm aus solcher Situation eine einzige gemäße Konsequenz, nämlich vollkommene Abgeschlossenheit. (HZ 67)

Ein Ausdruck dieser Abgeschlossenheit war die geradezu stupende Unaufgeschlossenheit des Monarchen gegenüber allen Veränderungen:

> Jede Neuerung, und sei sie noch so geringfügig, jede technische Erfindung, jede Lebensmodernisierung, ob durch Automobile, Badezimmer oder Aufzüge, deren es in den kaiserlichen Schlössern keine geben durfte, das alles wurde ihm zum Symbol und Symptom jener Kräfte, die Österreich an den Abgrundsrand gebracht hatten; er widersetzte sich Neubauten in der Stadt (so in der Mariahilferstraße, durch die er täglich von Schönbrunn in die ‚Burg' fuhr), und seine einstige Zustimmung zur Abtragung der Wiener Stadtmauern und damit zur Zerstörung des alten Stadtbildes muß er sein Lebtag als folgenschwere Jugendsünde empfunden haben. (HZ 67)

Insofern der Kaiser antimodern dachte und darin für viele seiner Untertanen maßgeblich war, beförderte er ein intellektuelles Klima, in dem es eher darauf ankam, das Dekor zu perfektionieren als das Vakuum unter dem Ornament zu analysieren. Für Broch ging diese Tendenz mit einer Entpolitisierung gerade

---

[11] Vgl. August Sarnitz, *Adolf Loos 1870 – 1933. Architekt, Kulturkritiker, Dandy*. Hong Kong / Köln / London / Los Angeles / Madrid / Paris / Tokyo: Taschen 2003, S. 84-89.

derjenigen einher, die in Wien als Industrielle und Gewerbetreibende, Universitätslehrer, Juristen und Offiziere Karriere machten, indem sie staatstragende Aufgaben übernahmen. Sie alle machten sich den Habitus des ‚Hofrates‘ zu eigen, dem jede politische Betätigung untersagt war; ihre durchaus redliche, aber blindlings übernommene Überzeugung war „‚Österreichtreue‘ schlechthin" (HZ 78). Diese Treue verpflichtete sie dazu, die Unaufgeschlossenheit des Staatsoberhauptes gegenüber Veränderungen zu übernehmen und in allen Neuerungen Symptome der Dekadenz zu sehen.

In den gleichen Kontext gehört für Broch die Voll-Assimilation der Juden, die in Wien Karriere machten, unter ihnen der Vater von Hugo von Hofmannsthal, der seinen Sohn katholisch taufen ließ. Österreich war daher für den Dichter, der sich zunächst ‚Loris‘ nannte,

> ein Gebilde höchster Realität, ja sogar sittlicher Realität, doch nicht etwa im Sinne der Hegelschen Staatsidee, sondern in einem womöglich noch mystischeren Sinn: der Realitätsgrund lag in der Symbolisierung durch den Kaiser. Als Realität und zugleich deren Symbol war Österreich zu solcher Symbolkraft geschaffen, gleichsam eine Volksdichtung, die zur Realität gerufen wurde, auf daß sie aus eigenem [Vermögen], ohne daß jemand einen Dichter zu nennen vermag, immer wieder Realität hervorrufe –, [ein] sich selbst dichtendes Österreich, von Vorsehung und Geschichte hierfür gezeugt und einmalig. Realität ist für Hofmannsthal lebendig gewordenes Symbol. (HZ 121)

Das aber heißt: das Kaisertum war für Hofmannsthal eine tief empfundene, in sich abgeschlossene Wirklichkeit und als Symbol ebenso ahistorisch wie unpolitisch. Insofern die Transfiguration der sittlichen Idee des Staates in ein Symbol, in dem Traum und Leben ineinanderfließen (vgl. HZ 121), eine dichterische Aufgabe darstellt, die unauflöslich an die Gestalt des Kaisers gebunden war, steht sie in einem unauflöslichen Gegensatz zu allen Handlungen, die auf einen Gestaltwandel von Staat, Gesellschaft und Kultur hinauslaufen – vollziehe sich dieser nun kontinuierlich oder diskontinuierlich, revolutionär. Broch ratifiziert diese Disposition zur Abgeschlossenheit, indem er die Entwicklung Wiens mit der Einstellung des Dichters parallelisiert:

> In einer schier mystischen Weise war diese Stadt architektonisch nicht mehr erneuerbar; was in ihr an Neuem errichtet wurde, gehörte nicht mehr zu ihr. Hofmannsthal war […] ein typischer Wiener. Zu den modernen Architekturbestrebungen hatte sein konservativer Geist kein Verhältnis, und am wenigsten gern sah er sie in Wien angewandt; gleich dem alten Kaiser ging ihm jede weitere Veränderung des überkommenen Stadtbildes, an dem das 19. Jahrhundert ohnehin genügend gesündigt hatte, wider den Strich. Nicht minder wienerisch war sein kühles Verhältnis zur sonstigen modernen Kunst. (HZ 143 f.)

Was schließlich das eigene Metier, die Dichtung, anbelangt, so deutet Broch den *Chandos*-Brief von 1899 als eine Abkehr von der Lyrik, in der sich das Neue entfalten konnte, sowie als Abschließung des Jugendwerks, das noch im Zeichen des Aufbruchs stand (vgl. HZ 196 ff.). Die geradezu heilige Trias von Kaiser, Kaiserstadt und Dichtertum, die durch die symbolische – mithin ahistorische und unpolitische – Auffassung der Realität integriert wird, lässt das Wien von Hofmannsthal fortan als einen Traum-Ort erscheinen, an dem die Zeit stillgestellt werden sollte und der eben deshalb – so die naheliegende Schlussfolgerung – von den geschichtlichen Ereignissen überrollt wurde, die sich niemand, am wenigsten Hofmannsthal selbst, hatte vorstellen können, geschweige denn wollen. Der Erste Weltkrieg erscheint in diesem Szenario als ein gewaltsamer Ausbruch aus der Abgeschlossenheit, dem dann in den zwanziger Jahren des 20. Jahrhunderts, zumindest in der Kunst, eine forcierte Aufgeschlossenheit für alles Neue folgen sollte. Zweig hatte über diesen Zeitraum mit deutlich spürbarem Widerwillen geschrieben:

> Auf allen Gebieten begann eine Epoche wildesten Experimentierens, die alles Gewesene, Gewordene, Geleistete mit einem einzigen hitzigen Sprung überholen wollte; je jünger einer war, je weniger er gelernt hatte, desto willkommener war er durch seine Unverbundenheit mit jeder Tradition – endlich tobte sich die große Rache der Jugend gegen unsere Elternwelt triumphierend aus. Aber inmitten dieses wüsten Karnevals bot mir nichts ein tragikomischeres Schauspiel als zu sehen, wie viele Intellektuelle der älteren Generation in der panischen Angst überholt zu werden und als ‚unaktuell' zu gelten, sich verzweifelt rasch eine künstliche Wildheit anschminkten und auch den offenkundigsten Abwegen täppisch hinkenden Schritts nachzuschleichen suchten. (WG 399)

Davor immerhin war Hofmannsthal gefeit. Broch würdigt sein Nachkriegsschaffen, indem er es mit den Bestrebungen von James Joyce vergleicht:

> [...] sowohl Joyce wie Hofmannsthal sind zur spezifischen Kunstform des Gedächtnisses, nämlich zur erzählerischen, also zu der des Romans übergegangen. Hier allerdings tritt ein fundamentaler Unterschied auf. Joyce war vornehmlich mit auditivem, Hofmannsthal mit visuellem Gedächtnis begabt, und so entwickelten sich bei dem einen die Symbolketten in Gestalt von Echo und Gegen-Echo, beim andern als Bilderreihen in unendlicher Spiegelung und Abspiegelung: der Roman wird hier zum Sehraum, dort zum Klangraum. Beide Methoden sind legitim; trotzdem besitzen sie nicht annähernd dieselbe Entfaltungsstärke. Denn der visuelle Eindruck lässt sich ins Auditive umsetzen – auch dies ist eines der Wunder der weltschaffenden (keineswegs weltimitierenden) großen Musik –, während Auditives sich kaum vollwertig im Visuellen ausdrücken läßt. Gut, das ist eine bloß technische Beeinträchtigung, aber sie hat sicherlich mitgewirkt, als Hofmannsthal

sein erzählerisches Hauptwerk, den *Andreas*, unabgeschlossen aus der Hand legte. (HZ 210)

Setzt man die Unabgeschlossenheit des *Andreas* in ein Verhältnis zu dem ‚habsburgischen Mythos‘ der Abgeschlossenheit, wird die Zäsur, für die sich Broch in Hofmannsthals Œuvre interessiert, offenkundig. Das symbolische Gefäß des *Andreas*-Romans, in dem Traum und Leben noch einmal zusammenfließen sollten, musste Fragment bleiben, lässt sich in dieser Form jedoch von Broch als Seismogramm der Verwerfungen lesen, die Hofmannsthals dichterischer Kosmos erfahren hatte. Der keinesfalls harmonischen Polyphonie der Wirklichkeit, die Joyce im *Ulysses* (1922) eindrucksvoll vergegenwärtigt, kommt die immer schon von Märchen, Mythos und Legende tangierte Dichtung eines Hofmannsthal nicht mehr bei, weil sie der ‚Welt von gestern‘ verhaftet bleibt, die viel weniger beschaulich war, als man es gerade in Wien angesichts des Stein gewordenen Gedächtnisses dieser Welt erkennen konnte. Brochs intensive Beschäftigung mit Joyce und seine eigenen Versuchen, die Genealogie der Moderne gemäß der *Schlafwandler*-Trilogie (1930-1932) anhand der Übergänge von der Romantik zur Anarchie und von dort zur Sachlichkeit zu interpunktieren, ratifizieren diese Einsicht.

Vom Mythos zum Menetekel

Die beiden Epochengemälde von Zweig und Broch, die zugleich Stadtbilder darstellen, verhalten sich komplementär zueinander. Stehen die ‚Erinnerungen eines Europäers‘ noch ganz und gar unter dem Schock der Erkenntnis, dass Europa sich ein zweites Mal grausam zugrunde richtet, enthüllt Brochs Studie, dass sich die ‚Erinnerung schöner Tage‘ – so der Titel eines 1908 von Hofmannsthal verfassten Prosastücks, der über seinem gesamten essayistischen Werk stehen könnte (vgl. HZ 230) – eher auf etwas Irreales als auf etwas Reales bezieht und einem in politischer Hinsicht dubiosen Bedürfnis nach Verklärung geschuldet ist.

Jenem ‚habsburgischen Mythos‘ jedenfalls, gegen den Magris polemisiert, haben Zweig und Broch ebenso wenig wie Robert Musil oder Hilde Spiel gefrönt. Mit weit mehr Berechtigung ließe sich behaupten, dass sie das Wien ihrer Jugend auf zwar unterschiedliche, im Tenor gleichwohl übereinstimmende Weise als die ‚Versuchsstation des Weltuntergangs‘ (Karl Kraus) gezeichnet haben, die das krude Experiment wiederholen musste. Musil konnte das zwar noch nicht wissen, als er seinen epochalen Romanessay begann, doch er lebte lang genug, um das Ausmaß der europäischen Tragödie zu erfassen, die ihn von Wien nach Genf verschlagen sollte. Zweig, Broch und Spiel verfassten ihre Memoiren oder Studien in dem Bewusstsein, dass die Menschen in der Zwischenkriegszeit entweder gar nichts aus der Katastrophe des Ersten Weltkriegs gelernt oder aus diesem Desaster die falschen Schlüsse gezogen hatten.

Die Stadt Wien hat sich in den letzten Jahrzehnten mit Nachdruck darum bemüht, nicht nur das steinerne Gedächtnis des Habsburgerreiches, die Tradition des Kaffeehauses und die Erinnerung an die Kunst, Literatur, Musik und Architektur der Wiener Moderne zu bewahren. Sie hat einprägsame Formen auch für das Gedenken an die Menschen und die Leistungen gefunden, die in der zweiten, alles andere als fröhlichen Apokalypse Wiens vernichtet worden sind, im Zweiten Weltkrieg und in der Shoa. Das 1999 auf dem Wiener Judenpatz errichtete Holocaustdenkmal von Rachel Whiteread ist nur ein Beispiel für die szenografisch verfahrende Gedächtnisbildung, die dem Betrachter gerade dadurch zu denken gibt, dass sie aufzeigt, was fehlt, nicht mehr zugänglich ist und vermisst wird.

Für die seismografisch verfahrende Gedächtnisbildung der Literatur, die keinen Gegensatz zur szenografischen darstellt, sondern häufig im Verbund mit dieser auftritt, lässt sich aus den Texten von Zweig, Broch und Spiel ableiten, dass sie – ähnlich wie Whitereads Denkmal – anti-symbolisch verfährt. Wenn die Rationalität des Symbols, schon vom Etymologischen her, darin besteht, als unverbrüchliche Einheit erscheinen zu lassen, was – wenn nicht willkürlich zusammengeworfen – so doch nur im historischen Prozess aufeinander abgestimmt wurde und daher auch wieder auseinanderdividiert werden kann, geht es der seismografisch verfahrenden Gedächtnisbildung umgekehrt darum, die Sollbruchstellen in der symbolischen Ordnung einer Kultur zu entdecken, die Sprengkraft von Entwicklungen aufzuzeigen, die unscheinbar beginnen, und im Scherbengericht der Geschichte die Bruchstücke einer Erinnerung zu finden, die nicht synthetisch und konservierend, verklärend oder beschönigend, sondern analytisch ist. Wenn der Mythos den Kitt darstellt, der die Risse im sozialen und politischen, psychischen und moralischen Gefüge überdecken soll, erweist sich die seismografisch verfahrende Gedächtnisbildung zugleich als Mythenkritik und als Menetekel.

Was damit gemeint ist, lässt sich abschließend anhand einer Passage aus dem Wien-Buch von Hilde Spiel illustrieren, die ihrem ehemaligen Lehrer, dem Philosophie-Professor Moritz Schlick, gewidmet ist:

> Obwohl er überzeugt war, daß keine ethischen Regeln aufgestellt werden können, weil ethische Sätze emotionaler, nicht beschreibender Natur sind und moralisches Verhalten lediglich auf utilitaristischen

Prinzipien beruhen kann, war Schlicks eigene Humanität das beste Beispiel dafür, wie man sich in allen Dingen anständig und menschenfreundlich zu verhalten habe. Die Summe der Weisheit lag für ihn in dem Wort des heiligen Augustinus ‚Ama et fac quod vis‘ – wer von Liebe geleitet wird, bei dem ist, was immer er tut, wohlgetan. Alles Unheil, das ganze tragische Geschehen, das Wien bevorstand, warf seine Schatten voraus, als Moritz Schlick im Juni 1936 auf den Stufen der Philosophischen Fakultät von einem verblendeten Studenten ermordet wurde. Danach war alles möglich geworden. Und alles, was möglich war, trat ein. (GU 147)

Literatur:

Sven Achelpohl, „Eine Welt von gestern - ein Mythos von heute? Über Claudio Magris' *Der habsburgische Mythos in der modernen österreichischen Literatur*" literaturkritik.de Rezensionsforum URL: http://literaturkritik. de/id/3725 (zuletzt eingesehen am 16.4.2017)

Hermann Broch, *Hofmannsthal und seine Zeit. Eine Studie.* Herausgegeben und mit einem Nachwort versehen von Paul Michael Lützeler. Frankfurt am Main: Suhrkamp 2001. [1955].

Claudio Magris, *Der habsburgische Mythos in der österreichischen Literatur.* Wien: Zsolnay 2000. [1966]

Robert Musil, *Der Mann ohne Eigenschaften. Roman.* Herausgegeben von Adolf Frisé. Bd. I. Erstes und Zweites Buch. Reinbek bei Hamburg: Rowohlt 1986. [1933]

August Sarnitz, *Adolf Loos 1870 – 1933. Architekt, Kulturkritiker, Dandy.* Hong Kong / Köln / London / Los Angeles / Madrid / Paris / Tokyo: Taschen 2003.

Hilde Spiel, *Glanz und Untergang. Wien 1866 – 1938.* Autorisierte Übersetzung aus dem Englischen von Hanna Neves. Mit Photographien von Franz Hubmann. München: Kremayr & Scherlau Zweite, ergänzte Auflage 1988. [1987]

Harald Wolbersen, *Georg Brandes und der Erste Weltkrieg: zur Positionierung eines europäischen Intellektuellen im „Krieg der Geister".* Uelvesbül: Der andere Verlag 2009.

Stefan Zweig, *Die Welt von Gestern. Erinnerungen eines Europäers.* Köln: Anaconda 2013. [1942]

Angaben zu den Autoren

Matthias Bauer ist seit 2008 Professor für Neuere Literaturwissenschaft an der Europa-Universität Flensburg. Er studierte an der Johannes Gutenberg-Universität zu Mainz Germanistik, Publizistik und Geschichte und wurde dort 1992 mit einer rezeptionsästhetisch orientierten Dissertation zur Entwicklungsgeschichte des Schelmenromans, *Im Fuchsbau der Geschichten* (Stuttgart 1993), promoviert. Seine Habilitationsschrift *Schwerkraft und Leichtsinn* (Freiburg 2005) geht den kreativen Zeichenhandlungen im intermediären Feld von Literatur und Wissenschaft nach. Zusammen mit Christoph Ernst veröffentlichte er 2010 *Diagrammatik*; 2015 kam seine Monografie über *Michelangelo Antonioni. Bild – Projektion – Wirklichkeit* heraus.

Jan Gerstner ist wissenschaftlicher Mitarbeiter im Bereich neuere und neueste deutsche Literaturwissenschaft und Literaturtheorie an der Universität Bremen. Er studierte Allgemeine und Vergleichende Literaturwissenschaft und Philosophie in Saarbrücken, Mainz und Bologna. Forschungsschwerpunkte: Arbeit und Muße/Müßiggang in der Literatur, Theorie der Idylle, Intermedialität, Postkolonialismus und Interkulturalität. Promotion 2011 mit *Das andere Gedächtnis. Fotografie als Gedächtnismedium in der Literatur des 20. Jahrhunderts*. Bielefeld 2013; weitere Publikationen in Auswahl: *„die absolute Negerei". Kolonialdiskurse und Rassismus in der Avantgarde*. Marburg 2007; zus. mit Christian Riedel (Hg.): *Idyllen in Literatur und Medien der Gegenwart*. Bielefeld: Aisthesis 2018, und zus. mit Christian Schmitt (Hg.): *Idyllen*. Themenheft der Zeitschrift *Literatur in Wissenschaft und Unterricht lwu* (im Erscheinen).

Flemming Finn Hansen, geboren 1956. Wissenschaftlicher Mitarbeiter des IKH (Institut for Kultur og Historie) der Universität Roskilde. Fachbereich: Germanistik und Dänisch. Studium der Vergleichenden Literaturwissenschaft an der Universität Odense; zudem Anglistik, Germanistik und Philosophie. Den Magistergrad (mag.art., magisterkonferens) erreichte er mit einer Monographie zu Christa Wolf, die weitgehend während eines einjährigen Studienaufenthaltes in Ost-Berlin (Humboldt-Universität, Akademie der Wissenschaften) 1983-84 entstand. Die Arbeit wurde später von der Universität Odense gedruckt. Promotion an der Universität Odense (Fachbereich Germanistik) mit einer Arbeit zu den Schriftstellern der Emigration (Brecht, Hermlin, Becher und Seghers) und den Problemen ihrer Rückkehr in die SBZ/DDR.

Weitere Aufsätze über Brecht, Seghers, Christa Wolf, Hermlin. Lehr- und Forschungstätigkeit (Dänisch, Literaturwissenschaft, Germanistik) an den Universitäten Odense (Syddansk), Kopenhagen und Roskilde. In Vorbereitung befindet sich ein Buch über China als Thema bei Alfred Döblin.

Todd Heidt ist Associate Professor of German am Knox College (Galesburg, IL, USA). Sein Forschungsschwerpunkt fokussiert sich auf die Medienkultur der Weimarer Republik. Er hat u.a. Veröffentlichungen zu Alfred Döblins *Berlin Alexanderplatz*, G.W. Pabsts Verfilmung von *Die Dreigroschenoper* und dem Fotografen Mario von Bucovich vorgelegt. Ein Lehrwerk über die Kulturgeschichte Deutschlands im 20. und 21. Jahrhundert für Deutschlerner ist bereits mit einem interdisziplinären Team (Emre Sencer, Geschichte/Knox College und Claudia Kost, Angewandte Linguistik/University of Alberta) in Vorbereitung.

Christian Volkman ist wissenschaftlicher Mitarbeiter an der Europa-Universität Flensburg. Er studierte Germanistik, Bildungs- und Vermittlungswissenschaft sowie das Schulfach Wirtschaft / Politik. Nach einem Stipendium des Zentrums für kulturwissenschaftliche Forschung Lübeck wurde er 2017 mit einer literatur- und kulturgeschichtlich orientierten Dissertation, *König Dichter: Emanuel Geibels Aufstieg zum literarischen Repräsentanten seiner Zeit* promoviert. 2015 kuratierte er die Geibel-Ausstellung im Buddenbrookhaus, anschließend absolvierte er das Referendariat für das Lehramt an Gemeinschaftsschulen. Seine Veröffentlichungen behandeln die Literatur- und Kulturgeschichte des „langen" 19. und des 20. Jahrhunderts sowie, in *Geschichte oder Geschichten?* (Hamburg 2013), das Verhältnis von Literatur und Geschichte bei Adam Scharrer und Uwe Timm.

Schriften der Georg-Brandes-Gesellschaft

Band 1

Matthias Bauer / Markus Pohlmeyer (Hg.)

Existenz und Reflexion
Aktuelle Aspekte der Kierkegaard-Rezeption

14,8 x 21,0 cm
204 Seiten, broschiert
EUR 44,00
ISBN 978-3-86815-549-5
Igel Verlag, Hamburg 2012

Band 2

Matthias Bauer / Ivy York Möller-Christensen (Hg.)

Georg Brandes und der Modernitätsdiskurs
Moderne und Antimoderne in Europa I

14,8 x 21,0 cm
188 Seiten, broschiert
EUR 39,90
ISBN 978-3-86815-571-6
Igel Verlag, Hamburg 2013